本书得到贵州师范大学文学院中国语言文学一级学科建设经费资助

彭春艳 ／著

李尤研究

INVESTIGATION

ON

LI YOU

社会科学文献出版社
SOCIAL SCIENCES ACADEMIC PRESS (CHINA)

序

赵逵夫

　　西周、春秋时代是四言诗最繁荣的时期，《诗经》是四言诗发展的高峰。刘勰在《文心雕龙·辨骚》开头说："自《风》《雅》寝声，莫或抽绪，奇文郁起，其《离骚》哉！"这是说战国时相对稳定的南方楚地在此前诗歌创作经验的基础上吸收南方民歌的艺术营养，创造出骚体诗，达到上古诗歌创作的又一高峰。当时的北方则因为奴隶制社会结构方式和礼乐制度瓦解，思想家们对社会如何达到新的统一和重新统一以后如何运行表达各种看法，体现为诸子散文和史传文学的空前繁荣。到了政治中心仍建于北方的汉朝，文学创作上诗歌仍未成为主流，但受到楚辞、楚赋和几百年中散文创作语言经验的影响，在诗歌由四言和骚体向五言转变的过程中，赋的创作达到繁荣的同时，介于诗、赋、文之间的一些文体也空前活跃起来。《后汉书·桓谭传》末尾言桓谭"所著赋、诔、书、奏，凡二十六篇"。《冯衍传》末尾言冯衍"所著赋、诔、铭、说、《问交》《德诰》《慎情》、书记说、自序、官录说、策五十篇"。此下如崔骃、张衡、马融、蔡邕等人后均列其所著诗、赋、铭、颂、诔、表等之篇数。《文苑列传》二十二人之传末也列出以各种文体所作文字之总篇数。可以看出，东汉之时不仅文体分类不少，介于诗、赋、文之间的体裁如颂、铭、祝、诔等也都很盛行。这似乎反映出诗歌由四言向五言过渡阶段的一种酝酿，反映出人们对句子单纯又缺乏变化的四言诗的不满和从各个方面的艺术探索。

　　从这个角度来看，东汉中期的李尤是这一段文学发展过程中比较典型的人物。《后汉书》卷八十上《文苑列传上·李尤传》言李尤"少以文章显。和帝时，侍中贾逵荐尤有相如、杨雄之风，召诣东观，受诏作赋，拜兰台令史"。则本是以文起家的。传末言"所著诗、赋、铭、诔、颂、《七叹》、哀典凡二十八篇",所涉及体裁也不少。特别值得注意的是,李尤在铭的创作上很突出:一是在汉代作家中他创作的铭传世数量最多,这一方面说明他创作的铭多,另一方面也说明了当时和后代对他所作铭在内容、思想、艺术等方面的认可;二是李尤在铭创作题材的开拓上,也是首屈一指,如关隘方面的《鸿池陂铭》《函谷关铭》,关于下层社会日常劳作的箕、杵、臼等,将铭这种文体的运用范围由上层社会的礼仪习俗拓展到对下层社会劳动人民生活的反映;三是同一题材范围创作的系列化,如兵器铭、城门铭之类;四是有些赋、铭两种文体同题共作,如《东观铭》《东观赋》,《平乐馆铭》《平乐观赋》(平乐观亦作平乐馆,《文选旁证》卷三有辩证),《德阳殿铭》《德阳殿赋》等。所以说,李尤是东汉作家中比较特别的一位,又是带有时代特色、具有代表性的作家。

然而对这样一位作家以往关注的人并不多,专门研究李尤与李尤作品的论文极少,近一百多年中,也就是十多篇,研究他的专著更无一本。

彭春艳在出版了《汉赋系年考证》之后,又用两年多的时间完成了《李尤研究》。事实上,正是由于她在完成《汉赋系年考证》的数年当中,认识到了李尤及其创作值得关注,对有关李尤生平与创作的文献做了些搜集整理,所以在前一书完成之后即集中精力进行研究,并对有关材料做进一步的搜集整理,最后完成这部书。

《李尤研究》分上、下两编。上编为李尤生平研究。作者就文献所载李尤生平事迹的七个分歧点(包括名、字、籍贯、诏作东观及作赋铭时间、拜谏议大夫时间、参与撰写《汉记》时间、出任乐安相时间)进行考辨,继而梳理李尤交游,最后以李尤年谱简编作结。

下编为李尤作品研究。古代文献中曾有七篇他人之作被误认为李尤之作,前人虽有所考订,但明清时人所编文集中仍有误列于李尤名下者,学者称引中常出现混乱。本书首先对李尤的作品进行认真考辨,误归于他名下的他人之作先排除之。其次对于传世文献中李尤之作因篇名之误一篇变为两篇和分归在两种文体中的情形加以考辨。如考定《安残铭》《安哉铭》《陶器铭》的篇名当作《盎甒铭》,宋代任广撰《书叙指南》卷十六《涂抹颜色·方位》部分所言《景阳殿铭》当即《德阳殿赋》，有的文献所载李尤《阳德殿铭》文字，其实也是《德阳殿赋》中文字，等等。常有一些学者研究哪个作家，便把某些文献中误认为这个作家的作品，全往这个作家身上堆。彭春艳抱着科学的态度，尽可能还原历史上真实的李尤以及他的创作状况。这是很难得的。

在校勘中也做了不少有意义的工作。如考定《骇具错剑》的篇名实当作《骇具错剑铭》之类。同时对部分铭文缀合，以便尽可能展示原作内容。《明堂铭》《牖铭》《钲铭》《弧矢铭》《盾铭》《几铭》《笛铭》等均有缀合。另外，又辑得佚文赋四篇、辞祝一篇、铭文存目十一条、散句一条。鉴于在文献转载和传抄中李尤较多作品名称不统一，作"李尤作品异名考辨表"。

本书对今日所能见到的可以肯定为李尤的作品作了校注。校勘上，首先梳理出李尤集各种版本的流变脉络。因为文本的复杂性，采取不同作品分别确定底本的原则，全书不局限于同一底本；在底本的选择上遵循从先、从全、从优的原则。

在对作品异文的考订上也多有收获。如《平乐观赋》"南切洛滨，北陵仓山"中的"仓山"，明张溥《汉魏六朝百三名家集》卷一百一十八《李兰台集》作"苍山"。费振刚等《全汉赋校注》（广东教育出版社，2005，第580页）释为"仓山，青山"。龚克昌《全汉赋评注》（花山文艺出版社，2003，第371页）亦释作："仓山，青山。'仓'通'苍'。"本书据《水经注》卷二十六《沭水》注"沭水自阳都县又南会武阳沟水，水东出仓山，山上有故城，世谓之监官城，非也。即古有利城矣"；又据谭其骧《中国历史地图集》第二册，利城在徐州，远离洛阳，而苍山则在云南境内，故确定平乐观不可能北邻苍山和仓山，应该是北邻芒山。上文为"南切洛滨"，其"洛滨"为实指，故下文不当是泛指性之青山，而是确指芒山。不作"苍""仓"，而应作"芒"。"苍"与"芒"形近而讹，"仓"与"苍"音同形近而讹。

本书之注也颇有纠前人之谬者。如《平乐观赋》"或以驰骋，覆车颠倒"，王飞鸿《中国历代名赋大观》（北京燕山出版社，2007，第193页）、

《全汉赋校注》（第580页）释为"有时表演驰骋状时，（因失误，致使）人仰车翻"。然结合此处描写乐舞百戏技艺高超，不当写其失误，故注释为："此处指技艺出神入化，在马车高速行进时能侧翻（一边车轮着地）、反向（车头车尾互换，倒退）驾驶。和林格尔东汉时期墓葬壁画中《舞乐百戏图》有独轮车表演，覆车颠倒抑或独轮车表演时表演者灵活转换车轮或身体方向，或进或退，或左或右，甚至连车带人翻转、反转。"这样，与上文的"戏车高橦，驰骋百马。连翩九仞，离合上下"，下文的"乌获扛鼎，千钧若羽。吞刃吐火，燕跃鸟峙。陵高履索，踊跃旋舞"等描写相合。

在考辨生平及校注作品的基础上，对李尤作品题材内容、思想主旨、艺术特色及其文学史地位进行综合分析，揭示李尤在文学史上承前启后的作用。书末有两个附录，一是列出历代评价李尤其人其文的资料，以便能更清晰、全面地呈现传播与接受过程中的李尤；二是对《古鼎铭》进行校注。

《李尤研究》系基础文献研究，但也体现出彭春艳对于东汉文学发展状况的整体认识。本书对汉代作家研究具有参照作用，对细化认识东汉作家创作的特色和东汉文学发展的整体状况也是有意义的。

当然，作为对于以往很少有人关注的作家的研究，其中肯定有不足之处。如能因此书而引起学者们对有关问题的讨论，也是汉代文学研究的一件大好事。

二〇一九年元月九日于滋兰斋

目　录

绪　论

李尤作为东汉写作铭文最多的作家，关于其研究可依古代与现当代归纳如下：

古代李尤其人研究主要是对其生平资料的转载传抄。其文研究有载录辑佚、校注、考辨三大类。（1）载录辑佚。如明梅鼎祚编《东汉文纪》卷十四、张溥《汉魏六朝百三名家集》卷十五汉李尤集、清汪师韩撰《文选理学权舆》（清读书斋丛书本）卷二下、严可均《全上古三代秦汉三国六朝文·全后汉文》（后简称《全后汉文》）卷五十、张英撰《渊鉴类函》，具体篇目见后文下编"集本载录李尤作品"。此外，南北朝任昉《文章缘起》（明夷门广牍本）辑录《和帝哀策》存目。唐虞世南撰《北堂书钞》卷一百四十九天部一载李尤《九歌》。（2）校注。宋章樵注《古文苑》（四部丛刊景宋本）对李尤部分作品校注，具体篇目见后文下编"集本载录李尤作品"。（3）考辨。清梁章钜撰《文选旁证》（清道光刻本）卷三考辨《平乐观赋》篇名，卷六《蜀都赋》、卷十八《长笛赋》、卷四十六《头陀寺碑文》考辨《七叹》篇名。姚振宗撰《隋书经籍志考证》（民国师石山房丛书本）卷三十九之二集部二之二对具体篇目归属问题有论证。

现当代研究从专著、学位论文、单篇论文三方面归纳如下。

1. 专著

目前专门研究李尤的著作尚未发现，只是在专著中以部分章节形式出现或被提及。如：（1）丁福保《全汉三国晋南北朝诗·全汉诗》卷二辑存李尤《九曲歌》。① （2）《中国古代文学家辞典·先秦—隋》录有李尤。②
（3）逯钦立《先秦汉魏晋南北朝诗》辑存李尤《九曲歌》《武功歌》。③
（4）泽田总清：《中国韵文史·后汉的词赋》论及李尤。④ （5）何崇文
《巴蜀文苑英华》对李尤生平、履历、作品有概括性说明。⑤ （6）马文熙
《历代箴铭选读》对李尤《镜铭》《权衡铭》《屏风铭》《席铭》《卧床
铭》《几铭》《簪铭》《楶铭》作提要及注释。⑥ （7）费振刚、胡双宝、
宗明华《全汉赋》收有李尤赋作。⑦ （8）郑竞《全汉赋》收有李尤赋
作。⑧ （9）王建《中国古代铭文选》对李尤《河铭》作注及简介。⑨ （10）谭
兴国《蜀中文章冠天下——巴蜀文学史稿》对李尤赋铭有较深入的研
究。⑩ （11）傅德岷《巴蜀散文史稿》对李尤生平、履历、作品有概括性
说明。⑪ （12）章沧授、芮宁生《汉赋》选注李尤《函谷关赋》《平乐观
赋》。⑫ （13）龚克昌《全汉赋评注》收李尤赋并评注。⑬ （14）毛远明
《翰藻名世——东汉李尤世家》对李尤生平、履历、作品有概括性说明。⑭
（15）费振刚、仇仲谦、刘南平《全汉赋校注》收李尤赋并校注。⑮
（16）沈德潜《古诗源（插图本）》选注李尤《九曲歌》。⑯ （17）周建

---

① 丁福保：《全汉三国晋南北朝诗·全汉诗》，中华书局，1959，第38页。
② 《中国文学家辞典》编委会编《中国古代文学家辞典·先秦—隋》，中外出版社，1979，第45页。
③ 逯钦立编《先秦汉魏晋南北朝诗》，中华书局，1983，第174、175页。
④ 〔日〕泽田总清：《中国韵文史》，王鹤仪编译，上海书店出版社，1984，第133、134页。
⑤ 何崇文：《巴蜀文苑英华》，四川人民出版社，1984，第18~20页。
⑥ 马文熙编《历代箴铭选读》，山西人民出版社，1987，第102、135、152、153、158、159、165、209、210、217页。
⑦ 费振刚、胡双宝、宗明华辑校《全汉赋》，北京大学出版社，1993，第376~388页。
⑧ 郑竞编《全汉赋》，之江出版社，1994，第124~127页。
⑨ 王建编《中国古代铭文选》，贵州教育出版社，1995，第26~29页。
⑩ 谭兴国：《蜀中文章冠天下——巴蜀文学史稿》，四川人民出版社，2001，第40~43页。
⑪ 傅德岷主编《巴蜀散文史稿》，重庆出版社，2001，第91~92页。
⑫ 章沧授、芮宁生选注《汉赋》，珠海出版社，2002，第182~188页。
⑬ 龚克昌评注《全汉赋评注》，花山文艺出版社，2003，第354~378页。
⑭ 毛远明、刘重来主编《中国文化世家·巴蜀卷》，湖北教育出版社，2004，第26~32页。
⑮ 费振刚、仇仲谦、刘南平校注《全汉赋校注》，广东教育出版社，2005，第568~585页。
⑯ 沈德潜编《古诗源（插图本）》，华夏出版社，2006，第58页。

江《汉诗文纪事》（下）辑录李尤《汉记》《谏废太子书》。^①〔18〕王飞鸿《中国历代名赋大观》翻译李尤《函谷关赋》《辟雍赋》《德阳殿赋》《平乐观赋》《东观赋》《七款》。^②（19）刘跃进《秦汉文学地理与文人分布》阐述了李尤所在巴蜀地区文学特色与地域文风。^③（20）马积高《历代辞赋总汇》收有李尤赋作。^④

2. 学位论文

研究李尤的博士学位论文尚未见，硕士学位论文有三篇。（1）许玲《李尤赋铭与东汉建筑制度》主要侧重点在研究东汉建筑制度。论文分三章，第一章分析东汉洛阳都城规划与宫城布局。首先介绍函谷关与东汉定都洛阳的关系，再从李尤的城门铭来讨论东汉洛阳城门的布局思想，了解其文化内涵。再梳理李尤生活时期的南北宫城、洛阳城内外的宫殿建筑群布局情况。第二章分析洛阳单体宫殿建筑的基本形制、建筑装饰及其营造观念。主要结合史料文献记载、考古研究成果、建筑学等材料来阐述李尤作品的历史价值，讨论东汉宫殿建筑背后的深层文化内涵，以期阐释东汉建筑在历史上的地位和影响。第三章以平乐观为例，探讨其职能转变和两汉校猎场所变迁的问题，梳理平乐观与两汉讲武校猎活动的密切关系。最后余论部分专门探讨李尤赋铭的写作特征，从而对汉代赋、铭文体发展进程、时代背景及其文化意蕴进行更深入的揭示。^⑤（2）王彦龙《李尤研究及〈李尤集〉校注》分上下篇，其中上篇分三章，分别研究李尤生平及其著述考察、李尤文学研究、从兰台文人到东观文人的过渡。下篇为《李尤集》校注，对7篇赋，86篇铭，2首诗及存目3篇进行校注。^⑥ 作者选用严可均《全后汉文》作为底本，在辑佚、校勘、考证方面有待加强。（3）郭晓瑜

---

① 周建江辑校《汉诗文纪事》（下），中州古籍出版社，2007，第757、758页。
② 王飞鸿主编《中国历代名赋大观》，北京燕山出版社，2007，第190～195页。
③ 刘跃进：《秦汉文学地理与文人分布》，中国社会科学出版社，2012，第36、40、170、179、357页。
④ 马积高主编《历代辞赋总汇》第1卷，湖南文艺出版社，2014，第276～281页。
⑤ 许玲：《李尤赋铭与东汉建筑制度》，东北师范大学硕士学位论文，2014。
⑥ 王彦龙：《李尤研究及〈李尤集〉校注》，西北大学硕士学位论文，2015。

《论李尤赋铭的继承与创新》分三章对李尤赋铭展开研究。第一章对李尤生平事迹进行考证，从时代、地域两个维度观照其文学创作。第二章立足于李尤的赋铭作品，着重分析其文学创作与时代社会生活的密切联系，研究探讨其中所蕴含的文化意义和艺术价值。第三章通过赏析李尤赋铭作品，探寻其思想内涵、写作特点和文学成就，并就李尤创作在后世的评价和对后世的影响做简单总结。①

此外，部分章节论及李尤及其作品的硕士学位论文有五篇。余凤《汉代"铭"体文学研究》对李尤铭文有统计，并在具体论述中引李尤《琴铭》《河铭》《洛铭》《明堂铭》《太学铭》《辟雍铭》《东观铭》《京师城铭》《永安宫铭》《德阳殿铭》《高安馆铭》《平乐馆铭》《堂铭》《室铭》《楹铭》《牖铭》《权衡铭》等来分析汉代铭文特点。② 张甲子《汉代铭文研究》从铭文文体观念、分类及汉代铭文文体流变三方面阐明汉代铭文文体特征及发展流变，其中以李尤赋铭为例进行论证。③ 高英《汉代铭文研究》第三章第二节研究李尤铭文，首先介绍了李尤生平及其铭文写作，继而以军事器物铭为代表分析李尤铭文反映的积极入世心态，以《门铭》为代表反映作家顺应自然规律的思想。④ 赵娜《汉代文人器物铭文研究》第四章第一节为李尤器物铭文研究，其研究思路、内容、结论在高英硕士学位论文基础上增加李尤生平来源资料三处，将李尤器物铭文分类，增加李尤作品评价部分，增加十二城门方位示意图。⑤ 侯妍《汉代箴铭文研究》论述了汉代箴铭创作情况及文体特征，通过比较箴铭这两种相近文体来深刻认识箴铭的文学色彩，并对李尤铭文有较多品析性研究。⑥

3. 单篇论文

研究李尤的单篇论文较多，可归纳如下。

---

① 郭晓瑜：《论李尤赋铭的继承与创新》，西北师范大学硕士学位论文，2016。
② 余凤：《汉代"铭"体文学研究》，中南民族大学硕士学位论文，2008。
③ 张甲子：《汉代铭文研究》，东北师范大学硕士学位论文，2010。
④ 高英：《汉代铭文研究》，南京师范大学硕士学位论文，2011。
⑤ 赵娜：《汉代文人器物铭文研究》，陕西师范大学硕士学位论文，2014。
⑥ 侯妍：《汉代箴铭文研究》，鲁东大学硕士学位论文，2015。

（1）生平事迹考证

庹光蓉《李尤事迹考证》考证三方面问题：一是李尤在和帝、安帝时参加校书修史的情况；二是李尤在安帝末年谏废皇太子的情况；三是李尤文章著述及后人对其评价的情况。①

罗国威、罗琴在对两汉巴蜀文学系年中附有李尤生平简谱。②

王群栗《汉代作家李尤初探》对李尤生平事迹、《李尤集》流传及散佚情况加以考证。③

尉侯凯《〈华阳国志〉订误二则》就李尤为谏议大夫的时间进行考辨，论证在安帝时而非明帝时。④

（2）作品研究

其一，篇名考辨，内容辑佚、校勘、补缀。

伏俊琏《敦煌唐写本〈西京赋〉残卷校诂》对《函谷关铭》"衿带喉咽"校诂。⑤

力之《〈全汉赋〉小补》对李尤《辟雍赋》《德阳殿赋》《平乐观赋》《东观赋》有辑佚。⑥ 程章灿《魏晋南北朝赋史》对李尤《德阳殿赋》《东观赋》《平乐观赋》《果赋》《七难》《七疑》有辑佚。万光治《汉赋通论》亦有辑佚。⑦

吴广平《〈全汉赋〉辑校中存在的一些问题》认为"《七款》《七难》《七疑》《七叹》《七歉》当本为一篇，抄刻致讹，未详孰是"⑧。

陈伦敦据明陶宗仪《〈说郛〉三种》第一册辑佚李尤《果赋》文句

①　庹光蓉：《李尤事迹考证》，《四川师范大学学报（社会科学版）》1997 年第 3 期。
②　罗国威、罗琴：《两汉巴蜀文学系年要录（下）》，《西华大学学报（哲学社会科学版）》2011 年第 4 期。
③　王群栗：《汉代作家李尤初探》，豆丁网，http：//www. docin. com/p－890315564. html。
④　尉侯凯：《〈华阳国志〉订误二则》，《中华文史论丛》2017 年第 2 期。
⑤　伏俊琏：《敦煌唐写本〈西京赋〉残卷校诂》，《敦煌学辑刊》1993 年第 2 期。
⑥　力之：《〈全汉赋〉小补》，《黄冈师范学院学报》1999 年第 10 期。
⑦　程章灿：《魏晋南北朝赋史》，江苏古籍出版社，2001，第 338 页；万光治：《汉赋通论》，中国社会科学出版社，2004，第 469 页。
⑧　吴广平：《〈全汉赋〉辑校中存在的一些问题》，《中国韵文学刊》2004 年第 2 期。

"生物之偏，梅甜柿酸"。① 案，"梅甜柿酸"句，明陈耀文撰《天中记》卷五十二、清汪灏等编《佩文斋广群芳谱》（清康熙刻本）卷五十八"果谱"作"李义《果赋》"，《天中记》注明引自《述异记》。然查考南北朝任昉撰《述异记》（明汉魏丛书本），不见有"梅甜柿酸"，亦不见有"生物之偏"。明董斯张撰《广博物志》卷四十三仅言"《果赋》"，未言作者。"生物之偏"句不见于其他文献。故对此两小句，暂存疑。

其二，作品文字、音韵研究。

廖名春在研究宋玉散体赋韵读时代时分析了李尤《函谷关赋》《德阳殿赋》用韵。② 郝志伦在研究两汉蜀郡辞赋韵文中鼻音韵尾问题时分析了李尤部分赋、铭用韵。③ 彭金祥在研究两汉西蜀方言的韵部音值时，举例中亦对李尤作品用韵有分析。④

吴从祥在研究谶纬对汉代七言诗发展的影响时，对李尤《九曲歌》韵脚有简要分析。⑤ 杨许波在研究汉赋叠字运用的承与变时，对李尤《辟雍赋》《函谷关赋》叠字有分析。⑥

其三，作品赏析及创作意图推测。

章沧授《自古天险函谷关——读李尤〈函谷关赋〉》认为："《函谷关赋》是汉代仅有的、也是最早的一篇描写雄关险塞的赋作，它将函谷关险要的雄姿和丰厚的文化第一次展现在世人面前，文字虽有缺佚，却不失为一篇成功之作。"⑦

许玲推测李尤不作《小苑门铭》和丑位城门铭的缘由。⑧

---

① 陈伦敦：《〈历代辞赋总汇〉收唐前巴蜀辞赋补遗与辨正》，《辽东学院学报（社会科学版）》2016 年第 3 期；明陶宗仪编《〈说郛〉三种》第一册，上海古籍出版社，1988，第 370 页。
② 廖名春：《宋玉散体赋韵读时代考》，《古汉语研究》1993 年第 2 期。
③ 郝志伦：《两汉蜀郡辞赋韵文中鼻音韵尾问题初探——兼论汉语鼻音韵尾的演变》，《川东学刊（社会科学版）》1995 年第 1 期。
④ 彭金祥：《两汉西蜀方言的韵部音值》，《西华大学学报（哲学社会科学版）》2005 年第 5 期。
⑤ 吴从祥：《论谶纬对汉代七言诗发展的影响》，《贵州大学学报（社会科学版）》2011 年第 4 期。
⑥ 杨许波：《论汉赋叠字运用的承与变》，《现代语文（学术综合版）》2014 年第 11 期。
⑦ 章沧授：《自古天险函谷关——读李尤〈函谷关赋〉》，《古典文学知识》1998 年第 5 期。
⑧ 许玲：《从李尤城门铭论东汉洛阳城门布局思想》，《洛阳理工学院学报（社会科学版）》2014 年第 5 期。

　　更多论文则是利用李尤作品作为论证材料来研究其他问题，如利用《平乐观赋》研究汉代乐舞百戏，用《鞠城铭》研究蹴鞠足球运动①，利用《函谷关赋》《函谷关铭》研究汉代地形、关防问题；利用《高安馆铭》《永安宫铭》等研究汉代宫馆建设与装饰等。

　　总体看来，李尤其人其文研究经历了从概述介绍性研究、单篇选注、赏析，渐趋观照全部存世作品、结集、深入细致研究的过程。

　　在上述研究基础上，可对李尤其人其文进行系统、总结性研究。本书分两部分，第一部分为生平研究，就文献记载中有关其生平事迹，包括名、字、籍贯、诏作东观及作赋铭时间、拜谏议大夫时间、参与撰写《汉记》时间、任乐安相时间及是否出任安乐相有分歧处，一一考辨，并梳理其交游，最后以年谱简编作结。

　　第二部分为作品研究。首先对其作品考辨，将误归于李尤及本人作品误归类者进行考辨，继而对李尤作品辑佚。辑佚中；鉴于文献记载有异文，为清晰呈现所引之原貌，采用异同并存法，以案语进行考辨。鉴于部分作品名称不统一，作"李尤作品异名考辨表"，方便统计及读者查阅，亦免出现同一篇分几处重复收录之讹误。在弄清作品情况基础上，校注赋9篇，铭91篇，歌2篇，前校后注。校注底本在引文后（）内注明，遵循从先、从全、从优原则，不局限于一个集子。为反映各本原貌，凡有异文者罗列异同，后加案断。《汉记》为李尤与刘珍等共同编撰且不署具体作者名，不纳入本书研究之内。

　　李尤作品散佚，《汉魏六朝百三名家集》辑佚成集，其后有不同刻印本出现，为了解版本流传及各本收录情况，在比对后，以图表（见图2、表4）呈现。在梳理生平、作品的基础上，继而分析总结李尤作品题材内容、思想主旨、艺术特色及文学史地位。

　　附录部分，搜集整理时人及后人对李尤其人其文的评价，以便清晰全面了解李尤。

　　书中所涉文献初次出现时标注朝代、作者、版本，后文不重复标注；

---

① 穆飒：《〈鞠城铭〉中的体育精神研究》，《语文建设》2016年第6期。

初次出现未标注版本者为清文渊阁四库全书本。文中论证部分重出者，采用见前（后）文形式标注，免于重复。书中少部分文字因论证需要采用繁体或异体。

本研究系基础文献研究，对文献记载讹误疏漏进行梳理辨析，希望推进李尤研究深入开展，亦为汉代作家研究及细化汉代文学史略尽绵薄之力。

上 编

李尤生平研究

为厘清李尤生平，拟首先梳理记载其生平之文献，考辨分歧点，考证李尤交游，最后编写李尤年谱。

第一章　李尤生平考辨

一　生平记载文献

李尤生平，有两种不同记载。

其一，晋常璩《华阳国志》（四部丛刊影印明抄本）卷十中：

> 李尤，字伯仁。李胜，字茂通，雒人也。侍中贾逵荐尤有相如、扬雄之才，明帝召作东观、辟雍、德阳诸观赋铭、《怀戎颂》、百二十铭，著《政事论》七篇。帝善之，拜谏大夫、乐安相，后与刘珍共撰《汉记》。孙充有文才。

其二，《后汉书》卷八十上《文苑列传上·李尤传》：

> 李尤，字伯仁，广汉雒人也。少以文章显。和帝时，侍中贾逵荐尤有相如、杨雄之风，召诣东观，受诏作赋，拜兰台令史，稍迁。安帝时为谏议大夫，受诏与谒者仆射刘珍等俱撰《汉记》。后帝废太子为济阴王，尤上书谏争。顺帝立，迁乐安相。年八十三卒。所著诗、赋、铭、诔、颂、《七叹》、哀典凡二十八篇。

其后记载李尤生平的文献源自上述二者，致名、字、籍贯、诏作东观及作赋铭时间、拜谏议大夫时间、参与撰《汉记》时间及当时刘珍职位、任乐安相时间及是否出任安乐相七方面分歧。

二　文献记载分歧考辨

就李尤生平文献记载七方面分歧，考辨如下。

1. 名

名除李尤外，另有十四说。

（1）李亢。明董斯张撰《广博物志》卷二十九："汉乐安相李亢作《和帝哀策》。"明朱荃宰撰《文通》（明天启刻本）卷七："汉乐安相李亢作《和帝哀策》，简其功德而哀之也。"清张岱撰《夜航船》（清抄本）卷八文学部："汉乐安相李亢作《和帝哀策》。"案，《文章缘起》、宋章如愚撰《山堂考索》前集卷二十一文章门均作"汉乐安相李尤作"。

（2）李充。南北朝刘勰《文心雕龙》卷十："李充赋铭，志慕鸿裁而才力沈腿，垂翼不飞。"案，清黄叔琳辑注《文心雕龙辑注》卷十："元作'充'，王改。"

南北朝萧统编、唐李善注《文选》卷三十四曹植《七启》注、《六臣注文选》卷三十四曹植《七启》注："李充《高安馆铭》曰：'增台显敞'。"案，《文选》卷四左思《蜀都赋》注作"李尤《高安馆铭》"。

唐欧阳询撰《艺文类聚》卷六十军器部，宋王应麟撰《玉海》卷七十五礼仪："李充《良弓铭》：'力称颜高，巧发由基。'"案，唐虞世南撰《北堂书钞》卷一百二十五武功部十三属李尤。

明李贤撰《明一统志》卷六十七"成都府·李充"所注生平实为李尤生平。

《文选理学权舆》卷二："李充《九曲歌》，李充《武功歌》。"案，《文选》卷二十八陆机《挽歌诗》注、卷二十一谢瞻《张子房诗》注等均称李尤作《九曲歌》《武功歌》。

清吴昌宗撰《四书经注集证·论语》（清嘉庆三年刻本）卷六："后有刘珍、李充杂作纪传。"案，与刘珍作纪传者为李尤。

（3）李元。宋李昉撰《太平御览》（四部丛刊三编景宋本）卷三百四十六兵部七十七："后汉李元《错佩刀铭》曰：'佩之有错，抑武扬文。岂为丽好，将戒其身。'"案，《艺文类聚》卷六十军器部属《错佩刀铭》于李尤。

清沈自南撰《艺林汇考》栋宇篇卷九："李元《平乐观赋》曰：'过

洞庭之辅闼，历金环之华铺。'"案，《艺文类聚》卷六十三居处部属该句为李尤《平乐观赋》。

南北朝徐陵辑，清吴兆宜注《玉台新咏笺注》（清乾隆三十九年刻本）卷四《拟乐府白头吟》"毫发一为瑕，邱山不可胜"注："善曰：'李元《戟铭》：山陵之祸，起于毫芒。'"案，《文选》卷二十八《白头吟》李善注作"李尤"。

清张玉书撰《佩文韵府》卷三十四之五："李元《弹铭》：'昔之造弹，起意弦木，以丸为矢，合竹为朴。'"案，该句《艺文类聚》卷六十军器部属李尤。

（4）李九。《北堂书钞》卷一百一十一乐部七："李九《笛铭》云：'刿削凉幹，三孔条长。出自西凉，流离浩荡。'"《玉海》卷一百六十二宫室："《永安宫铭》，李九。"案，《笛铭》句唐徐坚撰《初学记》（中华书局本）卷十六集部下两处属李尤。《永安宫铭》，《艺文类聚》卷六十二居处部二、《初学记》卷二十四居处部均属李尤。

（5）李克。《佩文韵府》卷二十七之四："李克《漏刻铭》：'昧旦丕显，欲听漏音。'"案，该句《艺文类聚》卷六十八仪饰部属李尤。

（6）季尤。宋黄希、黄鹤注《补注杜诗》卷六《积草岭》"卜居尚百里，休驾投诸彦"注："季尤：'休驾沐浴，投诸英彦。'"案，宋王洙注《分门集注杜工部诗》（四部丛刊景宋刊本）卷十一《积草岭》"卜居尚百里，休驾投诸彦"注作"李尤"。

《太平御览》卷四天部四："季尤《九曲歌》曰：'年岁晚暮日巳①斜，安得壮士翻日车。'"案，该句隋杜公瞻《编珠》（清康熙三十七年刻本）卷一，清仇兆鳌注《杜诗详注》卷二《杜位宅守岁》注、卷六《洗兵行》注、卷十八《瞿唐两崖》注，宋蔡梦弼笺《杜工部草堂诗笺》（古逸丛书覆宋麻沙本）卷十一《洗兵马》"安得壮士挽天河"注、卷三十三《瞿唐两崖》"愁畏日车翻"注，《补注杜诗》卷三十二《瞿塘两崖》"愁畏日车翻"注，元高楚芳注《集千家注杜诗》卷五《洗兵马》注，清王琦汇解

---

① 案："巳"当作"已"，形近而讹。

《李长吉歌诗汇解》（清乾隆宝笏楼刻本）卷二《感讽》其二"奇俊无少年，日车何躃躃。我待纡双绶，遗我星星发"注，《北堂书钞》卷一百四十九天部一，宋潘自牧撰《记纂渊海》卷一百一十六，宋吴淑《事类赋》（宋绍兴十六年刻本）卷一天部《日赋》"讵见翻车之壮士"注，《天中记》卷一均属李尤。《分门集注杜工部诗》卷十四《洗兵马》"安得壮士挽天河"注作"李元《九歌》。"案，该句《编珠》卷一属李尤。

清沈卿韩撰《汉书疏证》（清光绪二十六年浙江官书局刻本）卷二十八《万石卫直周张传》"以戏车为郎"："戏车见季尤《平乐观赋》。"案，李尤《平乐观赋》有文句"戏车高橦，驰骋百马"，故当属李尤。

（7）李光。《玉海》卷一百六十九宫室："李光《钧平城门》：'平城司午，厥位处中。'《上西门》：'上西在季，位月惟戌。（后略）'"《玉台新咏笺注》卷一《四坐且莫喧》注："李光《熏炉铭》：'上似蓬莱，吐气委蛇。'"案，《玉海》此处将李尤城门铭误属李光。《熏炉铭》该句《北堂书钞》卷一百三十五服饰部四属李尤。

（8）李泰。《后汉纪》卷十七《孝安皇帝纪下》作"李泰"。① 清王先谦撰《后汉书集解》（民国王氏虚受堂刻本）十五《李王邓来列传》："集解：惠栋曰'袁宏纪作李泰'，误。"

（9）李龙。《玉海》卷二十四地理："李龙赋曰：'命尉臣以执钥，统群类②之所从。'"《玉海》卷二十四地理："李龙：'上罗三关，下列九门。南有苍梧荔浦、离水谢沐。洭浦零中，以穷海陆。北有萧居天井，壶口石陉。贯越代朔，以临胡庭。绿③边邪指，阳会玉门。西有随陇武夷，白水江零。沔汉阻曲，路由山泉。众关莫盛于函谷。'"《玉海》卷一百六十九宫室："十二门，各有□，李龙作。"案，前二者为李尤《函谷关赋》文句，后者指李尤城门铭。

（10）李兀。清吴士玉撰《骈字类编》卷六天地门六："李兀《九曲歌》：'年岁晚暮时已斜，安得壮士翻日车。'"案，实为李尤《九曲歌》。

---

① 东汉荀悦、东晋袁宏撰，张烈点校《两汉纪》，中华书局，2017，第335页。
② 《玉海》作"编"于义不通，他本均作"类"，据改。
③ 他本均作"缘"，当作"缘"，"绿"乃形近而讹。

（11）李已。《玉台新咏笺注》卷五柳恽《起夜来》注："李已《武功歌》曰：'清埃飞，连日月。'"案，该句《文选》卷二十一谢瞻《张子房诗》注属李尤。

（12）李宏。《文选》卷三十七、《六臣注文选》卷三十七曹植《求自试表》注："李宏《武功歌》曰：'身非金石，名俱灭焉。'"《文选旁证》卷三十《求自试表》："李宏《武功歌》曰，陈校'宏'改'尤'是也，各本皆误。"

（13）李左。明郑若庸辑《类隽》（明万历六年汪珖刻本）卷二十四乐器类："李左云：'剡削长幹，三孔修长。流离浩荡，壮士抑扬。'"案，实为李尤《笛铭》。

（14）李戋。清汪照撰《大戴礼记注补》卷六（清嘉庆九年金元钰等刻本）《武王践阼第五十九》："李戋《几铭序》曰：'黄帝轩辕仁智，恐事有阙，作舆凡①之法。'"案，该句《北堂书钞》卷一百三十三服饰部二属李尤。

2. 字

李尤字，除"伯仁"外，另有二说。

（1）伯宗。《北堂书钞》卷六十二设官部十四，明张溥编《汉魏六朝百三名家集》卷二十四魏文帝集《建安诸序》，《渊鉴类函》卷八十九设官部二十九主此说，且均言源于《典论》。《北堂书钞》卷六十二设官部十四："魏文《典论》云：'李尤，字伯宗，年少有文章，贾逵荐尤有相如、杨雄之风，拜兰台令史，与刘珍等俱撰《汉记》。'今案俞本脱'年'字，陈本'宗'作'仁'，年少句作'少以文章显'，馀同。考《文选·典论·论文》无此段，《百三家·魏文集·建安诸序》无'年'字，'珍'作'桢'，馀同。"

（2）伯亡。《北堂书钞》卷五十六设官部八："《益部耆旧传》云：

---

① "凡"，《事物纪原》卷八、《东汉文纪》卷十四、《事物考》卷七、《汉魏六朝百三名家集》卷十五汉李尤集、《格致镜原》卷五十三作"几"。案：据篇名及铭文正文"筵床对几，盛养已陈"可确定当作"几"，"凡"形近而讹。

'李尤，字伯亡。'"

据文献从先原则，李尤字伯仁。

3. 籍贯

李尤籍贯，除广汉雒人、雒人外，另有二说。

（1）广汉维人。《古文苑》卷六："《后汉·文苑传》：'李尤，字伯仁，广汉维人。'"

（2）新都人。见清黄廷桂撰雍正《四川通志》卷八。

案，东汉时益州广汉郡有雒县、新都县、广汉县，无维县，故"维"当是与"雒"形近而讹。《华阳国志》卷十中，《后汉书》卷八十上《文苑列传上·李尤传》作雒人，新都县说仅见于雍正《四川通志》。广汉、新都二县相邻，见《中国历史地图集》第二册。[①] 因历史变迁行政区划变更，据《中国历史地图集》李尤籍贯地雒清朝时属新都，见表1。

表 1　雒县、新都县区划历代变更表

朝代	雒县	新都	所属区划	页码	备注
秦	/	/	/	第2册，第7~8页	雒县下属于新都国。宋欧阳忞撰《舆地广记》（士礼居丛书景宋本）卷二十九："新都县，汉旧县也。故城在今县东，属广汉郡。晋置新都郡于雒而以县属焉。隋开皇十八年改新都县曰兴乐，大业初省兴乐入成都。唐武德二年复置新都县，属益州。"
西汉	√	√	益州刺史北部	第2册，第29~30页	
东汉	√	√	益州刺史北部	第2册，第53~54页	
三国	√	√	益州	第3册，第22~23页	
西晋	√	新都国	益州	第3册，第47~48页	
东晋	/	/	益州	第4册，第5~6页	
前秦	/	/	益州	第4册，第11~12页	
南朝　齐	√	√	益州	第4册，第38~39页	
北朝　周	/	/	益州	第4册，第67~68页	
隋	√	√	岷蜀诸郡	第5册，第13~14页	
唐	√	√	剑南道北部	第5册，第65~66页	
五代十国	/	/	前蜀、后蜀	第5册，第91页	

---

① 中国社会科学院主办，谭其骧主编《中国历史地图集》第二册，中国地图出版社，1996，第53~54页。

续表

朝代	雒县	新都	所属区划	页　码	备　　注
北宋	√	√	成都府附近	第 6 册，第 31 页	
南宋	√	√	成都府附近	第 6 册，第 71 页	
元	/	√	四川行省	第 7 册，第 19 ~ 20 页	
明	/	√	四川	第 7 册，第 62 ~ 63 页	
清	/	√	成都府附近	第 8 册，第 41 页	

备注："√"表示有该区划名称，"/"表示无。

宋乐史撰《太平寰宇记》（清文渊阁四库全书补配古逸丛书景宋本）卷七十二剑南西道一："新都县东北西十八里依旧三十乡，本汉旧县，属广汉郡，后置新都郡，故城在今县东。太康中又为县。隋移于此。"明曹学佺撰《蜀中广记》（清文渊阁四库全书本）卷五："古语云：'广汉有二雒，新都为上雒，建宁、中江为下雒也。'""按《晋史》武帝咸宁二年封子该为新都王，以新都郡为新都国矣。"

雍正《雍正通志》卷二建置沿革"汉州"："汉置雒县，属广汉郡，后移广汉郡及益州皆治此。晋泰始二年为新都郡治。太康六年罢新都郡，仍为广汉郡治。宋齐因之。隋开皇初郡废，十八年改县曰绵竹。大业初复改曰雒，属蜀郡。唐垂拱二年于县置汉州。天宝初改德阳郡。乾元初复曰汉州，属剑南道。宋亦曰汉州德阳郡属成都路。元中统元年复立汉州，以雒县省入，属成都路。明属成都府。皇清因之。"

雍正《四川通志》卷二建置沿革"新都县"："汉置新都县，属广汉郡。晋泰始二年分广汉置新都郡于雒县，以县属之。武帝时封王建国。太康六年郡、国并罢，县属广汉郡。宋齐因之。梁改为始康郡。西魏郡废。隋开皇十八年改曰兴乐县。大业初省入成都。唐武德二年复置，属成都府。五代宋因之。元属成都路。明属成都府。皇清因之。"

由上可知，汉时雒县大部分属地在清代改为汉州，一部分入新都县。李尤籍贯所在地当并入新都县，故才有清代文献雍正《四川通志》卷八"李尤，字伯仁，新都人也"之说。然李尤为东汉人，当以东汉时区划为准，其籍贯当为广汉雒。

4. 诏作东观及作赋铭时间

李尤诏作东观为侍中贾逵荐,这一点文献记载没分歧,只是时间分歧为二说。

(1)明帝时。见《华阳国志》卷十中,《太平御览》卷二百二十三职官部二十一,宋孙逢吉撰《职官分纪》卷六,宋祝穆撰《事文类聚》新集卷二十一诸院部,明彭大翼《山堂肆考》卷六十一臣职,雍正《四川通志》卷八。

(2)和帝时。见《后汉书》卷八十上《文苑列传上·李尤传》,宋王钦若撰《册府元龟》卷八百三十七,《玉海》卷一百六十六宫室,宋佚名撰《锦绣万花谷》后集卷十九,佚名撰《翰苑新书集》前集卷六十八颂德下,郑樵撰《通志》卷一百七十五《文苑传第一》,《蜀中广记》卷四十一,《明一统志》卷六十七,明凌迪知撰《万姓统谱》卷七十,清李调元撰《赋话》(清函海本)卷七,清穆彰阿撰嘉庆《大清一统志》(四部丛刊续编景旧抄本)卷三百八十六,《后汉书集解》八十上《文苑列传上》,清姚振宗撰《后汉艺文志》(民国适园丛书本)卷三,《隋书经籍志考证》卷三十九之二集部二之二。

据《后汉书》卷三十六《郑范陈贾张列传·贾逵传》可整理贾逵履历如下:显宗时作《神雀颂》,为郎→肃宗立,建初元年(76),入讲北宫白虎观、南宫云台→任卫士令→和帝即位,永元三年(91)为左中郎将→永元八年(96),为侍中,领骑都尉→永元十三年(101)卒。① 故贾逵为侍中时间为和帝朝永元八年至永元十三年(96~101),以下三例亦可为补证:

《后汉书》卷二十五《卓鲁魏刘列传·鲁恭传》:"(永元)十一年,复征再迁中散大夫,时侍中贾逵荐(鲁)丕道艺深明,宜见任用。"

贾逵荐东莱司马均、陈国汝郁在永元八年(96)至永元十三年(101)间。②

---

① 宋范晔撰,唐李贤等注《后汉书》,中华书局,1965,第1234~1240页。
② 宋范晔撰,唐李贤等注《后汉书》,第1240页。

清罗惇衍撰《集义轩咏史诗钞》（清光绪元年刻本）卷十六："和帝永元十二年，侍中贾逵荐终博达忠直，拜郎中，及卒，赐钱二十万。"

明帝中元二年（57）二月戊戌即皇帝位，永平十八年（75）秋八月壬子崩。[①] 和帝章和二年（88）二月壬辰即皇帝位，元兴元年（105）冬十二月辛未崩。[②]

故贾逵做侍中荐李尤在和帝朝而非明帝朝。明帝朝时贾逵仅为郎而非侍中。李尤和帝朝被侍中贾逵举荐，受诏作赋，故其时间上限为永元八年（96），其所有作品不一定限于一朝。罗国威、罗琴将贾逵荐李尤定在永元十三年（101）。[③] 案，此系年可作为时间下限。

5. 拜谏议大夫时间

李尤拜谏议大夫时间，文献记载有二说。

（1）明帝时。见《华阳国志》卷十中。

（2）安帝时。见《后汉书》卷八十上《文苑列传上·李尤传》，明王惟俭撰《史通训故》（明万历刻本）卷十二，清黄叔琳补注《史通训故补》（清乾隆养素堂刻本）卷十二，纪昀撰《史通削繁》（清道光刻本）卷三外篇，浦起龙通释《史通通释》卷十二外篇，《玉海》卷一百六十六宫室，《通志》卷一百七十五《文苑传第一》，《明一统志》卷六十七，《万姓统谱》卷七十，嘉庆《大清一统志》卷三百八十六，《后汉书集解》八十上《文苑列传上》，《全后汉文》卷五十，《后汉艺文志》卷三，《隋书经籍志考证》卷十一史部一。

案，当为安帝时，证据如下。

明帝时李尤尚未被举荐入朝，考证见上文"诏作东观及作赋铭时间"部分。

延光三年（124）九月丁酉废太子为济阴王时，"谏议大夫李尤等十余

---

① 宋范晔撰，唐李贤等注《后汉书》，第95、123页。

② 宋范晔撰，唐李贤等注《后汉书》，第165、194页。

③ 罗国威、罗琴：《两汉巴蜀文学系年要录（下）》，《西华大学学报（哲学社会科学版）》2011年第4期。

人，俱诣鸿都门证太子无过"①。

《史通训故》卷十二，《史通削繁》卷三外篇，《史通通释》卷十二外篇，清惠栋撰《后汉书补注》（清嘉庆九年冯集梧刻本）卷十八，《三国志旁证》卷三十，清平步青撰《霞外捃屑》（民国六年刻香雪崦丛书本）卷六玉树卢芮录，《后汉书集解》十五《李王邓来列传》、八十上《文苑列传上》，清永瑢撰《四库全书总目》（清乾隆武英殿刻本）卷五十史部六记载撰《汉记》时李尤为谏议大夫。

永初元年（107）三月，"日有食之。诏公卿内外众官、郡国守相，举贤良方正，有道术之士、明政术、达古今、能直言极谏者，各一人"②。疑李尤此时被举荐，出任谏议大夫。尉侯凯相关论证可参看。③

6. 李尤参与撰《汉记》时间及共事之刘珍职位

李尤参与撰《汉记》时间，文献记载有五说。

（1）安帝时。见《后汉书》卷八十上《文苑列传上·李尤传》，《史通训故》卷十二，《史通训故补》卷十二，《史通削繁》卷三外篇，高似孙编《史略》（古逸丛书景宋本）卷三，宋徐天麟撰《东汉会要》（宋宝庆二年建宁刻本）卷十二文学中，《通志》卷一百七十五《文苑传第一》，《明一统志》卷六十七，《万姓统谱》卷七十，《蜀中广记》卷四十一，嘉庆《大清一统志》卷三百八十六，《后汉书集解》八十上《文苑列传上》，《隋书经籍志考证》卷十一史部一，《佩文韵府》卷二十六之一。

（2）永初中。见《后汉书》卷五十九《张衡列传》。

（3）永宁中。见《后汉书》卷十四《宗室四王三侯列传》。

（4）安帝永初永宁间。见《玉海》卷四十六艺文，明郭孔延评释《史通评释》（明万历刻本）卷十二外篇，《后汉艺文志》卷二。

（5）任乐安相后。见《华阳国志》卷十中。

当时共事之刘珍职位，文献记载有二说。

① 宋范晔撰，唐李贤等注《后汉书》，第240、249页。
② 宋范晔撰，唐李贤等注《后汉书》，第206页。
③ 尉侯凯：《〈华阳国志〉订误二则》，《中华文史论丛》2017年第2期。

（1）谒者仆射刘珍。大部分文献作此。

（2）长水校尉刘珍。见《隋书》卷三十三志第二十八，《史略》卷三，《玉海》卷四十六艺文、五十八艺文、一百六十宫室，《通志》卷六十五《艺文略第三》，《广博物志》卷二十七，《清通志》卷一百一十一《校雠略七》，清侯康撰《补后汉书艺文志》（清光绪十七年广雅书局刻本）卷三，《后汉艺文志》卷二，《隋书经籍志考证》卷十一史部一，清佚名撰《唐书艺文志注》（清藕香簃抄本）卷二，《四库全书总目》卷五十只部六。

案，永初（107～113）、永宁（120～121）为汉安帝年号，故其分歧是在永初间还是永宁间。永初、永宁年号中间有元初（114～120）。《东汉会要》卷三十五："元初四年，帝诏谒者刘珍及博士良史诣东观，各雠校汉法令。"

考刘珍履历。《后汉书》卷八十上《文苑列传上·刘珍传》："永初中，为谒者仆射。邓太后诏使与校书刘騊骏、马融及五经博士，校定东观《五经》、诸子传记、百家艺术，整齐脱误，是正文字。永宁元年，太后又诏珍与騊骏作建武已来名臣传，迁侍中、越骑校尉。延光四年，拜宗正。明年，转卫尉，卒官。"邓太后诏使与校书郎刘騊骏、马融及五经博士，校定东观《五经》、诸子传记、百家艺术，整齐脱误，是正文字在永初四年（110）。[1]

刘珍为官经历为：谒者仆射→侍中→越骑校尉→宗正→卫尉。不见为长水校尉。永宁元年至延光四年（120～125）做侍中、越骑校尉，开始时间不清楚，截止时间为延光四年（125）。为谒者仆射时间上限为永初元年（107），截止时间为永宁元年（120）。隋费长房撰《历代三宝纪》（金刻赵城藏本）卷二："庚申，永宁元四月，帝诏谒者杰[2]射刘珍作建武已来名臣传。"故刘珍参与撰《汉记》开始时间为永宁元年（120），没有早至永初中。

考刘珍所任官职俸禄。《后汉书》志第二十五百官二："谒者仆射一

---

① 宋范晔撰，唐李贤等注《后汉书》，第 2617、215 页。
② 案："杰"当作"仆"，官职。

人，比千石。"《后汉书》志第二十六百官三："侍中，比二千石。"《汉纪》前汉孝惠皇帝纪卷五："越骑校尉掌驷骑马。"《后汉书》志第二十七百官四："越骑校尉一人，比二千石。"《后汉书》志第二十六百官三："宗正，卿一人，中二千石。"《后汉书》志第二十五百官二："卫尉，卿一人，中二千石。"汉官秩以万石为最高，中二千石次之，真二千石再次，后一级有比二千石。刘珍所任官职俸禄：谒者仆射比千石，侍中、越骑校尉比二千石，宗正、卫尉中二千石。

《汉纪》卷五《前汉孝惠皇帝纪》："长水校尉，胡骑校尉掌池阳、胡骑。"《后汉书》志第二十七百官四："长水校尉一人，比二千石。注曰：掌宿卫兵。"如淳曰："长水，胡名也。韦昭曰：'长水校尉典胡骑厩，近长水胡，故以为名，长水盖关中小水名。'"可见，长水校尉俸禄相当于越骑校尉。余嘉锡《四库提要辨证》卷五《别史类》则认为："盖刘珍以谒者仆射入东观校书，遂受诏撰《汉记》，旋迁长水校尉。书成之后，始转越骑耳。"《汉记》未完成，刘珍、李尤相继离世，故"书成之后，始转越骑耳"说法不成立。余氏试图调和两职位，然刘珍本传不见任长水校尉，《四库全书总目·东观记提要》亦认为："珍未尝为长水校尉。"故长水校尉之称疑当作越骑校尉，其时《汉记》编纂工作可能还在持续。

综上，李尤参与撰《汉记》时间上限为安帝永宁元年（120），不会早至永初中，不会迟至任乐安相后。时刘珍不是长水校尉，是谒者仆射，在编纂过程中，升迁越骑校尉。

7. 任乐安相时间及是否出任安乐相

李尤任乐安相时间，文献记载有二说。

（1）明帝时，撰《汉记》前。见《华阳国志》卷十中。

（2）顺帝立，迁乐安相。见《后汉书》卷八十上《文苑列传上·李尤传》，《通志》卷一百七十五《文苑传》第一，《蜀中广记》卷九十七，《明一统志》卷六十七，《万姓统谱》卷七十，雍正《四川通志》卷八，嘉庆《大清一统志》卷三百八十六，《后汉书集解》八十上《文苑列传上》，《全后汉文》卷五十，《后汉艺文志》卷三，《隋书经籍志考证》卷三十九之二集部二之二。

宋谢采伯撰《密斋笔记》（清文渊阁四库全书本）卷二："李尤顺帝时迁安乐相，年八十三。"《蜀中广记》卷四十一："顺帝立，迁安乐相。"《后汉书集解》五十六《张王种陈列传》注，清周寿昌撰《后汉书注补正》（清光绪八年周氏思益堂刻本）卷五："李尤顺帝时为安乐相卒，年八十三。"案，乐安指乐安国，安乐指安乐县。李尤到底是在乐安国还是在安乐县为相？不妨考辨乐安国及安乐县各自设置及其相位官禄。《后汉书》志第二十二郡国四："乐安国，高帝西平昌置，为千乘，永元七年更名。雒阳东千五百二十里。九城，户七万四千四百，口四十二万四千七十五。"东汉幽州渔阳郡有安乐县。《后汉书》志第二十三郡国五："渔阳郡，九城，户六万八千四百五十六，口四十三万五千七百四十。渔阳、狐奴、潞、雍奴、泉州、平谷、安乐、傂奚、犷平。"平均下来，每城户不足一万。《后汉书》志第二十八百官五："属官，每县、邑、道，大者置令一人，千石；其次置长，四百石；小者置长，三百石。侯国之相，秩次亦如之。本注曰：'皆掌治民，显善劝义，禁奸罚恶，理讼平贼，恤民时务，秋冬集课，上计于所属郡国。'凡县主蛮夷曰道。公主所食汤沐曰国邑。县万户以上为令，不满为长，侯国为相。"迁相前李尤为谏议大夫，《后汉书》志第二十五百官二："谏议大夫，六百石。"如果为安乐县相，户不满万只能置长，秩四百石；为乐安国相，秩二千石。《后汉书》卷五十九《张衡列传》："迁为太史令。"迁指升官。李尤"顺帝立，迁乐安相"，当也是升官。故当作"乐安相"而非"安乐相"。由六百石谏议大夫迁为二千石之乐安相，可见顺帝对李尤宠遇优渥。

顺帝刘保永宁元年（120）夏四月丙寅被立为太子，延光三年（124）九月丁酉被废为济阴王，李尤上书谏争。延光四年（125）十一月丁巳，刘保即皇帝位。[①] 此时李尤迁乐安相，符合情理。汉明帝建武中元二年（57）二月戊戌至永平十八年（75）秋八月壬子在位，时李尤尚未被举荐，不可能出任为相。

---

① 宋范晔撰，唐李贤等注《后汉书》，第231、240、249页。

因在鸿都门证太子无过，多位臣子受封赏。《后汉书》卷十五《李王邓来列传·来历传》："顺帝即位，朝廷咸称社稷臣，于是迁为卫尉。役讽、刘玮、闾丘弘等先卒，皆拜其子为郎；朱伥、施延、陈光、赵代等并为公卿，任职；征王男、邴吉家属还京师，厚加赏赐；籍建、高梵等悉蒙显擢。永建元年，拜历车骑将军。"来、朱、施、籍、高诸位蒙受拔擢如下。

来历为卫尉时间：永建元年（126）秋八月，卫尉来历为车骑将军。① 则其为卫尉时间为延光四年（125）十一月丁巳顺帝即位后至永建元年（126）秋八月。

朱伥为司徒在永建元年（126）二月丙戌。永建二年（127）秋七月壬午，司徒朱伥免。② 其任公卿时间为永建元年（126）二月丙戌至永建二年（127）秋七月壬午。

阳嘉二年（133）八月己巳，施延为太尉。阳嘉四年（135）夏四月甲子，太尉施延免。③ 其任公卿时间为阳嘉二年（133）八月己巳至阳嘉四年（135）夏四月甲子。

籍建、高梵蒙显擢，当是为中常侍。《后汉书》志第十一天文中："永建二年二月癸未，太白昼见，三十九日，（中略）是时中常侍高梵、张防，将作大匠翟酺，尚书令高堂芝，仆射张敦，尚书尹就、郎姜述、杨凤等，及兖州刺史鲍就、使匈奴中郎将张国、金城太守张笃、敦煌太守张朗，相与交通。漏泄，就、述弃市，梵、防、酺、芝、敦、凤、就、国皆抵罪。"则其蒙显擢时间为延光四年（125）十一月丁巳顺帝即位后至永建二年（127）二月癸未。

延光四年（125）十一月丁巳（初四）顺帝即位，永建元年（126）开始大赦，对公卿等重要人员开始改换，李尤作为保主有功之臣，出任乐安相。时乐安国王为刘鸿。《后汉书》卷五十五《章帝八王传·千乘贞王伉传》："千乘贞王伉，建初四年封。和帝即位，以伉长兄，甚见尊礼。立十五年薨。子宠嗣，一名伏胡。永元七年，改国名乐安。立二十八年

---

① 宋范晔撰，唐李贤等注《后汉书》，第253页。
② 宋范晔撰，唐李贤等注《后汉书》，第252、254页。
③ 宋范晔撰，唐李贤等注《后汉书》，第262页。

薨，是为夷王。父子薨于京师，皆葬洛阳。子鸿嗣。安帝崩，始就国。鸿生质帝。质帝立，梁太后下诏，以乐安国土卑湿，租委鲜薄，改封鸿，封渤海王。"永嘉元年（145）春正月丁巳质帝立。鸿本初元年（146）五月庚寅由乐安王改封渤海王。安帝延光四年（125）三月丁卯崩，辛未夕，乃发丧。① 刘鸿就国于此时或稍后，为乐安国王时间为延光四年（125）三月丁卯至本初元年（146）五月庚寅，李尤延光四年（125）十一月丁巳后至顺帝阳嘉四年（135）卒其间担任乐安相。此前二人在京师是否已有交往？

三 李尤交游考

关于李尤交游，拟从七方面考证。

1. 入仕举荐者贾逵

永元八年（96），贾逵为侍中，领骑都尉，永元十三年（101）卒（论证见前文"诏作东观及作赋铭时间"）。自举荐至贾逵卒，李尤与贾逵应有交往，抑或此前二人即有交往，贾逵才得以了解李尤文才。因贾逵举荐，李尤得以有机会在京师繁华之地，见识皇家气象，进而得到帝王赏识，经历、见识各种大型事件、场面，为其后各种宫殿馆阁赋、铭、哀典、书、辞祝写作创造契机。

2. 共同撰《汉记》之团队

与李尤共同撰《汉记》者，现存文献可检索出如下人员。

（1）刘珍。《史通评释》卷十二外篇："安帝永初永宁间，刘珍、刘騊駼、张衡、李尤等撰集为《汉纪》。"《后汉书》："刘珍撰《释名》三十篇，以辩万有之称号。"《册府元龟》卷八百五十四："刘珍为卫尉，撰《释名》三十篇，以辨万有之称号。"延光四年（125），刘珍拜宗正，

---

① 宋范晔撰，唐李贤等注《后汉书》，第276、281、241页。

明年，转卫尉。则刘珍为卫尉撰《释名》在永建元年（126）。此前李尤一直和刘珍在撰《汉记》，则刘珍《释名》与李尤作铭应有联系，至于谁影响谁，关键看李尤作铭时间。《华阳国志》记载为明帝时作铭，讹误。如果铭文写作于和帝朝，则是李尤铭文影响刘珍《释名》。然李尤铭文数量多，是否仅写于一朝？惜其铭文多为短篇，无法考定其写作时间。

（2）刘騊駼。刘騊駼自造赋、颂、书、论凡四篇。其写作与李尤是否也有一定关系？

（3）张衡。据《后汉书》卷五十九《张衡列传》可梳理其生平：少游三辅→入京师，观太学→永元中举孝廉不行，辟公府不就，作《二京赋》，十年乃成→不应大将军邓骘召→作《谓崔瑗书》→安帝时，征拜郎中，再迁太史令→顺帝初，再转，复为太史令→上疏陈政事→迁侍中，遭谗，作《思玄赋》→永和中，为河间相→视事三年，乞骸骨，拜尚书→永和四年（139）卒。[①]《后汉书》卷五十九《张衡列传》："永初中，谒者仆射刘珍、校书郎刘騊駼等著作东观，撰集《汉记》，因定汉家礼仪，上言请衡参论其事，会并卒，而衡常叹息，欲终成之。"暂不论张衡是否与李尤同时参与撰写《汉记》工作，但从上可见二者应该认识。李尤在京期间张衡亦在，即和帝朝永元八年（96）至延光四年（125）十一月丁巳（或稍后）。李尤《平乐观赋》作于和帝永元九年（97），张衡《二京赋》和帝永元十七年（105）完成。[②]

李尤《平乐观赋》《平乐馆铭》《长乐观赋》对张衡《二京赋》写作当有一定借鉴作用，特别是其中乐舞百戏部分。致有研究者说："没有李尤《平乐观赋》等作品的铺垫，就不会有张衡《西京赋》的雍容华贵和仪态万方。"[③]

（4）刘毅。《后汉书》卷八十上《文苑列传上·刘毅传》："永元中，坐事夺爵。毅少有文辩称，元初元年，上《汉德论》并《宪论》十二篇。

---

① 宋范晔撰，唐李贤等注《后汉书》，第 1897～1951 页。
② 彭春艳：《汉赋系年考证》，上海古籍出版社，2017，第 413 页。
③ 王彦龙：《李尤研究及〈李尤集〉校注》，西北大学硕士学位论文，2015。

时刘珍、邓耽、尹兑、马融共上书称其美，安帝嘉之，赐钱三万，拜议郎。"《后汉书》卷十四《宗室四王三侯列传》："永宁中，邓太后召毅及骑骠入东观，与谒者仆射刘珍著中兴以下名臣烈士传。"《续后汉书》卷三十三上《吴载记第十一上》："刘珍、刘毅等作《汉记》。"《册府元龟》卷五百五十四："李尤为谏议大夫，受诏与谒者仆射刘珍等俱撰《汉记》。刘骑骠，临邑侯复子也。骑骠及从兄平望侯毅并有才学。永宁中，邓太后召毅及骑骠入东观，与谒者仆射刘珍著中兴以下名臣烈士传。"

（5）王逸。余嘉锡《四库提要辨证》卷五《别史类》："知幾所谓旧史，盖指谢承、司马彪等书言之，然则与刘珍等具撰《汉记》者，又有刘毅、王逸二人。"《后汉书》卷八十上《文苑列传上》："元初中举上计吏，为校书郎。顺帝时为侍中。"当时参与《汉记》撰写的刘骑骠也是校书郎职位。故王逸参与《汉记》撰写的说法是成立的，且时间上与李尤参与撰《汉记》亦有叠合部分。

（6）《后汉书》卷十上《皇后纪十上·邓皇后纪》："乃博选诸儒刘珍等及博士、议郎、四府掾史五十余人，诣东观雠校传记。"此次当是指永初四年（110）所召集，此次李尤是否参与，文献中没有明确支撑材料。

（7）《四书经注集证·论语》（清嘉庆三年刻本）卷六："宋余靖《后汉书》序：'汉明帝诏班固、陈宗、尹敏、孟冀作《世祖本纪》及《功臣列传》，后有刘珍、李充杂作《纪传》，又命伏无忌、黄景作诸王、王子、恩泽侯并单于、西羌地理志，又边韶、崔寔、朱穆、曹寿作皇后外戚传、百官长及顺帝功臣传，成一百一十四篇，号曰《汉纪》。'"伏无忌、黄景、边韶、崔寔、朱穆、曹寿等人年岁与李尤有叠合的部分。

参与撰写《汉记》，让李尤有留名青史的意识。考其铭文，多回溯历史，运用典故，且较多政治教化内容，这与其撰《汉记》练就的史学意识及正统思想应该有关系。

3. 鸿都门谏废太子参与者

《后汉书》卷十五《李王邓来列传·来历传》："是日遂废太子为济阴

王。时监太子家小黄门籍建、中傅高梵等皆以无罪徙朔方。历乃要结光禄勋祋讽，宗正刘玮，将作大匠薛皓，侍中闾丘弘、陈光、赵代、施延，太中大夫朱伥、第五颉，中散大夫曹成，谏议大夫李尤，符节令张敬，持书侍御史龚调，羽林右监孔显，城门司马徐崇，卫尉守丞乐闱，长乐、未央厩令郑安世等十余人，俱诣鸿都门证太子无过。（中略）顺帝即位，朝廷咸称社稷臣，于是迁为卫尉。祋讽、刘玮、闾丘弘等先卒，皆拜其子为郎；朱伥、施延、陈光、赵代等并为公卿，任职；征王男、邴吉家属还京师，厚加赏赐；籍建、高梵等悉蒙显擢。"

故总结下来，力保太子，证其无罪，最后蒙受拔擢者为：来历、祋讽、刘玮、薛皓、闾丘弘、陈光、赵代、施延、朱伥、第五颉、曹成、李尤、张敬、龚调、孔显、徐崇、乐闱、郑安世、桓焉、张晧、籍建、高梵。作为保顺帝而结合在一起的团体成员，李尤与他们相互之间应该交往。

《后汉书》卷五十六《张王种陈列传·张晧传》："晧与桓焉、来历廷争之不能得，退而上疏。"现存来历《废太子议》、张晧《上疏谏废皇太子》）。

以文士身份参与政权更迭之争，一方面是李尤受重用之体现，另外也可看出李尤交游中位高权重者不在少数，甚至可以说是政治漩涡之中心。李尤《谏废太子书》是该事件的直接产物，此种氛围，与其《政事论》七篇的创作应也有关。

4. 延光四年随帝巡行团队

延光四年（125）三月，随帝出巡，说明李尤文才出众，深得安帝赏识，另外也是其可以作辞祝等作品之客观条件（论证见下编"李尤散佚作品辑证·辞祝"），毕竟，为帝王祈福延寿重任须是德高望重之人方可承担。李尤应该与随行团队人员有关系，惜具体人员不可考。

5. 五朝帝王

李尤自永元八年（96）被贾逵举荐入仕，至永建元年（126）出任乐安相离京，与其间帝王有着或疏或密的关系。

（1）和帝刘肇。和帝朝，李尤被举荐，受诏作赋。文采被赏识之李尤，在和帝驾崩下葬之际，作《和帝哀策》，简其功德而哀之。

（2）殇帝刘隆。百日登基，一岁夭亡。李尤与殇帝当没有什么直接接触。

（3）安帝刘祜。从力谏太子无罪、"安帝寝疾，使尤祠陵庙，肃慎斋洁，辞祝俱美，上疾乃（有）瘳"来看，李尤在安帝朝当与安帝较亲密。

（4）北乡侯刘懿。延光四年（125）三月乙酉即皇帝位，冬十月辛亥薨。① 李尤与他当没有什么直接接触。

（5）顺帝刘保。在顺帝为太子被废之际，李尤力谏太子无罪。在安帝临终时随侍左右，对顺帝登基有拥立之功，并在顺帝即位后迁乐安相。可见李尤与顺帝刘保关系亲厚。

李尤历仕五朝，见多识广，处变不惊。并对两朝帝王分别有送终、拥立之功，可以说是功勋卓著。最后卒于乐安相任上，算是善终。伴随帝王左右，在瞬息万变的政治斗争中，处于长青树之势，在历朝亦不多见。其文风典雅平正，倡导教化，维护朝纲，亦可旁窥其为政处事风范。所以其文多教化、平正之辞，亦容易理解。

6. 乐安国王刘鸿

延光四年（125）三月丁卯至本初元年（146）五月庚寅刘鸿为乐安国王，延光四年（125）十一月丁巳后至顺帝阳嘉四年（135）李尤任乐安相，并卒于乐安相位（论证见前文"任乐安相时间及是否出任安乐相"），可见李尤与刘鸿及相关属国人员相处较融洽。《后汉书》志第二十八百官五："皇子封王，其郡为国。每置傅一人，相一人，皆二千石。本注曰：'傅主导王以善，礼如师，不臣也。相如太守，有长史，如郡丞。'"在乐安的李尤可以说身居高位，又是五朝老臣，对当今圣

---

① 宋范晔撰，唐李贤等注《后汉书》，第241、242页。

上有护佑及拥立之功，其《政事论》是否亦与此时相关，因文缺，不得知晓。

7. 同时期僚属

李尤永元八年（96）为贾逵举荐入仕至顺帝阳嘉四年（135）卒，先后出任兰台令史，稍迁，为谏议大夫，迁乐安相，与其僚属定有交往，惜无相关记载。

第二章　李尤年谱简编

光武帝建武二十九年（53）

李尤出生。①

和帝永元八年（96）

贾逵任侍中，荐李尤，召诣东观，受诏作赋，拜兰台令史，稍迁。
李尤年四十四。

和帝永元九年（97）

李尤作《平乐观赋》。

李尤《平乐观赋》作年，陆侃如、刘斯翰、康金声系于永元八年
（96）。② 赋言"尔乃大和隆平，万国肃清。殊方重译，绝域造庭。四表交
会，抱珍远并"，可见赋作于李尤在京时。李尤永元八年（96）被举荐至顺
帝立迁乐安相前（96～125）在京师。查此期间外族春正月遣使奉献有永元

---

① 陆侃如《中古文学系年》上册（人民文学出版社，1985，第 68、69 页）认为李尤顺帝永建
元年（126）卒，前推 83 年，生在光武帝建武二十年（44）。其后刘跃进《秦汉文学编年
史》（商务印书馆，2006，第 365 页），罗国威、罗琴《两汉巴蜀文学系年要录》（下）
[《西华大学学报（哲学社会科学版）》2011 年第 4 期]，李芸华《崔骃年谱简编》（《职
大学报》2014 年第 4 期）等均沿用此说。王彦龙《李尤研究及〈李尤集〉校注》（西北
大学硕士学位论文，2015）认为 83 岁已属耄耋之年，此时被迁为乐安相似乎已不太可
能，认为李尤去世在顺帝永建元年（126）后，生年亦在光武帝建武二十年（44）之后。
以下依据传统计算虚岁数。
② 陆侃如：《中古文学系年》，第 124、125 页；刘斯翰：《汉赋——唯美文学之潮》，广州文
化出版社，1989，第 221 页；康金声：《汉赋纵横》，山西人民出版社，1992，第 259 页。

九年（97）、永初三年（109）、建光二年（122），其中永元九年（97）为永昌徼外蛮夷及掸国重译奉贡；永初三年（109）仅高句丽遣使贡献；建光二年（122）夫余王遣使贡献。赋中极言百戏之奢，延平元年（106）十月，"罢鱼龙曼延百戏"①，故《平乐观赋》作于永元九年（97）春正月。

李尤年四十五。

和帝永元十三年（101）

李尤作《东观赋》。

李尤《东观赋》作年有二说。（1）永元八年（96）。康金声、刘斯翰主此说。②（2）永元十三年（101）。刘跃进主此说。③《东观赋》作于李尤在京时。《华阳国志》卷十中："明帝诏作东观、辟雍、德阳诸观赋铭、《怀戎颂》、百二十铭，著《政事论》七篇。帝善之。"明帝时李尤尚未被举荐，且考明帝本纪未见有幸东观。陆侃如《中古文学系年》已论证"明帝"当为"和帝"之误。④ 李尤参与撰《汉记》时写《东观赋》的可能性有，但要小于和帝朝刚被召时，《东观赋》作于永元八年至延平元年（96～106）。永元十三年（101）春正月丁丑，和帝幸东观，览书林，阅篇籍，博选术艺之士以充其官。故系《东观赋》于永元十三年（101）。

贾逵卒。

李尤年四十九。

和帝永元十四年（102）

李尤作《辟雍赋》。

《辟雍赋》作年，陆侃如、刘斯翰、康金声系于永元八年（96）。⑤ 赋

---

① 宋范晔撰，唐李贤等注《后汉书》，第 183、212、234、205 页。
② 康金声：《汉赋纵横》，第 259 页；刘斯翰：《汉赋——唯美文学之潮》，第 221 页。
③ 刘跃进：《秦汉文学编年史》，商务印书馆，2006，第 451 页。
④ 陆侃如：《中古文学系年》，第 124 页。
⑤ 陆侃如：《中古文学系年》，第 125 页；刘斯翰：《汉赋——唯美文学之潮》，第 221 页；康金声：《汉赋纵横》，第 259 页。

作于李尤在京时，赋言"永元之隆"，考其间仅永元十四年"三月戊辰，临辟雍，飨射，大赦天下"①。故系《辟雍赋》于此年。

李尤年五十。

和帝永元十四年（102）、永元十五年（103）

李尤作《德阳殿赋》。

《德阳殿赋》作年，刘斯翰、康金声系于永元八年（96）。②作《德阳殿赋》距作《东观赋》《辟雍赋》不远，如前文所证在和帝朝。作《东观赋》在永元十三年（101），作《辟雍赋》在十四年（102），作《德阳殿赋》在永元十三年（101）至延平元年（106），以最初几年，特别是永元十四年（102）、十五年（103）可能性最大。

张衡作《南都赋》于永元十五年（103）。③

李尤年五十、五十一。

和帝永元十六年（104）

一月至六月，张衡作《舞赋》，时张衡为南阳主簿。④

李尤年五十二。

永元十七年（105）

张衡《二京赋》完成。⑤

冬十二月辛未，和帝崩于章德前殿，年二十七。辛未夜，殇帝刘隆即皇帝位。⑥

李尤年五十三。

---

① 宋范晔撰，唐李贤等注《后汉书》，第189页。
② 刘斯翰：《汉赋——唯美文学之潮》，第221页；康金声：《汉赋纵横》，第259页。
③ 彭春艳：《汉赋系年考证》，第183页。
④ 彭春艳：《汉赋系年考证》，第193页。
⑤ 彭春艳：《汉赋系年考证》，第413页。
⑥ 宋范晔撰，唐李贤等注《后汉书》，第194、195页。

殇帝延平元年（106）

李尤作《和帝哀策》。延平元年（106）三月甲申，葬孝和帝于慎陵，尊庙曰穆宗。哀策用于葬礼上，《后汉书》志第六礼仪下："太史令奉哀策立后。"但具体写作时间当在帝崩至下葬前这段时间，即永元十七年（105）冬十二月辛未至延平元年（106）三月甲申。

八月辛亥，殇帝崩。癸丑，汉安帝刘祜即位。①

十二月乙酉，罢鱼龙曼延百戏。②

李尤年五十四。

安帝永初元年（107）

"三月癸酉，日有食之。诏公卿内外众官、郡国守相，举贤良方正、有道术之士、明政术、达古今、能直言极谏者，各一人。"③ 疑李尤此时被举荐，出任谏议大夫。罗国威、罗琴认为李尤安帝永宁元年（120）任谏议大夫。④

李尤年五十五。

安帝永初三年（109）

三月"癸巳，诏以鸿池假与贫民"。"己巳，诏上林、广成苑可垦辟者，赋与贫民。"⑤

李尤年五十七。

安帝永初四年（110）二月

"诏谒者刘珍及五经博士，校定东观《五经》、诸子、传记、百家艺

---

① 宋范晔撰，唐李贤等注《后汉书》，第199、204页。
② 宋范晔撰，唐李贤等注《后汉书》，第205页。
③ 宋范晔撰，唐李贤等注《后汉书》，第206页。
④ 罗国威、罗琴：《两汉巴蜀文学系年要录（下）》，《西华大学学报（哲学社会科学版）》2011年第4期。
⑤ 宋范晔撰，唐李贤等注《后汉书》，第212、213页。

术，整齐脱误，是正文字。"① 李尤是否参与其中，文献未见记载。

李尤年五十八。

安帝永宁元年（120）

太后又诏刘珍与骑骎作建武以来名臣传，李尤参与撰《汉记》。参与此项工作者还有刘珍、刘骑骎、张衡、刘毅及博士、议郎、四府掾史五十余人。

李尤年六十八。

安帝延光二年（123）

张衡作《羽猎赋》。②

李尤年七十一。

安帝延光三年（124）

九月丁酉，废皇太子保为济阴王，谏议大夫李尤上书谏争。共同诣鸿都门证太子无过者有来历、"光禄勋祋讽，宗正刘玮，将作大匠薛皓，侍中闾丘弘、陈光、赵代、施延，太中大夫朱伥、第五颉，中散大夫曹成，谏议大夫李尤，符节令张敬，持书侍御史龚调，羽林右监孔显，城门司马徐崇，卫尉守丞乐闿，长乐、未央厩令郑安世等十余人"③。

李尤、桓焉、张皓等上书谏废皇太子。

李尤作《谏废太子书》。

李尤年七十二。

安帝延光四年（125）

三月庚申，随帝幸宛，辛酉（初四），祠章陵园庙，李尤作辞祝。乙丑，自宛还。丁卯，随帝幸叶。帝崩。辛未夕，乃发丧。乙酉，北乡侯即

---

① 宋范晔撰，唐李贤等注《后汉书》，第215页。
② 彭春艳：《汉赋系年考证》，第197页。
③ 宋范晔撰，唐李贤等注《后汉书》，第591页。

皇帝位。冬十月辛亥，少帝薨。十一月丁巳，顺帝即皇帝位。①

李尤《函谷关赋》作年有二说。（1）永元八年（96）。陆侃如、刘斯翰、康金声主此说。② （2）明帝时。庾光蓉主此说。③ 明帝时李尤尚未被举荐。《函谷关赋》《七叹》作于永元八年（96）至安帝延光四年（125）十一月李尤在京时。《果赋》亦系于此，尤以和帝朝可能性为大。

李尤迁乐安相，年七十三。

顺帝永建元年 （126）

张衡作《上顺帝封事》。

刘珍、刘騊駼卒。④ 永初中谒者仆射刘珍、校书郎刘騊駼等"著作东观，撰集《汉记》，因定汉家礼仪，上言请衡参论其事，会并卒，而衡常叹息，欲终成之"⑤。"会并卒"，可见刘珍、刘騊駼卒在同年。

李尤年七十四。

顺帝阳嘉四年 （135）

"于是又诏史官谒者仆射刘珍及谏议大夫李尤杂作记，表，名臣、节士、儒林、外戚诸传，起自建武，讫乎永初。事业垂竟，而珍、尤继卒。"⑥

李尤卒，年八十三。

---

① 宋范晔撰，唐李贤等注《后汉书》，第241、242 页。
② 陆侃如：《中古文学系年》，第124、125 页；刘斯翰：《汉赋——唯美文学之潮》，第221页；康金声：《汉赋纵横》，第259 页。
③ 庾光蓉：《李尤事迹考证》，《四川师范大学学报》1997 年第3 期。
④ 宋范晔撰，唐李贤等注《后汉书》，第2617、215、1940 页。
⑤ 宋范晔撰，唐李贤等注《后汉书》，第1940 页。
⑥ 东汉刘珍等撰，吴树平校注《东观汉记校注》，第141 页。

下 编
李尤作品研究

首先对李尤作品归属权进行考辨，对他人作品误属李尤者排除，对本人作品误归类者归入正确类别，继而辑佚李尤作品。鉴于李尤作品同一篇有多个篇名者较普遍，故考辨篇目异名。对李尤作品及流传进行梳理归纳。在理清作品基础上，分赋、铭、歌校注。

第三章　李尤作品考辨

一　他人作品误属李尤者

1. 九贤颂

现存五颂：《九贤郭有道颂》《九贤管徽君颂》《九贤陈太丘颂》《九贤华太尉颂》《九贤嵇中散颂》。文见《初学记》卷十七。

案，《隋书经籍志考证》卷三十九之二集部二之二业已考辨为李充而非李尤之作。《全上古三代秦汉三国六朝文·全晋文》（后简称《全晋文》）卷五十三收在李充名下。

2. 翰林论

（1）木氏《海赋》壮则壮矣。然首尾负揭，状若文章，亦将由未成而然也。

（2）将由未成而然，其意何居，欲其以尽尽之邪？

句（1）《文选》卷十二、《六臣注文选》卷十二木玄虚《海赋》注，清段玉裁撰《说文解字注》（清嘉庆二十年经韵楼刻本）第十篇下，清孙梅辑《四六丛话》（清嘉庆三年吴兴旧言堂刻本）卷三十条下将其属李尤《翰林论》。《隋书经籍志考证》卷四十集部三将其归属于李充《翰林论》。句（2）清焦袁熹撰《此木轩杂著》（清嘉庆九年刻本）卷二《海赋》将其属李尤《翰林论》。

案，句（1）结尾"亦将由未成而然也"，句（2）开头"将由未成而然"，二者其实是同一句，故（1）（2）句实际是相连的一段。《海赋》作者木氏指木华，字玄虚，西晋辞赋家。故当为李充《翰林论》文句，考证见《隋书经籍志考证》卷四十集部三。

3. 元宗赋

《文选理学权舆》卷二下："李尤《元宗赋》。"案，晋李充有《玄宗赋》，见于《文选》卷三十一、《六臣注文选》卷三十一江淹《杂体诗·殷东阳〈兴瞩〉》，《全晋文》卷五十三。《文选理学权舆》作者汪师韩生于清圣祖康熙四十六年（1707），康熙名爱新觉罗·玄烨，故当时讳"玄"为"元"，晋代《玄宗赋》在汪师韩时写为《元宗赋》。又误李充为李尤，故出现《文选理学权舆》卷二下李尤《元宗赋》之讹误。

4. 果赋

《事类赋》卷二十六果部《李赋》：

> 仙李缥而神李红。

该句作者分歧有三。

（1）李尤。见宋李昉撰《太平广记》（民国景明嘉靖谈恺刻本）卷四百一十草木五果上，《事类赋》卷二十六果部《李赋》，清陈元龙撰《格致镜原》卷七十四，《天中记》卷五十二，文廷式撰《纯常子枝语》（民国三十二年刻本）卷十一，《渊鉴类函》卷三百九十九果部。

（2）陆机。见《述异记》卷下，宋郭知达注《九家集注杜诗》卷十七近体诗《冬日洛城北谒玄元皇帝庙》注，《佩文斋广群芳谱》卷五十五果谱，《佩文韵府》卷一之四。

（3）潘岳。见《太平御览》卷九百六十八果部五，《全晋文》卷九十二。

《山堂肆考》卷二百五果品作《李果赋》。案，当为脱"尤"所致讹误。

案，据文献学从先原则，依《述异记》属"仙李缥而神李红"为陆机《果赋》。李尤有《果赋》之作，但不包括该句。

5. 学箴

（1）《佩文韵府》卷十六之九"遁川"注：

> 狡兔陵冈，游鱼遁川。

（2）《佩文韵府》卷八十三之二"离性"注：

> 刻意离性而失其常。

（3）《佩文韵府》卷八十三之四"希竞"注：

> 乃放欲以越礼，不知希竞之为病。

案，此三条均属李充《学箴》，全文见《晋书》卷九十二《列传第六十二文苑"李充"》。《佩文韵府》引作李尤，误。

6. 诗

清徐炯笺注《李义山文集笺注》卷六《祭张书记文》"惜景而持绳欲系"注：

> 李尤诗：安得长绳系白日。

案，该句实为傅玄诗。清陈祚明评选《采菽堂古诗选》（清刻本）卷九"傅玄《九曲歌》'岁暮景迈群光绝，安得长绳系白日'"注："酷似李尤，古人亦有此种拟乐府法，以时代不远，语并律姑存。"宋长白撰《柳亭诗话》（清康熙天茁园刻本）卷二《九曲歌》："傅元《九曲歌》：'岁暮景迈群光绝，安得长绳系白日。'李尤亦有此曲，亦止二句，其意全同。"

7. 古鼎铭

《汉书》卷二十五下《郊祀志》第五下：

> 王命尸臣，官此栒邑。赐尔旗鸾，黼黻琱戈。尸臣拜手稽首曰：

"敢对扬天子，丕显休命。"

该段铭文名称有五。(1)《古鼎铭》。见《艺文类聚》卷七十三杂器物部，《汉魏六朝百三名家集》卷十五汉李尤集，《渊鉴类函》卷三百八十三器物部二，《佩文韵府》卷九十四之二。(2)《周鼎铭》。见宋罗泌撰《路史》卷二十九国名纪六，清沈清峰撰雍正《陕西通志》卷三，清吴卓信撰《汉书地理志补注》(清道光刻本)卷三。(3)《美阳鼎铭》。见宋洪迈撰《容斋随笔·容斋三笔》(清修明崇祯马元调刻本)卷十三，清孙岳颁撰《佩文斋书画谱》卷五十九历代无名氏书一，清吴骞撰《尖阳丛笔》(清抄本)卷五，清阎若璩撰《尚书古文疏证》(清乾隆眷西堂刻本)卷八，清倪涛撰《六艺之一录》卷三。(4)《枸邑鼎铭》。见《全上古三代秦汉三国六朝文·全上古三代文》卷十三。(5)《周郊鼎铭》。见明梅鼎祚撰《皇霸文纪》卷四，清马骕撰《绎史》卷一百五十九中。

《汉魏六朝百三名家集》卷十五汉李尤集，《佩文韵府》卷九十四之二归为李尤《古鼎铭》。

案，该段铭文在《汉书》卷二十五下《郊祀志第五下》有详细记载，为神爵元年(前61)岐东所出古鼎上文字，时李尤尚未出生。《艺文类聚》卷七十三杂器物部在李尤《鼎铭》后接"古鼎铭曰……"，致后面文献误属李尤。鼎出自美阳，称《美阳鼎铭》可。铭文中有"官此枸邑"，称《枸邑鼎铭》可。鼎出于故周之地，名《周鼎铭》《周郊鼎铭》可。相对于汉，鼎为古物，泛称为《古鼎铭》亦可。

《古鼎铭》校注见附录二。

二　本人作品误归类型者

1. 景阳殿铭

宋任广撰《书叙指南》卷十六"涂抹颜色·方位"：

又曰：密采，李尤《景阳殿铭》。又曰：虹文，上。

案，查考宋李昉撰《历代宫殿名》（清抄本），前、后汉均不见有景阳殿，景阳殿为后魏殿名。《北堂书钞》卷一百六十地部四："《魏志》：'魏明帝时增崇宫殿，雕饰观阁。（凿）大行之石英，采榖城之文石，起景阳殿于芳林之园，建昭阳宫于太极之北。'"故李尤时是否有景阳殿不确定，加之仅一见于《书叙指南》，现存李尤《德阳殿铭》不见含有"密采""虬文"文句，《德阳殿赋》有"密采珍缛""杂虬文之蜿蜒"句，故《书叙指南》中所言《景阳殿铭》实当作《德阳殿赋》。

2. 阳德殿铭

《骈字类编》卷七十珍宝门五"珍·珍缛"注，《佩文韵府》卷九十一之四"珍缛"注：

> 华虫诡异，密采珍缛。

案，此两句为李尤《德阳殿赋》文句而不属《德阳殿铭》。《后汉书补注》卷二十一《五行志第十三》："注阳德殿。案，本传作德阳殿。"

3. 函谷关铭

（1）《文选》卷十一王延寿《鲁灵光殿赋》注，清陈廷敬撰《御选唐诗》卷二十二七言律李商隐《对雪》注：

> 玉女流眄而下视。

（2）《骈字类编》卷五十四山水门十九"涯·涯浦"注，《佩文韵府》卷三十七之七"涯浦"注：

> 涯浦零中，以穷海陆。

（3）《骈字类编》卷一百二数目门二十五"八·八极"注，《佩文韵府》卷一百二之四"八极"注：

> 惟皇汉之休烈兮，包八极以据中。

（4）清储大文撰《存砚楼文集》卷八杂著《取道》：

> 缘边邪迤，玉门总会，龙堆靡漫。

案，李尤有《函谷关铭》，但上述四句均为李尤《函谷关赋》文句。第（4）则实为《函谷关赋》文句："缘边邪指，阳会玉门，凌测龙堆。"

4. 怀戎赋

李尤颂唯见《怀戎颂》，存目。庾光蓉言《华阳国志》有李尤《怀戎赋》存目。然考《华阳国志》卷十中，《蜀中广记》卷四十一，《全后汉文》卷五十，《后汉艺文志》卷四，《隋书经籍志考证》卷三十九之二集部二之二均作《怀戎颂》。

三　作者不能完全确定是李尤者

蜀记

> 蜀山自绵谷①葭萌道径险窄②，北来担负者不容易肩，谓之左担道。

此句著作权争议在三人。

（1）李尤。《蜀中广记》卷一百一，明杜应芳辑《补续全蜀艺文志》（明万历刻本）卷四十二志余，清顾炎武撰《天下郡国利病书》（稿本）"蜀中风俗记"主此说，且言据《太平御览》引。雍正《四川通志》卷四十六艺文作"李犹"。案，《太平御览》无此句。

（2）李充。见明朱谋㙔注《水经注笺》（明万历四十三年李长庚刻本）卷三十六，《杜诗详注》卷十二《愁坐》注，《蜀中广记》卷五十八，

---

① "自绵谷"，《古谣谚》卷二十三作"白鹤谷"。案，绵谷为地名，"自"指由此处开始，故当作"自绵谷"。

② "窄"，《水经注集释订讹》卷三十六作"厂"。案，《说文·厂部》"厂，侧倾也"，"窄"则可释为狭也，迫也，隘也。二者于义均通，从"左担道"分析，此处道路狭窄，扁担不能横着，只能竖着放左肩，故"窄"为上。

明顾起元撰《说略》卷二，明杨慎《升庵集》（清文渊阁四库全书补配清文津阁四库全书本）卷七十八，杨慎撰《谭苑醍醐》卷五，杨慎撰《丹铅总录》卷二。

（3）李克。见南北朝郦道元撰，清沈炳巽注《水经注集释订讹》卷三十六，杜文澜撰《古谣谚》（清咸丰刻本）卷二十三，姚莹撰《康輶纪行》（清同治刻本）卷十四。

案，仅此一段三句，姑存疑。

四 李尤散佚作品辑证

1. 赋

（1）《杜工部草堂诗笺》卷十三《至日遣兴奉寄两院遗补二首》"孔雀徐开扇影还"注引：

> 扇开孔雀尾。

案，此疑为写朝仪或乐舞文句。

（2）《杜工部草堂诗笺》卷三十二《解闷》"今日东湖①采薇蕨，何人为觅郑瓜州"注引：

> 念故丘之落瓜。

案，此当为思乡念亲之作。

（3）《平砚赋》。《隋书经籍志考证》卷三十九之二集部二之二：

> 曾氏《补后汉志》曰："《书钞》百十二引《平砚赋》。"

案，传世文献中仅此一见，姑存之。

---

① 《杜工部集》（续古逸丛书景宋本配毛氏汲古阁本）卷十五近体诗一百三十三首等别本亦作"南湖"。

（4）宋杨简撰《慈湖诗传》卷十一《小雅一》：

> 李尤《阳德赋》：协三灵之纯壹兮，正阶衡以统理。参日月以并昭兮，合厚德于四时。

案，《德阳殿赋》现存文句有"上蟠蟠其无际兮，状纡回以周旋。开三阶而参会兮，错金银于两楹""动坎击而成响兮，似金石之音声"。均为六言对偶，中间以"兮"隔断之骚体句式。李尤《德阳殿铭》全为四言，与此四句不应是同一篇。上述四句与德阳殿之政治教化功能吻合，当是《德阳殿赋》写景状物后之文句。倒"德阳殿"为"阳德殿"，脱"殿"，讹成《阳德赋》。

2. 铭

（1）□山铭、都邑铭、竿（符）契铭
《太平御览》卷五百九十文部六"铭"：

> 《文章流别传》曰："李尤为铭，自山河都邑至于刀笔符契，无不有铭，而文多秽病。讨而润色，言可采录。"

《玉海》卷六十艺文"铭碑"：

> 《文章流别传》："李尤为铭，自山河都邑至于刀笔竿契，无不有铭，而文多秽病。"

《蜀中广记》卷九十七：

> 《文章流别》云："李尤自山河都邑至于刀笔竿契，无不有铭。"

明梅鼎祚编《西晋文纪》卷十三西晋《文章流别论》，《汉魏六朝百三名家集》卷四十二晋挚虞集：

> 李尤为铭，自山河都邑至于刀笔竿契，无不有铭，而文多秽病。讨论而润色，亦可采录。

《文通》卷十二"铭"：

　　《文章流别传》曰："李尤为铭，山河都邑至于刀笔，无有不铭，而文多秽病，殊费讨论矣。"

《骈字类编》卷一百五十三器物门六"鼎·鼎铭"注：

　　李尤为铭，自山河都邑至于刀笔竿契，无不有铭。

《全晋文》卷七十八：

　　李尤为铭，自山河都邑至于刀笔平契，无不有铭。而文多秽病，讨论而润色，亦可采录。

《隋书经籍志考证》卷三十九之二集部二之二：

　　《文章流别传》曰："李尤为铭，自山河都邑至于刀笔竿契，无不有铭。而文多秽病，讨论而润色，言可采录。"

《渊鉴类函》卷二百文学部九：

　　李尤为铭，自山河都邑至于刀笔竿契，无不有铭。而文多秽病，讨而润色，亦可采录。

《佩文韵府》卷六十七之五"竿契"注：

　　挚虞《铭论》："李尤为铭，自山河都邑至于刀笔竿契，无不有铭。"

清黄叔琳辑注《文心雕龙辑注》卷三：

　　《文章流别论》："尤自山河都邑至刀笔竿契，无不有铭，而文多秽病。"

案，上述十一条记载大同小异，且均源于《文章流别传》之论箴铭部分。区别有二。

"符契""笇契"还是"平契"。"平契"源自《全晋文》卷七十八挚虞《文章流别论》,其依据为《太平御览》卷五百九十,而《太平御览》作"符契","平"于义不通,乃传抄笔误。《说文·大部》:"契,大约也。"段玉裁注:"小宰,听取予以书契。大郑云:'书契,符书也。'"《说文·竹部》:"笇,数也。"《集韵》:"笇,竹器。"可指古时计算用具。《说文·竹部》:"符,信也。汉制以竹,长六寸,分而相合。"故"符""笇"于义均合,"符"为上。

"讨而润色,言可采录"表意难通,综合上述记载,疑当作"而文多秽病,殊费讨论矣。润色,亦可采录"。

李尤铭现存《盟津铭》《洛水铭》,不排除还有其他写河流的铭文,但不见有山铭,故李尤当有《□山铭》,具体篇名、数量不详。李尤当有都邑类作品,但具体篇名及数量不可考,姑名为《都邑铭》。李尤《金马书刀铭》《错佩刀铭》《笔铭》存,当有《笇(符)契铭》,是一篇还是两篇,存疑。

(2)《阶铭》《户铭》

《文选》卷六十、《六臣注文选》卷六十"行状·任彦昇《齐竟陵文宣王行状》"注,《玉海》卷六十艺文"铭碑",《隋书经籍志考证》卷三十九之二集部二之二:

> 《李尤集序》曰:"尤好为铭讚,门阶户席,莫不有述。"

《后汉书补注》卷十八《文苑列传上》,《后汉书集解》八十上《文苑列传上》,《后汉艺文志》卷四:

> 《李尤集序》曰:"尤好为铭赞,门阶户席,莫不著述。"

案,"讚"为"赞"后起字。"有""著"于义均可。"门阶户席,莫不有(著)述",李尤《门铭》《席铭》尚存,当有《阶铭》《户铭》,惜亡佚。汉班固《白虎通德论》(四部丛刊景元大德覆宋监本)卷二《五祀》:"五祀者何谓也?谓门、户、井、灶、中溜也。所以祭何?人之所处,出入所饮食,故为神而祭之。"李尤《门铭》《灶铭》《井铭》均存,

《户铭》亡佚，是否有《中溜铭》，存疑。

（3）《蓍铭》《龟铭》《斛铭》《臼铭》《杵铭》

《文心雕龙》卷三"铭箴第十一"：

> 李尤积篇，义俭辞碎。蓍龟神物，而居博奕之中。衡斛嘉量，而在白杵之末。曾名品之未暇，何事理之能闲哉？

《太平御览》卷五百九十文部六"铭"：

> 李尤积篇，义俭辞碎。蓍龟神物，而居博弈之中。衡斛嘉量，而在杵白之末。曾名品之未暇，何事理之能闲哉？

《文通》卷十二"铭"，《四六丛话》卷二十三"铭箴赞十五一"：

> 李尤积篇，义俭辞碎。蓍龟神物，而居博奕之中。衡斛嘉量，而在白杵之末。曾名品之未暇，何事理之能闲哉？

《后汉艺文志》卷四，《隋书经籍志考证》卷三十九之二集部二之二：

> 李尤积篇，义俭辞碎。蓍龟神物，而居博弈之中。衡斛斗量，而在杵白之末。曾名品之未暇，何事理之能闲哉？

上述记载，异文考辨如下。

其一，"博奕""博弈""博弈"。案，"博"通"博"，"弈"通"奕"。

其二，"闲""闲"。案，"闲"通"闲"。

其三，"未暇""末暇"。案，"未暇"正确，"末"形近而讹。

其四，"衡斛嘉量""衡斛斗量"。案，"衡斛斗量"见于《后汉艺文志》《隋书经籍志考证》，其来源为《文心雕龙》，《文心雕龙》作"嘉量"。上文"蓍龟神物"，与之相对，当作"衡斛嘉量"，构成主谓结构短语。

其五，"臼杵""杵臼""杼臼"区别。案，"臼杵""杵臼"位置调换，文义不变。《说文·木部》："杼，机之持纬线者。"《说文·臼部》："臼，舂

也。古者掘地为臼，其后穿木石。"《说文·木部》："杵，春杵也。" 故此处
当作"杵"，"杼"乃形近而讹。杵臼常连言，在江苏仪征石碑村东汉木椁
墓、洛阳吉利区东汉墓（C9M445）等杵臼均是在一起出土。[①]

李尤《博铭》《围棋铭》《权衡铭》现存，则其当还有《蓍铭》《龟
铭》《斛铭》《臼铭》《杵铭》，惜亡佚。

（4）《鼓铭》

《北堂书钞》卷一百八乐部四"鼓七·整勒三军"注引李充《鼓铭》：

> 鼓著明时，整勒三军。

《渊鉴类函》卷一百九十一乐部八"鼓三·整敕三军，旁震八鄙"注
引李充《鼓铭》：

> 鼓著明时，整敕三军。

案，从铭文内容"整勒（敕）三军"看，当是军用之鼓，而非乐舞所
用。此两处虽署名为"李充"，然可推实为李尤，理由如下。

一则，李尤有《钲铭》《弧矢铭》等一系列武器铭。《说文·金部》：
"钲，铙也。" 段玉裁注："鼓人，以金铙止鼓。注曰：'铙如铃，无舌有
柄，执而鸣之，以止击鼓。按铙即钲。'" 二则，李充没有相关武器铭。三
则，很多文献讹李尤为李充，见前文上编"文献记载分歧考辨"。

《说文·攴部》："敕，诚也。" 整敕：端谨。《后汉书》卷六十六《陈
王列传·陈蕃传》："《春秋》于鲁，小恶必书。宜先自整敕，后以及人。"
《说文·革部》："勒，马头络衔也。" 段玉裁注："引伸之为抑勒之义。"
整勒：操练。《后汉书》卷三十一《郭杜孔张廉王苏羊贾陆列传·郭伋
传》："伋整勒士马，设攻守之略。" 故"整勒三军""整敕三军"于义
均可。

共计辑佚李尤铭文存目 11 篇（抑或更多）。

---

① 南京博物院：《江苏仪征石碑村汉代木椁墓》，《考古》1966 年第 1 期；洛阳市文物工作
队：《洛阳吉利区东汉墓发掘简报》，《文物》2001 年第 10 期。

3. 辞祝

（1）《北堂书钞》卷五十六设官部八"议郎四十五·使祠陵庙"注：

> 《益部耆旧传》云："李尤，字伯亡，为议郎。安帝寝疾，使尤祠陵庙，肃慎斋洁，辞祝俱美，上疾乃瘳。"

（2）《渊鉴类函》卷九十七设官部三十七"议郎·使祠陵庙"注：

> 《益部耆旧传》云："李尤，字伯仁，为议郎。安帝寝疾，使尤祠陵庙，肃慎斋洁，辞祝俱美，上疾有瘳。"

案，李尤字当作"伯仁"不作"伯亡"，论证见前文上编"文献记载分歧考辨"。

故李尤有《祠陵庙辞祝》，时间在安帝朝。考安帝朝，祠陵庙有三次：（1）延平元年（106）"九月庚子，谒高庙。辛丑，谒光武庙"。（2）延光三年（124）"夏四月乙丑，车驾入宫，假于祖祢"。（3）延光四年（125）"三月庚申，幸宛，帝不豫。辛酉，令大将军耿宝行太尉事。祠章陵园庙，告长沙、零陵太守，祠定王、节侯、郁林府君。乙丑，自宛还。丁卯，幸叶，帝崩于乘舆，年三十二"。[1] 前两次安帝身体健康，第三次在三月庚申（初三），"帝不豫"。不豫指身体不舒服，有病。《史记》卷三十三《鲁周公世家》："武王有疾，不豫，群臣惧。"辛酉（初四）祠陵庙，帝稍微感觉好点，于是乙丑（初八），自宛还。然此可谓回光返照，加之舟车劳顿，丁卯（初十）帝崩，时间相隔很短。《说文·疒部》："瘳，疾愈也。"从史料看，安帝病未痊愈，只是表面好转，故"上疾有瘳"较"上疾乃瘳"表意更贴切。李尤作辞祝祠陵庙在延光四年（125）三月辛酉（初四），时为谏议大夫而非"议郎"。《后汉书》志第二十五百官二："谏议大夫，六百石。本注曰：无员。""议郎，六百石。注曰：无员。"二者平级。延光三年（124）九月丁酉太子被废为济阴王时李尤上书谏争，时李尤在安帝

---

① 宋范晔撰，唐李贤等注《后汉书》，第205、238、241页。

左右，延光四年（125）三月陪安帝出巡亦合乎情理。

4. 散句

《补注杜诗》卷六、《分门集注杜工部诗》卷十一《积草岭》"卜居尚百里，休驾投诸彦"注：

> 休驾沐浴，投诸英彦。

前书作"季尤"，后书作"李尤"。

5. 哀典

李尤哀典类作品仅见《和帝哀策》。《文通》卷六认为："简其功德而哀之也。"

《文心雕龙辑注》卷二《祝盟·哀策》注，《文章缘起》，《山堂考索》前集卷二十一文章门，《广博物志》卷二十九，《文通》卷六均记载为"汉乐安相李尤作《和帝哀策》"。《广博物志》卷二十九，《文通》卷六讹作"李亢"。

元兴元年（105）冬十二月辛未，帝崩于章德前殿，年二十七岁。延平元年（106）三月甲申，葬孝和帝于慎陵，尊庙曰穆宗。[①] 哀册一般用于葬礼上，故李尤《和帝哀策》写作区间为元兴元年（105）冬十二月辛未至延平元年（106）三月甲申。顺帝延光四年（125）十一月丁巳即皇帝位。[②] 李尤迁乐安相，故《和帝哀策》作于迁乐安相前。文献中"汉乐安相李尤作《和帝哀策》"中"乐安相"之称为用后职称前事之用例。

哀典的写作，证明李尤蒙受皇恩，稳沉持重，熟知相关礼仪典章制度，且才学被赏识，为皇室所倚重，身份地位突出。

6. 书

李尤书仅见于《文选理学权舆》卷二："李尤书。"《后汉书》卷八十上

---

① 宋范晔撰，唐李贤等注《后汉书》，第 194、196 页。
② 宋范晔撰，唐李贤等注《后汉书》，第 240、249 页。

《文苑列传上·李尤传》："后帝废太子为济阴王，尤上书谏争。"清谭宗浚撰《希古堂集》（清光绪刻本）甲集卷一《东汉风俗论上》："崔琦献《白鹄》之赋，李尤上《济阴》之书，此文士之知励气节者也。"故李尤书中当有一篇为济阴王谏争书，暂名《谏废太子书》。

延光三年（124）九月丁酉，废皇太子刘保为济阴王。① 李尤上书谏争在此时。"其上书之文，命意不但当与上引来历、桓焉、张皓议'经说年未满十五，过恶不在其身'相类，与张皓上疏之文亦相似。查李尤与诸臣的言行，绝非'不识大典'，'外见忠直而内希后福，饰邪违义，岂事君之礼'，恰恰是为了王朝根本利益而犯颜直谏，体现了人臣的忠直秉性。"②

7.《政事论》七篇

亡佚。

五　李尤作品异名考辨表

李尤较多作品，在文献转引、传抄中有异名出现，为避免辑佚、研究中出现重复、疏漏，为更清晰、准确统计李尤作品，列表 2 如下。

表 2　李尤作品异名考辨

篇目	异名及文献出处		考　辨
函谷关赋	函谷关铭	《御选唐诗》卷二十二七言律。	所引文句实属《函谷关赋》。
平乐观赋	平乐馆赋	《隋书经籍志考证》卷三十九之二集部二之二。	"观"通"馆"，"平乐观"又称"平乐馆"。文中有"乃设平乐之显观"，不见作"馆"记载。
	乐观赋	《文选》卷二、《六臣注文选》卷二张衡《西京赋》薛综注，《汉魏六朝百三名家集》卷十三《张衡集》注。	《文选旁证》卷三业已辨正，当作"平乐观赋"，脱"平"所致讹误。

---

① 宋范晔撰，唐李贤等注《后汉书》，第 240、249 页。
② 庾光蓉：《李尤事迹考证》，《四川师范大学学报》1997 年第 3 期。

篇目	异名及文献出处		考　辨
长乐观赋	长乐宫词	宋陈旸撰《乐书》卷一百八十六乐图论。	所引"激水转石，嗽雾扛鼎"实属《长乐观赋》。
	平乐观赋	《乐书》卷一百八十六乐图论，《太平御览》卷五百六十九乐部七。	《平乐观赋》："戏车高橦，驰骋百马。"有戏车内容，故将"戏车山车，兴云动雷"属《长乐观赋》。
德阳殿赋	阳德殿赋	《路史》卷三十七发挥六，宋吴棫撰《韵补》（宋刻本）卷一上平声、卷二下平声、卷五入声，明杨慎撰《古今丛目》卷五，明张自烈撰《正字通》（清康熙二十四年清畏堂刻本）卷四、卷八、卷九，清毛奇龄撰《古今通韵》卷十一入声，《骈字类编》卷七十珍宝门五，《佩文韵府》卷二十六之七。	"阳德殿赋"当作"德阳殿赋"，属倒讹。《骈字类编》《佩文韵府》所引文句"华虫诡异，密采珍缛"实为李尤《德阳殿赋》文句，而不是《德阳殿铭》文句。"景阳殿铭"实为"德阳殿赋"之讹，李尤没有《景阳殿铭》之作。《慈湖诗传》所载四句是《德阳殿赋》文句，是倒"德阳殿"为"阳德殿"，脱"殿"所致。
	阳德殿铭	《骈字类编》卷七十珍宝门五，《佩文韵府》卷九十一之四。	
	景阳殿铭	《书叙指南》卷十六。	
	阳德赋	《慈湖诗传》卷十一。	
果赋	李果赋	《山堂肆考》卷二百五。	脱"尤"所致。
七叹	七款	南北朝萧统编，清胡绍煐笺注《文选笺证》（清光绪聚学轩丛书本第五集本）卷五、卷十，清陈熙晋笺《笺注骆临海集》（清咸丰刻本）卷九，《艺文类聚》卷五十七杂文部三，《事文类聚》后集卷二十六果实部，明陈第撰《毛诗古音考》卷一，明谢榛撰《四溟诗话》（清海山仙馆丛书本）卷一，明谢榛撰《诗家直说》（明万历刻本）卷一，《文选笺证》卷五左思《三都赋序》、卷十《上林赋》，《笺注骆临海集》卷九《对策文三道》注，清桂馥撰《说文解字义证》（清同治刻本）卷四十三，《骈字类编》卷二十四时令门三、卷一百三十五采色门二、卷一百三十七采色门四、卷一百四十采色门七、卷二百三十八补遗人事门十四，《全后汉文》卷五十。	

续表

篇目		异名及文献出处	考　辨
七叹	七歀	《太平御览》卷九百七十一果部八，《骈字类编》卷七十二珍宝门七，《渊鉴类函》卷一百九十九文学部八。	《七叹》九种不同写法，对此，前贤多有辨识。《汉魏六朝百三名家集》卷十五："李伯仁……今诔颂哀典俱不见，《七叹》无传，惟有《七歀》，岂'叹'字之讹耶？"《文选旁证》卷六："李尤《七叹》胡公考异曰：'叹'当作'歀'，或作'难'作'疑'，皆非。"《文选旁证》卷四十六："'难'当作'歀'，各本皆误。"数者名异实同。《历代辞赋总汇·先秦汉魏晋南北朝卷》则分列《七歀》《七难》《七叹》《七疑》四篇。误。《后汉书》卷八十上《文苑列传上·李尤传》为《七叹》，故以"七叹"为名。
	七歀	《文选旁证》卷四十六，《东汉文纪》卷十四，《汉魏六朝百三名家集》卷十五汉李尤集，清官修《韵府拾遗》卷九，《柳亭诗话》卷一，《佩文斋广群芳谱》卷六十五果谱，《佩文韵府》卷十六之八、卷十六之九、卷二十一之一、卷二十四之五、卷三十六之四、卷四十四之一、卷五十三之一、卷九十之一、卷九十三之六、卷一百之八、卷一百五之一。	
	七疑	《文选》卷十八，《六臣注文选》卷十八马融《长笛赋》注，明颜文选注《骆丞集》卷三《对策文三道》注，宋王灼撰《糖霜谱》（清康熙棟亭藏书十二种本）原委第二，清宫梦仁编《读书纪数略》卷三十一"人部·经籍类"，《后汉书集解》三十七校补，《骈字类编》卷一百九十七草木门二十二，清田文撰《古欢堂集》卷十八杂著，宋释赞宁撰《笋谱》（宋百川学海本）四之事，《四六丛话》卷二十六。	
	七叙	《六臣注文选》卷三十五张协《七命》注。	
	七难	《文选》卷五十九，《六臣注文选》卷五十九王简栖《头陀寺碑文》注，《文选理学权舆》卷二下。	

篇目	异名及文献出处		考 辨
七叹	七叹	《楚辞》卷四九章章句第四《离骚·橘颂》注，《六臣注文选》卷四左思《蜀都赋》刘渊林注、卷四十陈琳《答东阿王笺》注，清倪璠注《庾子山集注》卷三《从驾观讲武》注，《文选》卷四左思《蜀都赋》刘渊林注、卷三十五张协《七命》注、卷四十陈琳《答东阿王笺》注，《编珠》卷四果实部，明朱谏注《李诗选注》（明隆庆刻本）卷二《天马歌》，《初学记》卷二十八果木部，《御选唐诗》卷二十一七言律白居易《钱塘湖春行》注，《说文解字义证》卷十六，《文选旁证》卷六《三都赋序》，清莫友芝撰《邵亭遗文》（清末刻本）卷六，《霞外捃屑》卷七上缥锦廛文筑上，清沈维材撰《樗庄诗文稿》（清乾隆十四年刻本）文稿卷三书启《谢元声舅祖惠春橼启》注，《佩文斋广群芳谱》卷六十四果谱，清徐文靖撰《管城硕记》卷二十六，清徐文靖撰《禹贡会笺》卷八，《渊鉴类函》卷四百一果部三、四百二果部四，《佩文韵府》卷二十五之五。	
	士叹	《六臣注文选》卷三十五七下，《玉台新咏笺注》卷八。	
怀戎颂	怀戎赋	庚光蓉《李尤事迹考证》。	当作"怀戎颂"。
洛铭	洛水铭	《佩文斋咏物诗选》卷九十一洛水类。	《佩文韵府》卷六十六之一："李尤《路铭》：'帝都通路，建国南乡。'"案，此为李尤《洛铭》文句，"路"乃形近而讹。"洛水铭"简称"洛铭"，疑有碑刻，称"洛碑铭"。
	洛碑铭	雍正《河南通志》卷七十九。	
	路铭	《佩文韵府》卷六十六之一。	

续表

篇目		异名及文献出处	考　辨
京师城铭	京师城门铭	《东汉文纪》卷十四，《汉魏六朝百三名家集》卷十五汉李尤集，《佩文韵府》卷二十五之一、卷二十五之四。	现存铭文无法看出是写城还是仅写城门，姑存疑。
鸿池陂铭	洪池铭	《文选》卷二十七、《六臣注文选》卷二十七谢朓《晚登三山还望京邑》注，《玉海》卷一百七十宫室，《文选理学权舆》卷二。	《文选理学权舆》卷二："李尤《洪池铭》。志祖案《水经·谷水注》作李尤《鸿池陂铭》。"故可知二者实际为同一篇。晋张载亦有《鸿池陂铭》，且"开源东注，出自城池"源于李尤铭。
函谷关铭	函谷铭	《玉海》卷二十四地理。	铭文内容写关之设置、作用、历史等，故当作"函谷关铭"，省称为"函谷铭"。
	函谷山铭	清冯浩撰《樊南文集详注》（清乾隆德聚唐刻本）卷四《为河东公谢相国京兆公启》注，清徐炯笺注《李义山文集笺注》卷四《为河东公谢相国京兆公启》注。	
孟津铭	盟津铭	南北朝郦道元撰《水经注》（清武英殿聚珍版丛书本）卷一，《玉海》卷十四地理，《御选唐诗》卷五五言古王维《至滑州隔河望黎阳忆丁三寓》注，《韵府拾遗》卷七，《说文解字义证》卷三十四，《骈字类编》卷四十八山水门十三，清吴襄撰《子史精华》卷十一地部六，《佩文韵府》卷二十四之六、卷三十四之三。	《盟津铭》《孟津铭》《孟津碑铭》《河铭》实为同一篇。不能像《东汉文纪》卷十四、《汉魏六朝百三名家集》卷十五汉李尤集两篇并列。
	孟津碑铭	清王士俊修雍正《河南通志》卷七十九。	
	河铭	《艺文类聚》卷八水部上，《东汉文纪》卷十四，《汉魏六朝百三名家集》卷十五汉李尤集，清汪霦撰《佩文斋咏物诗选》卷八十九河类，《全后汉文》卷五十，《渊鉴类函》卷三十六地部十四，《佩文韵府》卷四十二之二、卷六十六之六。	

续表

篇目	异名及文献出处		考　辨
平乐馆铭	平乐观铭	《玉海》卷一百六十五宫室。	"馆""观"互用。
德阳殿铭	德阳殿赋铭	《天中记》卷十三。	"赋"衍。
十二城门铭（洛阳十二门铭）	穀城门铭	穀门铭	《后汉书》志第二十七百官四注，清顾炎武撰《历代帝王宅京记》卷八，《后汉书集解》百官志四，清王先谦撰《续汉志集解》（民国虚受堂刻本）百官志四，清许鸿磐撰《方舆考证》（清济宁潘氏华鉴阁本）卷六。	简称与全称之别。
	中东门铭	门铭	《骈字类编》卷二百鸟兽门六，《佩文韵府》卷二十五之二。	所引"仓庚有声，鹰隼匿爪"实属《中东门铭》，故"门铭"为泛称。
	旄城门铭	旄门铭	元佚名撰《元河南志》（清光绪藕香零拾本）卷二。	《后汉书》志第二十七百官四载洛阳城十二门，《读书纪数略》卷十四地部洛阳十二门作"耗门"。《元河南志》卷二："东面三门，南曰旄门，一作宜平门，又曰望门。"故当作耗门或旄门。"耗"古通"秏"，故有"耗门"之称。《水经注》卷十六："谷水于城东南隅枝分，北注迳青阳门东，故清明门也，亦曰芒门。又北迳东阳门东，故中东门也。"故有"税门"之说。（案，东城南头曰青阳门。）汉郑玄注，唐陆德明音义《周礼》（四部丛刊明翻宋岳氏本）卷二天官冢宰下："为帷宫设旌门。"郑玄注："谓王行，昼止有所展肆。若食息，张帷为宫，则树旌以表门。"故"旌门"讹。
		秏门铭	《后汉书》志第二十七百官四。	
		耗门铭	《玉海》卷一百六十九宫室，《历代帝王宅京记》卷八，《韵府拾遗》卷十一，《后汉书集解》百官志四，《续汉志集解》百官志四，《佩文韵府》卷十三之四。	
		旌门铭	《全后汉文》卷五十。	
		税门铭	《方舆考证》卷六。	

续表

篇目		异名及文献出处	考　辨
十二城门铭（洛阳十二门铭）	开阳城门铭	开阳门铭	《初学记》卷二十四居处部，《方舆考证》卷六，《全后汉文》卷五十。	"开阳门铭""城门铭"为省称。《后汉书》卷七十六《循吏列传·秦彭传》注："《汉官仪》云：'开阳姓成未有名，夜有一柱来止楼上，琅邪开阳县上言，南门一柱飞去，因以名门也。'""关阳城门铭"当是"开（開）"与"关（關）"形近而讹。
		城门铭	《书叙指南》卷十三。	
		关阳城门铭	《汉魏六朝百三名家集》卷十五汉李尤集。	
	正阳城门铭	平阳城门铭	《东汉文纪》卷十四。	《玉海》亦记作李光《钩平城门》，作者及篇名均讹误。后汉时多称平城门，蔡邕《答诏问灾异八事》："臣愚以为平城门，向阳之门。郊祀法驾，所从之出门正者也。"故有平阳城门及正阳城门之称。
		平城门铭	《太平御览》卷一百八十三居处部十一，《方舆考证》卷六，《全后汉文》卷五十。	
		钩平城门铭	《玉海》卷一百六十九宫室。	
	津城门铭	津门铭	《后汉书》志第二十七百官四，《玉海》卷一百六十九宫室，《历代帝王宅京记》卷八，《后汉书集解》百官志四，《续汉志集解》百官志四。	简称与全称之别。
	广阳门铭	广城门铭	《太平御览》卷一百八十三居处部十一。	汉时没有广城门之称，铭文"广阳位孟"，故当作"广阳门铭"。
	雍城门铭	雍门铭	《后汉书》志第二十七百官四，《玉海》卷一百六十九宫室，《历代帝王宅京记》卷八，《后汉书集解》百官志四，《续汉志集解》百官志四，《方舆考证》卷六。	简称与全称之别。

篇目			异名及文献出处	考 辨
十二城门铭（洛阳十二门铭）	上西门铭	西上门铭	《太平御览》卷一百八十三居处部十一。	"西上门铭"讹，理由如下。1.汉代文献记载为上西门，如《后汉书》志第十七五行五："（光和）二年，雒阳上西门外女子生儿，两头异肩共胸，俱前向，以为不祥，堕地弃之。"《后汉书》志第二十七百官四："雒阳城十二门，其正南一门曰平城门，北宫门属卫尉，其余上西门、雍门、广阳门（后略）。"2.李尤有《上东门铭》《中东门铭》，西面最上之门沿惯例当为上西门。3.《初学记》卷二十四居处部："郦元注《水经》曰：'咸阳本离宫，东出北头第二门，本名清明门，又曰闾阖，汉之西上门。'"然考《水经注》卷十六则作"闾阖门，汉之上西门者也"。
	夏门铭	夏城门铭	《艺文类聚》卷六十三居处部三，《初学记》卷二十四居处部，《东汉文纪》卷十四，《汉魏六朝百三名家集》卷十五汉李尤集，《全后汉文》卷五十，《渊鉴类函》卷三百四十四居处部五，《佩文韵府》卷四十之一。	简称与全称之别。
	楹铭	槛铭	《佩文韵府》卷八十三之一。	《说文·木部》："楹，柱也。""槛，栊也。"段玉裁注："'幹'与'栊'皆言横直为窗棂通明。"结合铭文"幹强体正""高而不危"可知当作"楹"，"槛"乃形近而讹。

续表

篇目		异名及文献出处	考　辨
良弓铭	弓矢铭	明顾煜辑《射书》（明崇祯十年刻本）卷四。	《射书》卷四："《弓矢铭》李尤。□矢之作，爰自羲时。乡射载礼，招命在诗。妙称颜高，（中阙）幽都筋角，（中阙）诗以殪凫。伐叛柔服，用畏不越。"案，"幽都筋角，会稽竹矢。率土名珍，东南之美。易以获隼，诗以殪凫。伐叛柔服，用威不越"实属晋江统《弧矢铭》，文见《初学记》卷二十二武部等。"弓矢铭"当是因铭文"弓矢之作"及晋江统《弧矢铭》而来。
弧矢铭	弧夫铭	《佩文韵府》卷二十三之十。	"夫"乃与"矢"形近而讹。
铠铭	铠赋	《佩文韵府》卷六十三之十二。	所引"好德者宁，好战者危。专智恃力，君子不为"实为《铠铭》。
盾铭	楯铭	《太平御览》卷三百五十七兵部八十八，《玉海》卷一百五十一兵制，清方以智撰《通雅》卷三十五。	《说文·盾部》："盾，瞂也，所以扞身蔽目。"《说文·木部》："楯，阑楯也。""楯"为"盾"异体字。清王先谦证补："《后汉·袁绍传》注：'楯，今之旁排，即彭排。'"《释名》卷七："彭排，彭旁也，在旁排敌御攻也。"
宝剑铭	剑铭	清杨伦笺注《杜诗镜铨》（清乾隆五十七年阳湖九柏山房刻本）卷十四，《杜诗详注》卷十六《故秘书少监武功苏公源明》注，《说文解字义证》卷十二。	简称与全称之别。
樽铭	尊铭	《渊鉴类函》卷三百八十四器物部三。	《说文·酉部》："尊，酒器也。""尊"为本字，"樽"为后起字。
盘铭	槃铭	《太平御览》卷七百五十八器物部三。	"盘""槃"为异体字。

篇目		异名及文献出处	考　辨
盂铭	盂铭	《玉海》卷八十九器用。	铭文"饮无求辞",与饮食相关。《说文·皿部》:"盂,饮器也。"《说文·子部》:"孟,长也。"故当作"盂","孟"乃形近而讹。
盌盛铭	安残铭	清钱绎笺疏《方言笺疏》(清光绪刻民国补刻本)卷十三,清魏茂林训纂《骈雅训纂》(清道光有不为斋刻本)卷四上训纂八,清王念孙撰《广雅疏证》(清嘉庆元年刻本)卷七下。	《方言笺疏》卷十三:"安残与盌盛同。"《骈雅训纂》卷四上训纂八:"安哉,食器也。"《南漘楛语》卷六:"盌盛,李尤有《安哉铭》,解者谓是瓦器,余谓当作'盛'字,《广韵》:'盌、盛大盂。'"《纬略》卷四《安哉铭》文后:"此不知何器,别无所著见,虽是陶器,未审其形制也。"《汉魏六朝百三名家集》卷十五汉李尤集于《安哉铭》注"陶器"。故当作"盌盛铭"。"安残"为脱"皿"所致,"残"讹作"哉",故有"安哉铭"之称,"陶器铭"为宽泛之称。
	安哉铭	宋高似孙撰《纬略》(清守山阁丛书本)卷四"安哉",《太平御览》卷七百六十器物部五"安哉",《东汉文纪》卷十四,《汉魏六朝百三名家集》卷十五汉李尤集,《正字通》卷十一,《骈雅训纂》卷四上训纂八,清方浚师撰《蕉轩随录》(清同治十一年刻本)卷九,《韵府拾遗》卷十一,清嵇璜撰《续通志》卷一百二十二器服略,清蒋超伯撰《南漘楛语》(清同治十年两罍山房刻本)卷六,清沈钦韩撰《幼学堂诗文稿》(清嘉庆十八年刻道光八年增修本)诗稿卷十《立夏日偕王明经塘游余员外山庄历宝坊寺时孟昭方以病乞身不与拈山谷坐窗不遮令人瘦分韵得坐字不字仍邀孟昭同作》注,《全后汉文》卷五十,清俞樾撰《茶香室丛钞》(清光绪二十五年刻春在堂全书本)卷二十,《佩文韵府》卷四十八,清朱琰述《陶说》(清知不足斋丛书本)卷四说器上。	
	陶器铭	《佩文韵府》卷一百二之八。	
丰侯铭	豐侯铬	清朱骏声撰《说文通训定声》(清道光二十八年刻本)豐部第一。	"铬"当作"铭"。

续表

篇目	异名及文献出处		考　辨
匵匣铭	匵铭	《说文解字义证》卷四十。	铭文"国有都邑，家有匵匣"，《说文·匚部》："匵，匣也。""匣，匵也。"故二者于义均可，结合铭文，"匵匣铭"为上。
卧床铭	床铭	《纬略》卷四。	《说文·木部》："床，安身之坐者。"汉刘熙撰《释名》（四部丛刊景明翻宋书棚本）："人所坐卧曰床。床，装也，所以自装载也。长狭而卑曰榻，言其体榻然近地也，小者曰独坐，主人无二，独所坐也。"清王先谦证补《释名疏证补》（清光绪二十二年刊本）卷六："王启原曰：'《一切经音义》四引《埤苍》枰，榻也，谓独坐板，床也。'服虔《通俗文》则云：'床三尺五曰榻，板独坐曰枰，八尺曰床。'"从铭文"寝处""夕惕"可知当为八尺之卧床，故作"卧床铭"更为准确，"床铭"为宽泛称呼。
床几铭	几铭	《全后汉文》卷五十。	铭文"筵床对几，盛养已陈""几则索口，贤知难求"言及床、几，故"床几铭"为上。
熏爐铭	薰爐铭	《玉台新咏笺注》卷七简文帝《伤美人》注，《北堂书钞》卷一百三十五服饰部四，《东汉文纪》卷十四，《佩文韵府》卷六十四之一。	《说文·中部》："熏，火烟上出也。从中从黑。中黑，熏黑也。"《说文·艸部》："薰，香艸也。"故本当作"熏"，后通作"薰"。《说文·金部》："鑪，方鑪也。"《重修玉篇·缶部》："罏，罍也。"故本当作"鑪"，后通作"爐"，"罏"指酒器，当是同音而讹。
	薰鑪铭	《玉台新咏笺注》卷一《古诗》注，《韵府拾遗》卷十六、卷四十七。	
	薰罏铭	《汉魏六朝百三名家集》卷十五汉李尤集。	
	熏鑪铭	《全后汉文》卷五十。	
	熏罏铭	《渊鉴类函》卷三百八十服饰部十一。	

续表

篇目	异名及文献出处		考　辨
漏刻铭	漏铭	《艺文类聚》（清文渊阁四库全书本）卷六十八仪饰部。	铭文有"俾立漏刻"，其他版本《艺文类聚》作《漏刻铭》。
鞠城铭	鞠室铭	《文选》卷十一、《六臣注文选》卷十一何晏《景福殿赋》注，《乐书》卷一百八十六乐图论，《玉海》卷一百六十一宫室，元马端临撰《文献通考》（清浙江书局本）卷一百四十七乐考二十，《说文解字义证》卷八，《汉书疏证》卷三十五《外戚传》，《文选理学权舆》卷二，《佩文韵府》卷九十之八、卷九十五之一。	《说文·革部》："鞠，蹋鞠也。"《说文·夲部》："鞫，穷治罪人也。"段玉裁注："鞠者，俗'鞫'字，讹作'鞠'。"故当作"鞫"，"鞠"乃形近而讹。"鞠城铭""鞠室铭"说法不同，均可。
	鞠城铭	《全后汉文》卷五十。	
	鞠域铭	《佩文韵府》卷五之二。	
博铭	博铭	《玉海》卷六十艺文，《全晋文》卷五十三。	"博"通"博"。
天輧车铭	辒车铭	《释名疏证补》卷七《释车》第二十四，《太平御览》卷七百七十五车部四。	《墨子》卷十五《杂守》："以轺车，轮轱广十尺，辕长丈，为三辐，广六尺，为板箱，长与辕等，高四尺。"《释名》卷七："轺车，轺，遥也，遥远也，四向远望之车也。""輧车，輧，屏也。四面屏蔽，妇人所乘牛车也。辒輧之形同，有邸曰辒，无邸曰輧。"《说文·车部》："轺，小车也。"《汉书》卷九十一"辒车百乘"颜师古注："辒车，轻小之车也。"《说文·车部》："輧，辒輧也。"《说文通训定声》鼎部第十七："辒、輧皆衣车，前后皆蔽曰辒，前有蔽曰輧。"《字林》："輧车有衣蔽，无后辕。"故二名均可，就现存内容看，"天輧车铭"更贴切。

续表

篇目	异名及文献出处		考　辨
小车铭	车铭	宋谢维新编《事类备要》外集卷五十九器物门，《汉魏六朝百三名家集》卷十五汉李尤集，《佩文韵府》卷二十一之四、卷四十一、卷六十八之二、卷九十五之六。	简称与全称之别。
鞍铭	马鞍铭	《文选》卷十四，《六臣注文选》卷十四颜延之《赭白马赋》注，《文选理学权舆》卷二。	《鞍铭》为《马鞍铭》省称，《佩文韵府》所引文句实属《鞍铭》，作"辔铭"误。
	辔铭	《佩文韵府》卷六十六之六。	
马箠铭	马鞭箠铭	《初学记》卷二十二武部，《渊鉴类函》卷二百二十九武功部二十四。	《说文·竹部》："箠，所以击马也。"《说文·革部》："鞭，殴也。"段玉裁注："者谓鞭所以殴人之物，以之殴人，亦曰鞭。经典之鞭皆施于人，不谓施于马。（中略）所以击马曰箠，以箠击马曰敇，本皆有正名，不曰鞭也。击马之箠用竹，殴人之鞭用革，故其字亦从竹、从革不同。自唐以下，'殴'变为'欧'，与'驱'同音，谓鞭为捶马之物。"枚乘《梁王菟园赋》："左挟弹焉，右执鞭焉。"汉时驱马之物即可称鞭。"鞭""箠"意义同，故当作"马箠铭"或"马鞭铭"，"鞭"疑为"箠"之注文窜入。
经栀铭	经褬铭	《艺文类聚》卷五十五杂文部一。	《礼记·少仪》："剑则启椟，盖袭之，加夫襓与剑焉。"郑玄注："夫襓，剑衣也，加剑于衣上。夫或为烦，皆发声。"《说文·木部》："栀，曲木也。"经栀为看书翻纸之器，故当作"经栀铭"，"栀铭"乃省称，"褬"乃声同形近而讹。
	栀铭	清梁章钜撰《论语旁证》（清同治十二年刻本）卷九。	

续表

篇目	异名及文献出处	考 辨
砚铭	墨铭	宋苏易简撰《文房四谱》（清十万卷楼丛书本）卷五墨谱四，朱长文撰《墨池编》卷六，《六艺之一录》卷三百一十。	《说文·石部》："研，䃺也。""砚，石滑也。"段玉裁注："《江赋》曰：'绿苔鬖髿乎研上。'李注：'研与砚同。'按，字之本义谓石滑不涩。今人研墨者曰砚，其引伸之义也。"从现存文献看，写墨的内容居多，铭文有"研墨乃陈"，故当作"研墨铭""砚墨铭""墨砚铭"。"砚铭""墨铭"为省称。
	墨砚铭	宋高承撰《事物纪原》（明弘治十八年魏氏仁实堂重刻正统本）卷八，明郎瑛撰《七修类稿》（明刻本）卷四十七事物类，《汉魏六朝百三名家集》卷十五汉李尤集，清陈维崧撰《陈检讨四六》卷三序《陈悬圃文集序》注，《韵府拾遗》卷十一，《佩文韵府》卷九十三之二、卷一百之一、卷一百二之三。	
	墨研铭	《初学记》卷二十一文部，《东汉文纪》卷十四，《渊鉴类函》卷二百五文学部十四。	
	研墨铭	《太平御览》卷六百五文部二十一，《全后汉文》卷五十。	
文履铭	文屦铭	明胡绍曾撰《诗经胡传》（明崇祯胡氏春熙堂刻本）卷三《南山》。	《说文·履部》："履，足所依也。"段玉裁注："古曰'屦'，今曰'履'。"《说文·履部》："屦，履也"。段玉裁注："晋蔡谟曰：'今时所谓履者，自汉以前皆名屦。'""履铭"为"文履铭"之省略。
	履铭	《佩文韵府》卷四十六之三。	
错佩刀铭	佩错刀铭	《古文苑》卷十三王粲《刀铭》注。	《说文·金部》："错，金涂也。"段玉裁注："谓以金措其上也。"《释名》卷七《释兵》："佩刀，在佩旁之刀也。或曰容刀。有刀形而无刃，备仪容而已。"错佩刀指用错涂工艺制作之佩刀，故"错佩刀铭"为上。

续表

篇目	异名及文献出处		考 辨
骇具错剑铭	骇具错剑铭	《北堂书钞》卷一百二十二武功部一。	"骇具错剑"实当作"駮具错剑",为"駮犀玉具金错剑"省称。详细论证见下编"李尤作品校注"。
麈尾铭	麈尾铭	《北堂书钞》卷一百三十四服饰部三,《东汉文纪》卷十四。	《说文·鹿部》:"麈,麋属。""麈"当形近而讹。
灵寿杖铭	杖铭	《事类备要》外集卷五十屏风门几杖门。	简称与全称之别。
谏废太子书	济阴之书	《希古堂集》甲集卷一。	均可。
九曲歌	九歌	《北堂书钞》卷一百四十九天部一。	文体不确定和划分标准不同,导致归类不统一,引用中名称不同。
	九曲诗	宋叶廷珪撰《海录碎事》卷八上圣贤人事部中。	
	诗	《杜诗详注》卷二《杜位宅守岁》注。	

备注:李尤作品未见于此表者表示经检索无异名。

其中,《十二城门铭》名称分歧,有二说。一则"十二城门铭",见清沈家本撰《诸史琐言》(民国沈寄簃先生遗书本)卷十二。二则"洛阳十二门铭",见《佩文韵府》卷二十二之一。案:汉代洛阳有十二城门无疑,但李尤是否作了十二城门铭?清代学者始提出十二城门铭之说,现存十一篇,《小苑门铭》缺。故笔者在李尤是否作《小苑门铭》问题上持保留态度,但考虑到清代学者研究,姑且保留《小苑门铭》篇名。洛阳城垣遗址上有汉代城门及街道发现。[1]

洛阳十二城门及其方位,见图1。

---

① 阎文儒:《洛阳汉魏隋唐城址勘查记》,《考古学报》1955年第9期。中国科学院考古研究所洛阳工作队:《汉魏洛阳城初步勘查》,《考古》1973年第7期。

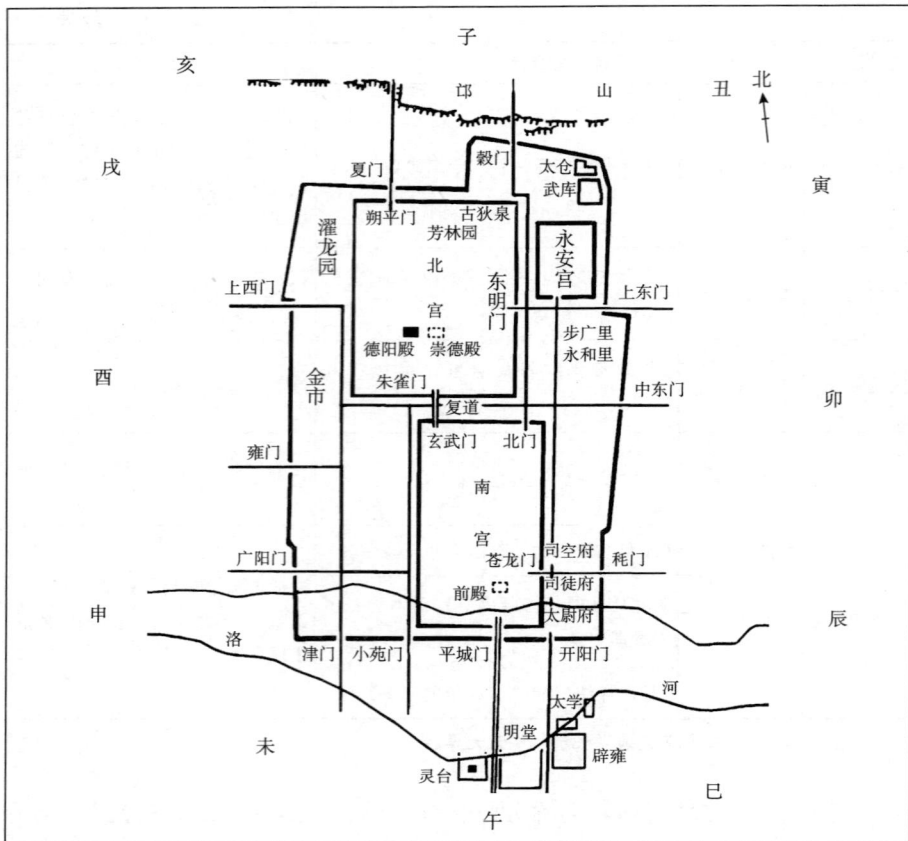

图1 洛阳十二城门方位图

注：洛阳十二城门示意图源自洛阳市委宣传部汉魏洛阳故城东汉城址复原示意图，据《后汉书》修订，并添加十二辰方位。

第四章 李尤作品及流传

一 作品类型及数量

李尤作品类型及数量在文献中的记载如下。

1. 著诗、赋、铭、诔、颂、《七叹》、哀典凡二十八篇：见《后汉书》卷八十上《文苑列传上·李尤传》，《文心雕龙辑注》卷三，《册府元龟》卷八百三十七，《锦绣万花谷》后集卷十九，《翰苑新书集》前集卷六十八颂德下，《蜀中广记》卷九十七，《明一统志》卷六十七，《万姓统谱》卷七十，《后汉书集解》八十上《文苑列传上》，《骈字类编》卷一百一数目门二十四，《佩文韵府》卷七十四之二。

2. 著诗、赋、铭、诔、颂、《七叹》、哀典凡一十八篇：见《文心雕龙辑注》卷三"崔骃"下注。《文心雕龙辑注》卷三"典"下注作"二十八篇"。案，当是"二"缺笔致讹。

3. 李尤与刘珍共撰《汉纪》，又所著诗、赋、铭、诔、颂、《七叹》、十典凡三十八篇：见雍正《四川通志》卷八。案，"十典"疑当作"哀典"，据本传当是"二十八篇"。

4. 东观、辟雍、德阳诸观赋铭、《怀戎颂》、百二十铭，著《政事论》七篇：见《华阳国志》卷十中，《后汉书补注》卷十八《文苑列传上》，《后汉书集解》八十上《文苑列传上》，《全后汉文》卷五十。案，此记载具体到篇目，并言及百二十铭。

5. 《全后汉文》卷五十："今搜辑群书，得八十四铭，其余三十七铭亡。"《后汉书集解》八十上《文苑列传上》："严可均校辑《后汉文》，从《御览》《艺文类聚》《初学记》《古文苑》诸书得尤铭八十四，赋五，则铭之所亡者仅三十六耳。"

案，现存文献中李尤作品不全，如果连铭包括在内，又远远超出"二十八篇"，本传"二十八篇"到底指哪二十八篇，不清楚，存疑以待来哲。

二　作品集卷数

李尤作品集，文献记载有二说。

1. 李尤集五卷。见《隋书》卷三十五志第三十："乐安相李尤集五卷，（中略）亡。"《玉海》卷五十五艺文，《通志》卷六十九艺文略第七，明焦竑辑《国史经籍志》（明徐象枟刻本）卷五集类，《后汉书集解》八十上《文苑列传上》，《隋书经籍志考证》卷三十九之二集部二之二。

2. 李尤集二卷。见元脱脱撰《宋史》（清乾隆武英殿刻本）卷二百八《艺文志》，明柯维骐撰《宋史新编》（明嘉靖四十三年杜晴江刻本）卷五十三志三十九，《蜀中广记》卷九十七。《隋书经籍志考证》卷三十九之二集部二之二别集类二后汉："案，此大抵亦是辑本。"

《后汉艺文志》卷四："《隋书·经籍志》梁又有乐安相李尤集五卷，亡。《宋史·艺文志》李尤集二卷。张氏《百三家兰台令李伯仁集》辑本一卷，凡赋七，铭、序、诗九十三篇。严氏文编李尤有集五卷。今搜辑群书，有《函谷关赋》《辟雍赋》《德阳殿赋》《平乐观赋》《东观赋》《七款》凡六篇。又《华阳国志》称尤作百二十铭，今得八十六铭，其余三十四铭亡。编为一卷。冯氏诗纪辑存《九曲歌》。"

三　集本载录李尤作品

传世古籍文献较为集中载录李尤作品者有《东汉文纪》《古文苑》《续古文苑》《汉魏六朝百三名家集》《文选理学权舆》《全后汉文》《渊鉴类函》。现代有王彦龙《李尤研究及〈李尤集〉校注》。各本载录情况，见表3。

表 3 集本载录李尤作品表

类型	本书所涉篇目	东汉文纪	古文苑续古文苑	百三名家集	文选理学权舆	全后汉文	渊鉴类函	王彦龙本
1. 赋	（1）函谷关赋	/	√	√	/	√	√	√
	（2）平乐观赋	/	/	√	▲	√	√	√
	（3）长乐观赋	/	/	√	/	/	√	√
	（4）东观赋	/	/	√	/	√	√	√
	（5）德阳殿赋	/	/	√	▲	√	√	√
	（6）辟雍赋	/	/	√	▲	√	√	√
	（7）果赋	/	/	√	/	/	√	√
	（8）七叹	√	√	√	▲	√	√	√
	（9）七命	/	/	√	/	/	√	√
2. 颂	（1）怀戎颂	/	/	/	/	√	√	√
3. 铭	（1）洛铭	√	√	√	/	√	√	√
	（2）京师城铭	√	/	√	/	√	√	√
	（3）鸿池陂铭	√	/	√	▲	√	√	√
	（4）函谷关铭	√	√（注）	√	▲	√	√	√
	（5）孟津铭	孟津铭、河铭分两篇	√	孟津铭、河铭分两篇	/	√	孟津铭、河铭分两篇	√
	（6）辟雍铭	√	/	√	/	√	√	√
	（7）明堂铭	√	/	√	▲	√	√	√
	（8）平乐馆铭	√	/	√	▲	√	√	√
	（9）高安馆铭	√	/	√	▲	√	√	√
	（10）德阳殿铭	√	/	√	/	√	√	√
	（11）永安宫铭	√	/	√	/	√	√	√
	（12）东观铭	√	/	√	▲	√	√	√
	（13）太学铭	√	/	√	/	√	√	√
	（14）云台铭	√	/	√	/	√	√	√
	（15）阙铭	√	/	√	▲	√	√	√
	（16）上林苑铭	/	/	√	▲	√	/	√

续表

类型	本书所涉篇目		东汉文纪	古文苑续古文苑	百三名家集	文选理学权舆	全后汉文	渊鉴类函	王彦龙本
3. 铭	（洛阳）十二城门铭	（17）榖城门铭	√	/	√	/	√	√	√
		（18）上东门铭	√	/	√	/	√	/	√
		（19）中东门铭	√	/	√	/	√	√	√
		（20）旄城门铭	√	/	√	/	√	√	√
		（21）开阳城门铭	√	/	√	/	√	√	√
		（22）平阳城门铭	√	/	√	/	√	√	√
		（23）小苑门铭	/	/	/	/	/	/	√
		（24）津城门铭	√	/	√	/	√	√	√
		（25）广阳门铭	√	/	√	/	√	√	√
		（26）雍城门铭	√	/	√	/	√	√	√
		（27）上西门铭	√	/	√	/	√	√	√
		（28）夏门铭	√	/	√	/	√	√	√
	（29）堂铭		√	/	√	/	√	/	√
	（30）室铭		√	/	√	/	√	/	√
	（31）楹铭		√	/	√	/	√	/	√
	（32）牖铭		√	/	√	/	√	/	√
	（33）门铭		√	/	√	/	√	√	√
	（34）井铭		√	√	√	/	√	√	√
	（35）灶铭		√	/	√	/	√	/	√
	（36）武库铭		√	/	√	/	√	/	√
	（37）钲铭		√	/	√	/	√	/	√
	（38）良弓铭		/	/	√	/	√	√	√
	（39）弩铭		√	/	√	/	√	/	√
	（40）弧矢铭		√	/	√	/	√	/	√
	（41）铠铭		√	/	√	/	√	√	√
	（42）盾铭		√	/	√	/	√	√	√
	（43）宝剑铭		√	/	√	/	√	√	√
	（44）戟铭		/	√续	/	▲	√	√	√
	（45）弹铭		√	/	√	/	√	√	√
	（46）鼎铭		√	/	√	/	√	√	√

类型	本书所涉篇目	东汉文纪	古文苑续古文苑	百三名家集	文选理学权舆	全后汉文	渊鉴类函	王彦龙本
3. 铭	（47）樽铭	√	/	√	/	√	√	√
	（48）杯铭	√	/	√	/	√	/	√
	（49）盘铭	√	/	√	/	√	√	√
	（50）盂铭	/	/	/	▲	√	/	√
	（51）盗盩铭	√	/	√	/	√	√	√
	（52）豐侯铭	√	/	√	/	√	√	√
	（53）羹魁铭	√	/	√	/	√	/	√
	（54）屏风铭	√	/	√	/	√	√	√
	（55）匮匣铭	√	/	√	/	√	√	√
	（56）卧床铭	√	/	√	/	√	√	√
	（57）床几铭	√	/	√	/	√	/	√
	（58）几铭	√	/	√	/	√	√	√
	（59）席铭	√	/	√	/	√	√	√
	（60）镜铭	√	/	√	/	√	√	√
	（61）薰炉铭	√	/	√	/	√	√	√
	（62）金羊灯铭	√	/	√	/	√	√	√
	（63）箕铭	√	/	√	/	√	√	√
	（64）漏刻铭	√	√	√	/	√	√	√
	（65）权衡铭	√	/	√	/	√	/	√
	（66）鞠城铭	√	/	√	▲	√	√	√
	（67）围棋铭	√	/	√	/	√	√	√
	（68）壶箸铭	/	/	/	/	/	√	/
	（69）博铭	/	/	/	/	/	√	/
	（70）舟楫铭	√	/	√	/	√	√	√
	（71）天轑车铭	√	/	√	/	√	√	√
	（72）小车铭	√	/	√	/	√	√	√
	（73）鞍铭	√	/	√	▲	√	√	√
	（74）辔铭	√	/	√	/	√	√	√
	（75）马箠铭	√	/	√	/	√	√	√
	（76）钟簴铭	√	/	√	/	√	√	√

续表

类型	本书所涉篇目	东汉文纪	古文苑续古文苑	百三名家集	文选理学权舆	全后汉文	渊鉴类函	王彦龙本
3. 铭	（77）琴铭	√	/	√	/	√	√	√
	（78）笛铭	√	/	√	/	√	√	√
	（79）书案铭	√	/	√	/	√	√	√
	（80）经枢铭	√	/	√	/	√	√	√
	（81）笔铭	√	/	√	/	√	√	√
	（82）砚铭	√	/	√	/	√	√	√
	（83）读书枕铭	√	/	√	/	√	√	√
	（84）金马书刀铭	√	/	√	/	√	√	√
	（85）冠帻铭	√	/	√	/	√	√	√
	（86）文履铭	√	/	√	/	√	√	√
	（87）错佩刀铭	√	√注	√	/	√	√	√
	（88）驳具错剑铭	/	/	/	/	√	√	√
	（89）麈尾铭	√	/	√	/	√	√	√
	（90）灵寿杖铭	√	/	√	/	√	√	√
	（91）印铭	√	/	√	/	√	√	√
4. 哀典	和帝哀策	/	/	/	/	/	/	√
5. 书	谏废太子书	/	/	/	▲	/	/	/
6. 歌	（1）九曲歌	/	/	√	/	/	√	√
	（2）武功歌	/	/	/	/	/	√	√
7. 论	《政事论》7篇	/	/	/	/	√	/	√
8. 笔者辑佚	（1）平砚赋	/	/	/	/	/	/	/
	（2）赋文：扇开孔雀尾。	/	/	/	/	/	/	/
	（3）赋文：念故丘之落瓜。	/	/	/	/	/	/	/
	（4）散句：休驾沐浴，投诸英彦。	/	/	/	/	/	/	/
	（5）鼓铭	/	/	/	/	/	/	/
	（6）□山铭	/	/	/	/	/	/	/
	（7）都邑铭	/	/	/	/	/	/	/
	（8）笁（符）契铭	/	/	/	/	/	/	/
	（9）阶铭	/	/	/	/	/	/	/

续表

类型	本书所涉篇目	东汉文纪	古文苑续古文苑	百三名家集	文选理学权舆	全后汉文	渊鉴类函	王彦龙本
8. 笔者辑佚	（10）户铭	/	/	/	/	/	/	/
	（11）箸铭	/	/	/	/	/	/	/
	（12）龟铭	/	/	/	/	/	/	/
	（13）斛铭	/	/	/	/	/	/	/
	（14）臼铭	/	/	/	/	/	/	/
	（15）杵铭	/	/	/	/	/	/	/
	（16）祠陵庙辞祝	/	/	/	/	/	/	/
分类总计	赋9，颂1，铭91，哀典1，书1，歌2，论7；（辑佚存疑：赋3，铭11，辞祝1，散句1）	赋1，铭83（《河铭》《孟津铭》两列，故实际只有82篇）	赋1，铭8	赋6,铭86（含《古鼎铭》，且《河铭》《孟津铭》两列，实际李尤铭只有84篇），歌1	赋4，铭12，书1	赋6，铭86，颂1，论7	赋9，铭74，歌1	赋8，颂1，铭87，哀典1，歌2，论7
总计	112＋16＝128	84	9	91	17	100	84	106

备注："√"表示载录作品内容，"▲"表示仅载录篇名，"/"表示未载录，"续"指《续古文苑》，"注"指注释。与本书所涉篇名有出入者，参看前文表2"李尤作品异名考辨表"。

四 现存李尤集版本、馆藏及源流

李尤作品散佚，明张溥《汉魏六朝百三名家集》辑佚成集，据现存文献比对归纳实际为七个版本：明徐参微印本、毛氏汲古阁本、清文渊阁四库全书本、寿考堂本、信述堂重刻本、善化章经济堂刻本、（民国）上海扫叶山房石印本。七种版本篇目均相同，只是行款格式、文字书写、句读等方面有所区别。

1. 明徐参微印本

9行满行18字，小字双行同，白口，左右双边，上白鱼尾。版心：李

兰台集 + 卷全 + 页码。共八见。

(1)《汉兰台令李伯仁集》（善本）一卷，明（1368～1644），娄东张氏刻本，明徐参微印本，中国国家图书馆。（索书号 T00458：9）

(2)《汉兰台令李伯仁集》一卷，1628，明崇祯太仓张氏原刊本，台湾"国家图书馆"4 楼善本书室。（索书号 403.1 13924－0014）

(3)《汉兰台令李伯仁集》一卷，清翻刻明崇祯太仓张氏原刊本，台湾"国家图书馆"4 楼善本书室。（索书号 403.1 13924－0014）

(4)《汉兰台令李伯仁集》一卷，1628，明崇祯太仓张氏原刊后印本，台湾"国家图书馆"4 楼善本书室。（索书号：7415/24470－0014）

(5)《李兰台集》（善本）一卷，明（1368～1644），娄东张氏刻本，中国国家图书馆。（索书号/19394）

(6)《汉兰台令李伯仁集》（善本）一卷，明（1368～1644），娄东张氏刻本，出版地不详，中国国家图书馆。（索书号/T00456：13）

(7)《汉兰台令李伯仁集》（善本）一卷，明（1368～1644），娄东张氏刻本，出版地不详，中国国家图书馆。（索书号 T02170：8）

(8)《汉兰台令李伯仁集》，明万历三十年至明末（1602～1644），刻本，金阊徐参微梓行，武汉大学图书馆总馆古籍阅览区 D3。（索书号 D/0031/2）

此八种完全一样，包括文中讹误（目录《东东观铭》），个别字特殊写法（《函谷关赋》"遼"作"遼"；《平乐观赋》"仞"作"仭"，"殊"作"殊"，"龙"作"龍"，"缶"作"缶"；《明堂铭》"幼"作"㓜"；《钟簴铭》"殷"作"殷"；《读书枕铭》"枕"作"枕"；《豐侯铭》"式"作"式"；《鞍铭》"捷"作"捷"），缺笔（《辟雍赋》"由"作"甶"），逗点，秘圈，圈点。据此，推证此八种为原刊本及后印本。

2. 明毛氏汲古阁本

(1)《汉兰台令李伯仁集》，9 行满行 18 字，白口，小字双行同，左右双边，上白鱼尾。版心：李兰台集 + 卷全 + 文体名 + 页码。孔夫子旧书网，濂溪一号（店名）。

（2）《东汉李兰台集》（普通古籍）一卷，清光绪五年（1879），刻本，中国国家图书馆古籍馆普通古籍阅览室。（索书号/91476：12）此版本当是明毛氏汲古阁本清代后印本。

（3）《汉兰台令李伯仁集》（善本）一卷，明末清初（1621～1722），刻本，出版地不详，中国国家图书馆。（索书号 T00457：13）

（4）《李兰台集》，刻本，孔夫子旧书网，天山雄鹰 WGS 的书摊（店名）。经比对，与中国国家图书馆（索书号 T00457）刻本完全相同。

此两种封面与明毛氏汲古阁本一样，文字与明徐参微印本完全相同。此两种与明毛氏汲古阁本相似，包括圈点，仅文字刻写稍有出入，当是明毛氏汲古阁本重刊本。

3. 清文渊阁四库全书本

8 行满行 21 字，白口，左右双边，上黑鱼尾。部分卷次版心为：钦定四库全书 + 汉魏六朝百三名家集卷十五 + 页码。四库本与徐参微印本篇目相同，行款格式不同，文字上有较大出入，当是参校其他文献中李尤作品而成。

4. 寿考堂本

9 行满行 18 字，小字双行同，白口，左右双边，上黑鱼尾。版心：李兰台集 + 卷全 + 页码。封面题"东汉十一人，第十四册，李兰台集，寿考堂藏板"。共两见。

（1）《汉兰台令李伯仁集》（普通古籍）一卷，清光绪三年（1877），滇南唐友耕刻本，中国国家图书馆古籍馆普通古籍阅览室。（索书号/79319：6）

（2）《汉兰台令李伯仁集》一卷，清光绪三年（1877），滇南唐氏寿考堂重刊本，台湾"国家图书馆"4 楼善本书室。（索书号 402.22 22506 –0013）

经比对，二者完全相同。寿考堂当是以明毛氏汲古阁为底本重刊。

5. 信述堂重刻本

9 行满行 18 字，白口，左右双边，上白鱼尾。版心：李兰台集 + 卷全

+文体名+页码。

（1）《李兰台集》，清光绪己卯夏（1879），信述堂重刻本，台湾师范大学图书馆。

（2）《李兰台集》，清光绪己卯夏（1879），信述堂重刻本，孔夫子旧书网，书林书局（店名）。

（3）《李兰台集》，光绪信述堂重刻本，孔夫子旧书网，夜书房（店名）。

三本完全相同，特别是《庑城门铭》右侧上方鱼尾突然变化为黑色亦相同，可见三者为同一版本。与明毛氏汲古阁本相似度高，当是以其为底本所刻。

6. 善化章经济堂刻本

9行满行18字，小字双行同，白口，左右双边，上黑鱼尾。版心：李兰台集+卷全+页码。共五见。

（1）《东汉李兰台集》（普通古籍）一卷，清光绪十八年（1892），长沙谢氏翰墨山房刻本，中国国家图书馆古籍馆普通古籍阅览室。（索书号/88303：13）

（2）《东汉李兰台集》（普通古籍）一卷，清光绪十八年（1892），善化章经济堂刻本，中国国家图书馆古籍馆普通古籍阅览室。（索书号90973：11）

长沙谢氏翰墨山房刻本与善化章经济堂刻本目录页版心题"善化章氏重刊"，可见二者为同一版本。

（3）《东汉李兰台集》，光绪十八年刻本，孔夫子旧书网，稼德苑（店名）。

（4）《东汉李兰台集》，东京大学东洋文化研究所（编号2044）。封面题"善化章经济堂重刊"，与国家图书馆古籍馆普通古籍阅览室（索书号90973：11）刻本完全相同。

（5）《李兰台集》，澳门中央图书馆。[①] 封面题：光绪十八年春月善化章经济堂重刊。此版本与国家图书馆古籍馆普通古籍阅览室（索书号90973：11）是同一底本。

---

① 承蒙澳门中央图书馆工作人员邮件告知，且赐图书版本图片。

7. 扫叶山房藏版

15 行满行 32 字，小字，白口，左右黑边，上黑鱼尾。版心：百三名家集 + 李兰台集 + 内容目录 + 页码 + 扫叶山房藏版。共两见。

（1）《李兰台集》（普通古籍）一卷，民国六年（1917），上海扫叶山房石印本，中国国家图书馆。（索书号/105882：7）

（2）《汉兰台令李伯仁集》（普通古籍）一卷，民国十四年（1925），扫叶山房石印本，中国国家图书馆古籍馆普通古籍阅览室。（索书号/79320：6）

文中讹误（如：目录"冠绩铭"之"绩"；《七欵》"副以芊柘"之"芊"；《函谷关铭》"元鼎辈移"之"辈"；《灵寿杖铭》"乃矩为杖"之"矩"），个别字特殊写法（如《室铭》"室以安甯"之"甯"），逗点，密圈，圈点均相同。

因古籍善本无法馆际互借，尚有下面两种未见，未纳入统计，待来日有幸得见补入。

（1）《李兰台集》，清光绪十八年（1892），南雅书局校刊本，台湾大学图书馆。（索书号 p. 482 v. 13）

（2）《汉兰台令李伯仁集》一卷，日本京都大学人文科学研究所。

上述七种版本，具体异同，见表 4。

表 4　七种版本比对表

项目＼版本	徐参微印本	毛氏汲古阁本	四库全书本	寿考堂本	信述堂重刻本	善化章经济堂重刻本	扫叶山房藏版
行款	9 行满行 18 字，小字双行同，白口，左右双边，上白鱼尾。	9 行满行 18 字，小字双行同，白口，左右双边，上白鱼尾。	8 行满行 21 字，白口，左右双边，上黑鱼尾。	9 行满行 18 字，小字双行同，白口，左右双边，上黑鱼尾。	9 行满行 18 字，白口，左右双边，上白鱼尾。	9 行满行 18 字，小字双行同，白口，左右双边，上黑鱼尾。	15 行满行 32 字，小字，白口，左右黑边，上黑鱼尾。

续表

项目 ＼ 版本	徐参微印本	毛氏汲古阁本	四库全书本	寿考堂本	信述堂重刻本	善化章经济堂重刻本	扫叶山房藏版
封面	无	东汉十一人第十四册李兰台集	无	东汉十一人第十四册李兰台集 寿考堂藏板	光绪己卯夏信述堂重刻	光绪十八年李兰台集善化章经济堂重刊	无
版心	李兰台集＋卷全＋页码	李兰台集＋卷全＋文体名＋页码	钦定四库全书＋汉魏六朝百三名家集卷十五＋页码	李兰台集＋卷全＋页码	李兰台集＋卷全＋文体名＋页码	李兰台集＋卷全＋页码	百三名家集＋李兰台集＋内容目录＋页码＋扫叶山房藏版
题词 "则泰山丘垤也"之"丘"	／	／	／	／	丘	丘	／
题词 "杨雄"之"杨"		扬	扬	／	扬	扬	／
题词 娄东张溥题		／	无	／	／	／	／
目录 《东东观铭》之"东东"		东	东	东	东	东	东
目录 《關阳城门铭》之"關"		關	關	／	關	關	闌
目录 小车铭		／	车铭	／	／	／	／
目录 《墨研铭》之"研"		砚	砚	／	砚	砚	／
目录 《冠帻铭》之"帻"		／	／	／	／	／	绩
目录 《文履铭》之"履"		／	／	／	／	／	履
目录 灶铭		／	灶铭	／	／	／	／
目录结尾处	／	《李兰台集》目录终	无	／	《李兰台集》目录终	《李兰台集》目录终	《李兰台集》目录终
正文开头	汉兰台令李伯仁集卷全	东汉《李兰台集》卷全	无	／	东汉《李兰台集》卷全	东汉《李兰台集》卷全	汉兰台令李伯仁集卷全

续表

项目 \\ 版本	徐参微印本	毛氏汲古阁本	四库全书本	寿考堂本	信述堂重刻本	善化章经济堂重刻本	扫叶山房藏版
函谷关赋	"函谷關"之"關"	關	闗	/	/	關	闗
	"制關捷以擒并"之"關捷"	關捷	闗键	/	/	關捷	闗捷
	"以临胡庭"之"胡"	/	/	/	/	/	朝
	"污汉阻曲"之"污"	/	沔	/	/	/	/
	"旧水遶滥"之"遶"	遶	遶	/	遼	遶	遶
	"歷众關以游目"之"歷"	歷	歷	/	歷	歷	
	"歷众關以游目"之"關"	關	闗	闗	闗	關	闗
	"殊中外以隔别"之"殊"	殊	殊	/	殊	殊	殊
	"季末荒戎"之"戎"	/	/	/	/	/	戍
	"练百蛮之贡琛"之"练"	/	徕	/	/	/	徕
平乐观赋	"欝崔嵬以离娄"之"欝"	鬱	/	/	鬱	鬱	/
	"纷电影以盘盰"之"盰"	/	纡	/	/	/	/
	"处金商之维隅"	/	陬	/	/	/	陬
	"歷金环之华铺"之"歷"	歷	歷	歷	歷	歷	
	"殊方重译"之"殊"	殊	殊	/	殊	殊	殊
	"百僚于时"之"僚"	僚	僚	/	僚	僚	僚
	"连翩九仭"之"仭"	/	汃	/	/	/	/
	"吞㸤吐火"之"㸤"	刃	刃	/	刃	刃	
	"鱼龍曼延"之"龍"	龍	龍	/	龍	龍	龍
	"鼓缶"之"缶"	缶	/	/	缶	缶	缶
东观赋	"歷东厓之敞坐"之"歷"	歷	歷	/	歷	歷	/
	"庇蔽茅之甘棠"之"茅"	/	茆	/	/	/	茆
德阳殿赋	"歷户牖之所经"之"歷"	歷	歷	/	歷	歷	
	"果竹欝茂"之"欝"	鬱	鬱	/	鬱	鬱	
	"鸿雁裔裔而来集"之"裔裔"	/	沛裔	/	/	/	/
七欵	"副以芋栯"之"芋"	/	/	/	/	/	芊
	"丰弘诞节"之"弘"	/	弘	弘	宏	宏	/
函谷关铭	"元鼎輦移"之"輦"	輦	輦	輦	輦	輦	輦
孟津铭	"廼往克殷"之"殷"	/	殷	/	/	/	殷

续表

版本 项目	徐参微印本	毛氏汲古阁本	四库全书本	寿考堂本	信述堂重刻本	善化章经济堂重刻本	扫叶山房藏版
明堂铭	“冬谨闗梁”之“闗”	關	闗	/	/	關	闗
德阳殿铭	“弘让弥光”“崇弘高丽”之“弘”	/	弘	弘	宏	宏	/
云台铭	“上擬苍云”之“擬”	樬	/	/	樬	樬	/
正阳城门铭	“外临僚”	僚	僚	/	僚	僚	僚
高安馆铭	“窓闼咧周”之“窓”	/	/	/	/	/	窗
平乐馆铭	“弘敞丽光”之“弘”	/	弘	弘	宏	宏	/
平乐馆铭	“朱华餙珰”之“餙”	飾	飾	/	飾	飾	/
东观铭	“升降三除”之“除”	/	/	/	/	/	隆
东观铭	“列侯弘雅”之“弘”	/	弘	弘	宏	宏	/
堂铭	“修奉蒸尝”之“蒸”	/	烝	/	/	/	/
中东门铭	“月值当昴”之“值”	/	位	/	/	/	/
上西门铭	“菊黄豹察”之“豹察”	豺祭	/	/	豺祭	/	/
闗阳城门铭	闗	關	闗	/	關	關	闗
津城门铭	“温风欝暑”之“欝”	鬱	鬱	/	鬱	鬱	/
雍城门铭	“鷰归山阜”之“鷰”	/	/	/	/	/	燕
榖城门铭	“太阴主形”之“形”	/	刑	/	/	/	/
室铭	“室以安寧”之“寧”	寍	寕	甯	寍	寍	甯
室铭	“无日寂寞”之“日”	/	曰	/	曰	曰	/
琹铭	“琹铭”之“琹”	琴	琴	/	/	/	琴
钟簴铭	“周因殷礼”之“殷”	/	殷	/	/	/	殷
漏刻铭	“仰鼊七曜”之“鼊”	鼇	/	/	鼇	鼇	/
舟楫铭	“载重歷远”之“歷”	厯	歴	/	厯	厯	/
车铭	车铭	小车铭	/	/	小车铭	小车铭	/
天軿车铭	“后裔餙雍”之“餙”	/	飾	/	/	/	飾
文履铭	履	履	履	/	履	履	履
弹铭	“晋灵骄悖”之“悖”	/	/	悖	/	/	/
盾铭	“进则避办”之“办”	刃	刃	/	刃	刃	刃
床几铭	“何必清醇”之“醇”	/	/	醕	/	/	/

续表

项目 / 版本	徐参微印本	毛氏汲古阁本	四库全书本	寿考堂本	信述堂重刻本	善化章经济堂重刻本	扫叶山房藏版
铠铭	"好德者寍"之"寍"	寍	寧	甯	寍	寍	甯
良弓铭	"紗称颜高"之"紗"	/	/	/	/	/	妙
辔铭	"赏罚在心"之"赏"	/	/	/	/	實	/
鞍铭	"駈骛驰逐"之"駈"	/	/	/	/	驱	/
围棋铭	"瓺弄游竟"之"瓺"	/	/	/	/	/	玩
围棋铭	"瓺弄游竟"之"竟"	/	意	/	/	/	意
杯铭	"大之为闻""杯闻之用"之"闻"	/	閒	/	/	/	/
杯铭	"慎斯得止"之"止"	/	正	/	/	/	/
杯铭	"骄盈为病"之"盈"	/	/	/	/	/	吝
印铭	"用尔作程"之"用"	/	/	/	/	/	周
镜铭	"整餙容颜"之"餙"	/	飾	/	/	/	飾
灵寿杖铭	"乃制为杖"之"制"	/	/	/	/	/	矩
竈铭	"灶能以兴"之"灶"	/	竈	/	/	/	/
李尤本传	李尤本传	本传	无	/	本传	本传	本传
李尤本传	"杨雄"之"杨"	扬	无	/	扬	扬	扬
李尤本传	"俱撰《汉记》"之"记"	/	无	/	/	/	纪
结尾	/	《李兰台集》终	无	/	《李兰台集》终	《李兰台集》终	汉《李兰台集》终

备注："/"表示与明徐参微本相同，"无"表示缺此部分。

综上，排除避讳和文字书写时代特点，归纳梳理李尤集版本源流，见图 2。

明徐参微印本原刊本（1368~1644）
（1628）

?（东观铭、车铭、墨砚铭、
寵铭、键、沔、徕、纤、陬、
汋、蒂、爵、沛裔、董、悉、
位、刑、意、閭、正）

?（东观铭、辇、
甯、侳 、醇）

清文渊阁
四库全书本

明毛氏汲古阁本

明徐参微复刊本
（1621~1722）

清寿考堂本
（1877）

?（东观铭、墨砚铭、
爵、歷、宏、辇、宓、
鳌、小车铭、豹祭）

清信述堂重刻本
（1879）

?（寊、驱、豹察）

?（绩、朝、戍、
芊、隆、周、矩）

清善化章经济堂重刊本
（1892）

民国扫叶山房藏版
（1917、1925）

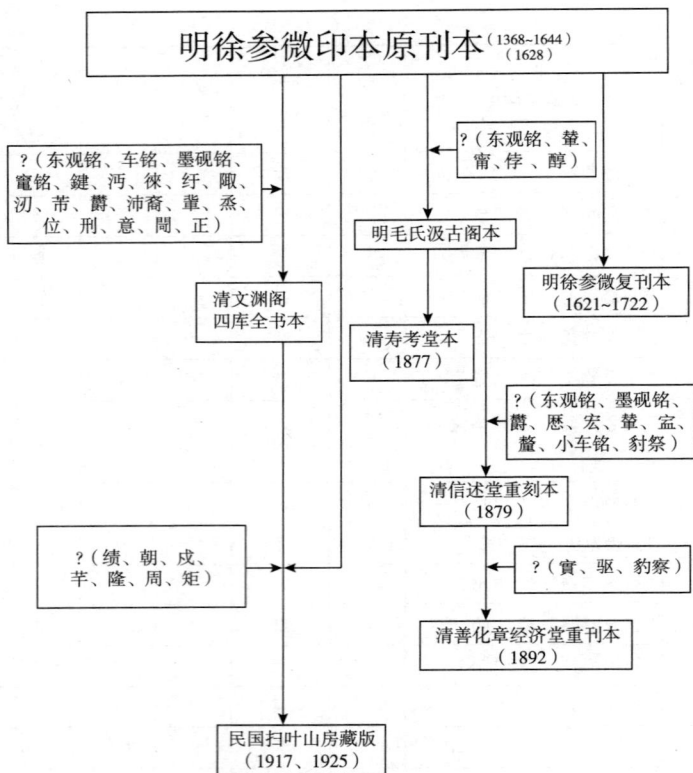

图 2 李尤集版本源流图

注：? 表示后面内容为与底本有区别的内容。

第五章　李尤作品校注

作品分赋、铭、歌进行校注。

校注中参考、吸纳前贤时修之成果：宋章樵注《古文苑》，费振刚、胡双宝、宗明华辑校《全汉赋》，马文熙编著《历代箴铭选读》，费振刚、仇仲谦、刘南平《全汉赋校注》，龚克昌《全汉赋评注》，王彦龙《李尤研究及〈李尤集〉校注》。

一　赋

共论及《函谷关赋》《平乐观赋》《长乐观赋》《东观赋》《德阳殿赋》《辟雍赋》《果赋》《七叹》《七命》共九篇。

1. 函谷关赋[1]

（1）惟皇汉[2]之休烈[3]兮，包[4]八极[5]以据中[6]。混[7]无外[8]之盪盪[9]兮，惟[10]唐典[11]之[12]极崇。万国[13]喜而洞洽[14]兮，何[15]天衢[16]以流通[17]。襟[18]要约[19]之险固[20]兮，制[21]关捷[22]以擒非[23]。其南则有苍梧荔浦，离水谢沐[24]，涯浦[25]零中[26]，以穷海陆。于北则有萧居[27]天井[28]，壶口石径[29]，贯越代朔[30]，以临胡庭[31]。缘边[32]邪指，阳会玉门[33]，凌测龙堆[34]。或置[35]。于西则有随陇[36]武夷，白水[37]江零[38]。沔汉[39]阻曲[40]，路由[41]山泉。奋水[42]辽滥[43]，沐落[44]是经[45]。乃[46]周览[47]以泛观[48]兮，歷众关[49]以游目[50]。惟夸阔[51]之宏丽[52]兮，羌[53]莫[54]盛于[55]函谷。施[56]雕砻[57]以作好，建峻敞[58]之坚重[59]。殊[60]中外[61]以隔别[62]，翼[63]巍巍[64]之高崇。命尉臣[65]以执钥[66]，统[67]群类[68]之所从[69]。严[70]固守[71]之猛厉[72]，操戈钺[73]而普[74]聪[75]。蕃镇[76]造[77]而惕息[78]，侯伯[79]过[80]而震忡[81]。惟[82]函谷之初设险，前有姬[83]之苗流[84]。嘉尹喜之望气，知真人之西游。爰物色以遮道，为著书而肯留[85]。自周辙[86]之东迁[87]，秦虎视[88]乎中州[89]。文[90]驰齐而惧追，谲鸡鸣于狗偷[91]。睢[92]背[93]魏而西逝，托[94]衮衣以免搜[95]。大汉承弊[96]以建德[97]，革[98]厥旧[99]而运修[100]。准[101]令宜[102]以就制[103]，因兹势以立基[104]。盖可以诘非司邪[105]，括执喉咽[106]。季末[107]荒戒[108]，堕阙[109]有年[110]。天闵[111]群黎[112]，命我圣君。稽[113]符[114]皇乾[115]，孔[116]适[117]河文[118]。中兴[119]再受[120]，二祖同勋[121]。永平[122]承绪[123]，钦明奉循[124]。上罗三关[125]，下列九门[126]。会[127]万国[128]之玉帛[129]，徕[130]百蛮[131]之贡琛[132]。冠盖[133]纷[134]其云合[135]，车马动而雷奔[136]。察言服[137]以有讥，捐[138]繻传而勿论[139]。于以[140]廓[141]襟度[142]于神圣[143]，法[144]易简[145]于乾坤[146]。（《古文苑》卷六李尤《函谷关赋》）

（2）盛夏[147]临漂[148]而含霜[149]也[150]。（《文选》卷三十四曹植《七启》李善注）

（3）玉女[151]流眄[152]而下视[153]。（《文选》卷十一王延寿《鲁灵光殿赋》李善注）

［校注］

〔1〕篇名，《御选唐诗》卷二十二七言律讹作"函谷关铭"。　作者，《玉海》卷二十四地理讹作"李龙"。　函谷关：位于河南省灵宝县西南，因在谷中深险如函而得名。东起崤山，西至潼津，地形至为险要。战国时为秦所建，亦称"秦关"。汉高祖初入关，与民约法三章，至武帝元鼎三年（前114）冬乃徙函谷关于河南郡新安县。《古文苑》卷六李尤《函谷关赋》章樵注："《地理志》：'河南郡穀城县。'颜师古曰：'即今新安也。'"今新安有函谷关遗址考古发现，且有"关"字瓦当出土①。

〔2〕皇汉：大汉王朝之美称。

---

① 王咸秋、严辉：《雄伟的新安汉函谷关遗址》，《大众考古》2014年第5期。洛阳市文物考古研究院、新安县文物管理局：《河南新安县汉函谷关遗址2012～2013年考古调查与发掘》，《考古》2014年第11期。

〔3〕休烈：彪炳功业。《史记》卷六《秦始皇本纪》："皇帝休烈，平一宇内，德惠修长。"《汉书》卷八《宣帝纪》："朕未能章先帝休烈，协宁百姓。"颜师古注："休，美也。烈，业也。"

〔4〕包：包容。

〔5〕八极：天下至远之地。汉刘安《淮南鸿烈》（四部丛刊景抄北宋本）卷一《原道训》："夫道者，覆天载地。廓四方，柝八极。高不可际，深不可测。"高诱注："八极，八方之极也，言其远。"《后汉书》卷二《显宗孝明帝纪》："封泰山，建明堂。立辟雍，起灵台。恢弘大道，被之八极。"

〔6〕据中：位居天下之中。

〔7〕混：混同，混一。

〔8〕无外：无穷，无所不包。《管子》卷二十一《版法解》："天覆而无外也，其德无所不在。"

〔9〕"盪"，《历代赋汇》卷三十九都邑，《渊鉴类函》卷三百五十一居处部十二作"荡"。案，《说文·皿部》："盪，涤器也。"段玉裁注："盪者，涤之甚者也。（中略）'荡'者，'盪'之假借。"盪盪：广大貌。

〔10〕"惟"，雍正《河南通志》卷七十二作"唯"。案，经传多用为发语之词。《毛诗》皆作"维"，《论语》皆作"唯"，《古文尚书》皆作"惟"，《今文尚书》皆作"维"。

〔11〕唐典：《六臣注文选》卷八扬雄《羽猎赋》注引"向曰：'唐典，尧典也。谓尧政理之事也。'"

〔12〕"之"，《初学记》卷七地部下作"以"。案，结合前四句"之""以"换用，此处"以"为上。

〔13〕"国"，《佩文韵府》卷一百六之一作"里"。案，二者于义均通，"国"为上。万国：万方、四处。《周易》卷一《乾·象传》："首出庶物，万国咸宁。"后指极众多国家。《左传》卷五十八哀公七年："禹合诸侯于涂山，执玉帛者万国。"

〔14〕洞洽：和谐交融。

〔15〕"何"，《初学记》卷七地部下作"向"。案，"向"，向着，朝着。《古文苑》卷六李尤《函谷关赋》章樵注："《易·大蓄》：'上九，何天之衢，亨。'"二者于义均通。

〔16〕天衢：京都。《三国志》卷六十二《吴书·胡综传》："远处河朔，天衢隔绝。"张衡《西京赋》："岂伊不虔思于天衢，岂伊不怀归于枌榆？"

〔17〕流通：交流沟通。

〔18〕《释名》卷五："襟，禁也。交于前所以禁御风寒也。"

〔19〕要约：要害约制之地。

〔20〕险固：让固守之地更加险阻难攻。

〔21〕制：禁制。

〔22〕"捷"，《初学记》卷七地部下，《历代赋汇》卷三十九都邑，雍正《河南通志》卷七十二，《渊鉴类函》卷三百五十一居处部十二作"键"；《骈字类编》卷六十三居处门七，《佩文韵府》卷一百五之二作"捷"；《全后汉文》卷五十作"楗"。案，《四库全书考证》卷九十四集部："《函谷关赋》'襟要约之险固兮，制关键以擒并'，刊本'键'讹'捷'，据《赋汇》改。""楗""键"同源字，"楗"通"捷"，故"捷""楗""键"皆于义可，"捷"误。关捷：机关或事物重要部分。《老子》："善闭，无关楗而不可开。"五代杜光庭撰《道德真经广圣义》（明正统道藏本）卷二十三《善行无辙迹章》第二十七："横曰关，竖曰键。"宋范应元撰《老子道德经古本集注》（宋刻本）善行章第二十七："楗，拒门木也，或从金傍，非也。横曰关，竖曰楗。"

〔23〕"非"，《初学记》卷七地部下，《汉魏六朝百三名家集》卷十五汉李尤集，《历代赋汇》卷三十九都邑，清陆葇评选《历朝赋格》（清康熙间刻本）中集骚赋格卷二，雍正《河南通志》卷七十二，《骈字类编》卷六十三居处门七，《渊鉴类函》卷三百五十一居处部十二，《佩文韵府》卷一百五之二作"并"。案，"非"与上句之"险"相对，当作"擒非"，擒制非法之人、事。

〔24〕"沐"，《全后汉文》卷五十作"沭"。案，《汉书》卷二十八下《地理志》第八下："谢沐，有关。"《古文苑》卷六李尤《函谷关赋》章樵注："苍梧而下六关在南。《地理志》苍梧郡注：'属交州，有离水关，谢沐、荔浦二县。交趾郡合浦县并有关，九真郡有界关。'"汉元鼎六年（前111），在湖南江永县西南置谢沐县，因境内有谢水、沐水，故名，属交州苍梧郡。沭水在山东境内，故当作"谢沐"。

〔25〕"洭"，《初学记》卷七地部下作"淮"；《玉海》卷二十四地理，《汉书补注》地理志第八下，《汉书地理志补注》卷七十九作"洭"；《全后汉文》卷五十作"汇"。案，《史记》卷一百一十三《南越尉陀列传》注："《水经》云'含汇县南有汇浦关'。""淮浦"亦为地名，见《水经注笺》卷三十八溱水注："溱水（中略）过浈阳县出淮浦关与桂水合。"故"淮浦""汇浦"均通，但不晓关所在确切位置。

〔26〕"零中"，清李调元撰《奇字名》（清函海本）卷四作"雺中"。案，零（雺）中地址不详，存疑。

〔27〕萧居：汉时关名，据《古文苑》卷六李尤《函谷关赋》章樵注在上党郡。

〔28〕天井：天井关，亦曰雄定关，始建于西汉阳朔三年（前22），为晋豫边境雄关，位于山西晋城市境内太行山最南部，为通往河南焦作之关隘，史称"太行八径之一"，因关前有三眼深不可测之天井泉而得名。刘歆《遂初赋》："驰太行之险峻，入天井之高关。"蔡邕曰："太行山上有天井关，关在井北，为天设之险。"

〔29〕"径"，《初学记》卷七地部下，《玉海》卷二十四地理，《历代赋汇》卷三十九都邑，《全后汉文》卷五十，《渊鉴类函》卷三百五十一居处部十二，《佩文韵府》卷九十五之三作"陉"；《汉魏六朝百三名家集》卷十五汉李尤集，雍正《河南通志》卷七十二作"经"。案，古代三个关即上党关、壶口关、石陉关，故"陉"为上。壶口、石径：《汉书》卷二十八上《地理志》第八上"上党郡，秦置，属并州。有上党关、壶口关、石研关。"颜师古注："研，音形。"

〔30〕"代"，本作"伐"，据《初学记》卷七地部下，《玉海》卷二十四地理，《历代赋汇》卷三十九都邑，清顾广圻撰《思适斋集》（清道光二十九年徐胃仁刻本）卷六书下《与孙渊如观察论九卷本〈古文苑〉书》，清顾炎武撰《日知录》（清乾隆刻本）卷三十二，《说文解字义证》卷四十七，清黄汝成撰《日知录集释》（清道光西溪草庐刻本）卷三十二，雍正《河南通志》卷七十二，《全后汉文》卷五十，《渊鉴类函》卷三百五十一居处部十二，《佩文韵府》卷九十二之二、卷九十五之三改。案，东汉冀州有代县、代郡，故当作"代"，"伐"乃形近而误。贯越代朔：贯穿跨越代、朔两地。

〔31〕胡庭：匈奴王庭。

〔32〕"缘"，《玉海》卷二十四地理作"绿"。案，当作"缘"，"绿"乃形近而讹。缘边：沿线边境。

〔33〕《古文苑》卷六李尤《函谷关赋》章樵注："邪指则阳会、玉门等关。（中略）《敦煌郡》注：'关外有白龙堆沙，龙勒县有阳关、玉门关。'"玉门关：两汉时期通往西域之关隘，位于敦煌西北七十五公里处，哈拉湖西，由于大量和阗玉由此运入中土，故称为"玉门关"，亦称"玉门""玉关"。

〔34〕"龙"，《历朝赋格》中集骚赋格卷二作"龍"。案，可能是异体字。"堆"，《初学记》卷七地部下作"推"。案，《古文苑》卷六李尤《函谷关赋》章樵注："敦煌郡关外有白龙堆沙。"故当作"堆"。

〔35〕"置"，《初学记》卷七地部下"关第八"多"以西"。《全后汉文》卷五十多"以□"。案，此处阙文。上文多为四言，故此处疑作"或置以□。于西则有随陇武夷"。

〔36〕"陇"，《汉魏六朝百三名家集》卷十五汉李尤集，《历代赋汇》卷三十九都邑，《骈字类编》卷六十三居处门七，《渊鉴类函》卷三百五十一居处部十二，《佩文韵府》卷二十四之五、卷八十七作"龙"。案，"随"，古邑名，在今山西，与之并列当为县名。陇县，东汉属汉阳郡，有陇关①。龙勒县，属敦煌郡，有阳关。但去函谷关太远，故当作"陇"。

〔37〕白水：源出甘肃省临潭县西南西倾山，往东南流，纳白水河，至四川省昭化县，注入嘉陵江，附近有白水关②。《八家后汉书辑注·张莹后汉南记》散句："蜀有阳平关、江关、白水关，此为三关。"③

〔38〕"零"，《玉海》卷二十四地理作"灵"。案，《水经注》卷二十八："零水即泫水也，上通梁州沔阳县之默城山。"灵水则在广西境内，远在函谷关以南，故当作"零"。

〔39〕"沔"，本作"汚"，据《初学记》卷七地部下，《玉海》卷二十四地理，《历代赋汇》卷三十九都邑，《历朝赋格》中集骚赋格卷二，雍正《河南通志》卷七十二，《全后汉文》卷五十，《渊鉴类函》卷三百五十一居处部十二，《佩文韵府》卷八十七改。指沔水，"汚"为异体字。沔汉：沔水与汉水。

〔40〕阻曲：河流曲折流行，形成天然阻碍屏障。

〔41〕"由"，《初学记》卷七地部下作"田"；《汉魏六朝百三名家集》卷十五汉李尤集，《佩文韵府》卷八十七作"繇"。案，《说文解字注》第十二篇下："'由'或'繇'字。"古'繇'、'由'通用一字也。"《集韵》卷三："繇、繇，《说文》：'随从也。一曰：忧也、由也，或作繇。'"故二者均可，"田"形近而讹。

〔42〕"奋"，本作"旧"，据《初学记》卷七地部下，《历代赋汇》卷三十九都邑，《全后汉文》卷五十，《渊鉴类函》卷三百五十一居处部十二改。案，"泉源上奋，水涌若轮"形容水势，奋（奮）、旧（舊）形近易混，故当作"奋"。

〔43〕"滥"，《初学记》卷七地部下，《全后汉文》卷五十作"溢"。案，《说文·水部》："滥，泛也。"段玉裁注："谓广延也……滥泉由小以成大，故称以证泛义。"《说文·水部》："溢，器满也。"故当作"滥"，"溢"乃形近为讹。

〔44〕"沐"，《初学记》卷七地部下，《全后汉文》卷五十作"连"。案，《说文·水部》："沐，濯发也。"段玉裁注："引伸为芟除之义。"沐水即中国山东省弥河，不在函谷关之西。《古文苑》卷六李尤《函谷关赋》章樵注："于西则随陇至沐落等关，

---

① 中国社会科学院主办，谭其骧主编《中国历史地图集》第二册，第 57~58 页。
② 中国社会科学院主办，谭其骧主编《中国历史地图集》第二册，第 57~58 页。
③ 周天游辑注《八家后汉书辑注》，上海古籍出版社，1986，第 618 页。

以上诸关，志不载，或谓乍置乍废。”

〔45〕“经”，雍正《河南通志》卷七十二作“径”。案，“经”与“径”通，将其释为形容水势的句子“连落是经”于义亦可。

〔46〕“乃”，《艺文类聚》卷六地部，《全后汉文》卷五十，《渊鉴类函》卷三百五十一居处部十二多“尔”；《初学记》卷七地部下作“爰”。案，“尔乃”“爰”“乃”为常用发语词，故均可。

〔47〕周览：四周观望。司马相如《长门赋》：“下兰台而周览兮，步从容于深宫。”

〔48〕泛观：广泛地浏览。

〔49〕“歷”，本作壓，据《艺文类聚》卷六地部，《初学记》卷七地部下改；《历朝赋格》中集骚赋格卷二，《渊鉴类函》卷三百五十一居处部十二作“歷”；《历代赋汇》卷三十九都邑，雍正《河南通志》卷七十二，《全后汉文》卷五十作“厤”。案，《说文·止部》：“歷，过也。”段玉裁注：“引申为治历明时之历。”“厤”为“歷”之异体字，壓疑为异体字。歷众关：经过上述诸多关隘。

〔50〕游目：目光随意观览。班固《西都赋》：“若游目于天表，似无依而洋洋。”

〔51〕“夸”，《艺文类聚》卷六地部作“迂”。案，“迂阔”指思想言行不合实际。《汉书》卷七十二《王贡两龚鲍传》：“上以其言迂阔，不甚宠异也。”故“夸”为上。夸阔：广阔。

〔52〕“宏”，《艺文类聚》卷六地部，《渊鉴类函》卷三百五十一居处部十二作“显”。案，二者均有“大”义，均通。宏丽：富丽。

〔53〕“羌”，《初学记》卷七地部下作“嗟”。案，二者均可作句首发语词。《古文苑》卷六李尤《函谷关赋》章樵注：“羌，发语辞，或作‘庆’。”

〔54〕“莫”，《历朝赋格》中集骚赋格卷二作“奠”。案，《说文·丌部》：“奠，置祭也。”故当作“莫”，表否定。

〔55〕“于”，《艺文类聚》卷六地部，《全后汉文》卷五十，《渊鉴类函》卷三百五十一居处部十二作“乎”。案，两虚词，于义均通。

〔56〕施：运用。

〔57〕雕砻：雕刻打磨。

〔58〕峻敞：高大宽敞。

〔59〕坚重：坚固厚重。

〔60〕殊：别也，异也。

〔61〕中外：汉王朝与周边少数民族。

〔62〕隔别：分开区别。

〔63〕翼：恭严貌。

〔64〕巍巍：崇高雄伟貌。

〔65〕命尉臣：使守关都尉。

〔66〕"钥"，《渊鉴类函》卷三百五十一居处部十二作"籥"。案，"籥"为"钥"异体字。执钥：执掌锁钥。

〔67〕统：总领。

〔68〕"类"，《玉海》卷二十四地理作"编"。案，当作"类"。群类，指众生。

〔69〕所从：所随行，服从。

〔70〕严：威也。

〔71〕固守：坚守。

〔72〕猛厉：严酷、严厉。

〔73〕戈铖：兵器。

〔74〕普：遍也。

〔75〕"聪"，《艺文类聚》卷六地部，《汉魏六朝百三名家集》卷十五汉李尤集，《历代赋汇》卷三十九都邑，《历朝赋格》中集骚赋格卷二，雍正《河南通志》卷七十二作"聰"。案，"聰""聪"为异体字。《古文苑》卷六李尤《函谷关赋》章樵注："聪，听也，谓察听奸邪。"

〔76〕蕃镇：各藩国长官。

〔77〕造：诣也，进也。

〔78〕惕息：战兢恐惧而喘息，形容害怕到极点。扬雄《长扬赋》："（匈奴）二十余年矣，尚不敢惕息。"颜师古曰："惕息，惧而小息也。息，出入气也。"《汉书》卷六十二《司马迁传》："当此之时，见狱吏则头枪地，视徒隶则心惕息。"

〔79〕侯伯：侯爵与伯爵，泛指诸侯。

〔80〕过：通过函谷关。

〔81〕"忡"，本作"惶"，据《全后汉文》卷五十改。案，《说文·心部》："惶，恐也。""忡，忧也。"二者于义相当，然考之用韵，前文"操戈铖而普聪"之"聪"为东部韵，"惶"为唐部韵，"忡"为东部韵，故"忡"为上。震忡：震惊，忧郁。

〔82〕惟：思也。

〔83〕有姬：姬氏。

〔84〕苗流：苗裔，后代子孙。《古文苑》卷六李尤《函谷关赋》章樵注："推函

谷置关之本末，当始于姬周之前，以周时有关尹喜事知之。"

〔85〕"肯"，《全后汉文》卷五十作"肎"。案，"肎"为"肯"之古体。此段讲述老子西出函谷关为关令尹喜著《道德经》。《史记》卷六十三《老子韩非列传》："老子修道德，其学以自隐无名为务。居周久之，见周之衰，乃遂去。至关，关令尹喜曰：'子将隐矣，强为我著书。'于是老子乃著书上下篇，言道德之意五千余言而去，莫知其所终。"

〔86〕周辙：周王之车辙，指周王朝。

〔87〕东迁：公元前 770 年周平王由镐京东迁至洛邑。《古文苑》卷六李尤《函谷关赋》章樵注："周平王东迁洛阳，秦遂据有岐雍之地，恃其险要，肆毒天下。"

〔88〕"视"，《汉魏六朝百三名家集》卷十五汉李尤集，《历代赋汇》卷三十九都邑，《全后汉文》卷五十，《佩文韵府》卷九十八之四作"眡"。案，《玉篇·目部》："'眡'，古文'视'。"虎视：如老虎般凶猛注视。

〔89〕中州：中原地区。《三国志》卷六十《吴书·全琮传》："是时中州士人避乱而南，依琮居者以百数。"

〔90〕文：田文孟尝君。

〔91〕《史记》卷七十五《孟尝君列传》："齐湣王二十五年，复卒使孟尝君入秦，昭王即以孟尝君为秦相。人或说秦昭王曰：'孟尝君贤，而又齐族也，今相秦，必先齐而后秦，秦其危矣。'于是秦昭王乃止。囚孟尝君，谋欲杀之。孟尝君使人抵昭王幸姬求解。幸姬曰：'妾愿得君狐白裘。'此时孟尝君有一狐白裘，直千金，天下无双，入秦献之昭王，更无他裘。孟尝君患之，遍问客，莫能对。最下坐有能为狗盗者，曰：'臣能得狐白裘。'乃夜为狗，以入秦宫臧中，取所献狐白裘至，以献秦昭王幸姬。幸姬为言昭王，昭王释孟尝君。孟尝君得出，即驰去，更封传，变名姓以出关。夜半至函谷关。秦昭王后悔出孟尝君，求之已去，即使人驰传逐之。孟尝君至关，关法鸡鸣而出客，孟尝君恐追至，客之居下坐者有能为鸡鸣，而鸡齐鸣，遂发传出。出如食顷，秦追果至关，已后孟尝君出，乃还。"

〔92〕"雎"，雍正《河南通志》卷七十二，《全后汉文》卷五十作"睢"。案，清梁玉绳《古今人表考》："范雎始见《秦策》。'雎'又作'且'。（中略）古人每以'雎'为名，如《东周策》冯雎，《秦》《楚》《魏策》唐雎是已。而'雎'多作'且'，与《燕策》夏无且、《卫策》殷顺且、《史》《汉》龙且之类同，故冯雎、唐雎，《策》元（原）作'且'，范叔之名可例观也。鲍彪《卫策》注云：名'且'者皆子余反。《魏世家》索隐云：'七余反。乃《通鉴》胡注、《秦策》吴注音范雎为

虽。'钱宫詹曰：'范雎音虽，是讹为目旁耳。'"清王先慎《韩非子集解》（清光绪二十二年刻本）卷十一《外储说左上》"范且曰（后略）"引顾广圻曰："范雎也，'且'、'雎'同字。"

〔93〕背：离开。

〔94〕"托"，《艺文类聚》卷六地部，《汉魏六朝百三名家集》卷十五汉李尤集，《历代赋汇》卷三十九都邑，《骈字类编》卷一百一十六方隅门四，《全后汉文》卷五十，《佩文韵府》卷二十六之八、六十七之七作"讬"。案，《说文·言部》："讬，寄也。""'托'是后起字，见《重修玉篇·手部》。原用作以手承物义。'以手承物'本是依讬、寄讬的引申义，'托'是它的专用字，宋代以后，又兼用于'讬'字各义。现在'讬'字简化为'托'。"①

〔95〕《史记》卷七十九《范雎蔡泽列传》："魏齐大怒，使舍人笞击雎，折胁折齿。雎详死，即卷以箦，置厕中。宾客饮者醉，更溺雎，故僇辱以惩后，令无妄言者。雎从箦中谓守者曰：'公能出我，我必厚谢公。'守者乃请出弃箦中死人。魏齐醉，曰：'可矣。'范雎得出。后魏齐悔，复召求之。魏人郑安平闻之，乃遂操范雎亡，伏匿，更名姓曰张禄。"

〔96〕"弊"，本作"獘"，据《汉魏六朝百三名家集》卷十五汉李尤集，《历朝赋格》中集骚赋格卷二，《全后汉文》卷五十，《渊鉴类函》卷三百五十一居处部十二，《佩文韵府》卷二十六之三改，"弊""獘"为异体字。承弊：承接衰世。

〔97〕建德：建立德行功业。

〔98〕革：革除。

〔99〕"旧"，《历朝赋格》中集骚赋格卷二作"曹"。案，"旧""曹"于义均可。

〔100〕《古文苑》卷六李尤《函谷关赋》章樵注："运修，犹改为也。"

〔101〕"准"，《历朝赋格》中集骚赋格卷二作"惟"；《历代赋汇》卷三十九都邑，《全后汉文》卷五十作"準"。案，《说文·水部》："準，平也。"《广韵》《集韵》："俗'准'字。"《正字通》："'准'与'準'同。""惟"用在此处为句首发语词。《周易》卷七《系辞上》："易与天地准。"准：则也，仿也。与下文"因"相对，"准（準）"为上，作动词。

〔102〕"令"，《佩文韵府》卷四之五作"今"。案，当作"令"，美善义，"今"乃缺笔而讹。令宜：合适之时、地。

_____

① 王力主编《王力古汉语字典》，中华书局，2007，第1263页。

〔103〕就制：建成制度。

〔104〕《古文苑》卷六李尤《函谷关赋》章樵注："谓择其善而宜者，因自然形势以立关之基址，据地势。前汉关在国都之东，后汉关在国都之西。《郡国志》：'毂城县有函谷关。'注《西征记》曰：'函谷左右绝岸十丈，中容车而已。'"

〔105〕"诘"，《艺文类聚》卷六地部作"诈"。案，《说文·言部》："诘，问也。""诈，欺也。"故当作"诘"，"诈"乃形近而讹。诘非司邪：盘问处理非法邪恶人和事。

〔106〕"括"，《艺文类聚》卷六地部作"栝"。案，栝，箭末扣弦处，括指箭的末端，故二者均可。"喉咽"，《渊鉴类函》卷三百五十一居处部十二，《佩文韵府》卷六十六之九"荒戍"注作"咽喉"。案，"括执喉咽"之"喉"侯韵，"咽"霰韵，后文"堕阙有年"之"年"先韵，霰、先二韵同部，故当作"喉咽"，"咽喉"乃妄乙致讹。括执喉咽：控制要害之地。

〔107〕"季末"，《佩文韵府》卷六十六之九作"末季"。案，当作"季末"，末世，衰世，此处指西汉末年。汉桓宽《盐铁论》（四部丛刊景明嘉靖本）卷二《忧边》："周之季末，天子微弱，诸侯力政。"

〔108〕"戍"，《历朝赋格》中集骚赋格卷二，《全后汉文》卷五十作"戌"。案，关隘需守，故为"戍"，"戌"乃形近而讹。

〔109〕"阙"，《历代赋汇》卷三十九都邑作"关"。案，《说文·门部》："阙，门观也。""堕阙"在汉时亦连言。班昭《女诫》："夫不御妇，则威仪废缺；妇不事夫，则义理堕阙。""关"指关隘。二者于义均通。堕：废也，毁败。

〔110〕有年：多年、数年。《古文苑》卷六李尤《函谷关赋》章樵注："谓西汉之末，关守寖废。"

〔111〕"闵"，雍正《河南通志》卷七十二作"悯"。案，《说文·门部》："闵，吊者在门也。"段玉裁注："引申为凡痛惜之辞。俗作'悯'。"

〔112〕群黎：众民。《诗经》卷九《小雅·天保》："群黎百姓，遍为尔德。"郑玄笺："黎，众也，群众、百姓。"《汉书》卷一百上《叙传上》："上圣寤而后拔兮，岂群黎之所御！"

〔113〕稽：至也。《庄子》内篇《逍遥游第一》："大浸稽天而不溺。"

〔114〕符：符合。

〔115〕皇乾：皇天。《后汉书》卷六十一《左周黄列传》："天维陵弛，民鬼惨怆，赖皇乾眷命，炎德复辉。"晋袁宏撰《后汉纪》（四部丛刊景明嘉靖刻本）卷二十三《后汉孝灵皇帝纪上》："上释皇乾震动之怒，下解黎庶酸楚之情也。"

〔116〕孔：甚也。

〔117〕适：适合。

〔118〕河文：河图。《古文苑》卷六李尤《函谷关赋》章樵注："圣君谓光武也。《后汉志》：'光武东封泰山，引河图会昌符，诚合帝道孔矩。'"

〔119〕中兴：由衰复盛，重新振作。

〔120〕再受：再次受命于天。

〔121〕"勋"，《汉魏六朝百三名家集》卷十五汉李尤集，《历代赋汇》卷三十九都邑作"勖"。案，《周礼》卷七《夏官司马》第四"司勋"下郑玄注："故书'勋'作'勖'"。二祖同勋：《古文苑》卷六李尤《函谷关赋》章樵注"言光武受命中兴，与高祖创业同功"。

〔122〕"平"，《渊鉴类函》卷三百五十一居处部十二作"年"。案，"永平"为汉明帝年号，故当作"平"。

〔123〕承绪：承继皇统。

〔124〕钦明：敬肃明察。奉循：奉承遵循。《汉书》卷二十五下《郊祀志下》："今皇帝宽仁孝顺，奉循圣绪，靡有大愆，而久无继嗣。"

〔125〕三关：重重关隘。

〔126〕九门：天子都城设九门，后世以九门代指皇宫。《古文苑》卷六李尤《函谷关赋》章樵注："明帝永平之间，能承奉二祖，立国之规，当时函谷关制度宏丽若此。"

〔127〕会：使嘉美之物会聚。

〔128〕万国：本指万方、四处，后指众多国家。

〔129〕玉帛：玉器和丝织品，可用为诸侯朝聘或嫁娶行聘、祭祀，后代指财物。

〔130〕"徕"，《历代赋汇》卷三十九都邑作"来"。案，《玉篇·彳部》："'徕'，古文'来'字。"

〔131〕百蛮：中国南方蛮族总称。《史记》卷四十七《孔子世家》："昔武王克商，通道九夷百蛮。"

〔132〕"琛"，《全后汉文》卷五十作"璕"。案，《说文·玉部》："琛，宝也。""琛"有异体字"璹"。疑"璕"为与"璹"形近误书。贡琛：进贡宝物。《古文苑》卷六李尤《函谷关赋》章樵注："东汉都洛阳，河南郡为帝京，诸侯藩镇执玉帛朝觐，方外蛮夷各以其国琛宝来贡，皆由函谷关。"

〔133〕冠盖：官帽服饰和车乘顶盖，后指达官贵人。

〔134〕纷：众也。

〔135〕云合：如云之汇集、聚合。

〔136〕雷奔：如雷之奔行，形容速度快，声势大。

〔137〕言服：谈吐与穿着打扮。

〔138〕捐：弃。

〔139〕《古文苑》卷六李尤《函谷关赋》章樵注："言人物往来之多，性异服异言是察，它无所禁。《礼记》卷四《王制》：'关执禁以讥，禁异服，识异言。'讥，察也。繻传，过关之符信也。书缯帛，分持其一以为出入之验，或用棨刻木为之。《汉书》：'文帝除关无用传，终军入关弃繻而去。'"

〔140〕于以：因此，是以。

〔141〕廓：汉扬雄《方言》（四部丛刊景宋本）辁轩使者绝代语释别国方言第一："张小使大谓之廓。"《后汉书》卷四十七《班梁列传·班勇传》："廓开朝廷之德。"

〔142〕襟度：胸襟气度。

〔143〕神圣：神仙圣贤。

〔144〕法：效法。

〔145〕易简：平易简约。《周易》卷七《系辞上》："易则易知，简则易从。（中略）易简而天下之理得矣。"此以易简代指天下之理。

〔146〕乾坤：天地。《古文苑》卷六李尤《函谷关赋》章樵注："言大汉人主包涵天下，与乾坤同量。"

〔147〕盛夏：夏天最热时，约在阴历六月。汉王充《论衡》（四部丛刊景通津草堂本）卷六《雷虚篇》："盛夏之时，雷电迅疾。"

〔148〕"漂"，《全后汉文》卷五十作"溧"。案，《说文·仌部》："溧冽，寒皃。"《说文·水部》："漂，浮也。"故当作"溧"。临溧：寒冷刺骨。

〔149〕含霜：言室凛也。曹植《七启》："温房则冬服绨绤，清室则中夏含霜。"

〔150〕"也"，《全后汉文》卷五十作"焉"。案，"焉""也"为语尾虚词，均可。

〔151〕玉女：仙女。张衡《思玄赋》："载太华之玉女兮，召洛浦之宓妃。"

〔152〕流眄：眼睛转动貌。宋玉《登徒子好色赋》："含喜微笑，窃视流眄。"

〔153〕下视：由高处往下看。扬雄《甘泉赋》："攀琁玑而下视兮，行游目乎三危。"

2. 平乐观赋[1]

（1）披[2]典籍[3]以论功[4]，盖[5]罔及乎[6]大汉[7]。（《文选》卷十一

何晏《景福殿赋》注）①

（2）乃设[8]平乐之显观，章[9]祕玮[10]之奇珍[11]。习禁武[12]以讲[13]捷，厌[14]不羁[15]之遐邻[16]。徒观平乐之制[17]，郁[18]崔嵬[19]以离娄[20]。赫[21]岩岩[22]其崟嶺[23]，纷[24]电影[25]以盘纡[26]。弥[27]平原之博敞[28]，处[29]金商[30]之维陬[31]。大厦累[32]而鳞次[33]，承[34]岩峣[35]之翠楼[36]。过洞房[37]之转闶[38]，历金环[39]之华铺[40]。南切洛滨[41]，北陵[42]芒山[43]。龟池[44]泱漭[45]，果林榛榛[46]。天马[47]沛艾[48]，鬣尾布分[49]。尔乃大和[50]隆平[51]，万国肃清[52]。殊方[53]重译[54]，绝域[55]造庭[56]。四表[57]交会[58]，抱珍[59]远并[60]。杂沓[61]归谊[62]，集于春正[63]。玩[64]屈奇[65]之神怪[66]，显逸才[67]之捷武[68]。百僚[69]于时[70]，各命[71]所主[72]。方曲[73]既设，秘戏[74]连叙[75]。逍遥[76]俯仰[77]，节以韶鼓[78]。戏车[79]高橦[80]，驰骋百马[81]。连翩[82]九仞[83]，离合上下[84]。或以驰骋[85]，覆车颠倒[86]。乌获[87]扛鼎[88]，千钧若羽[89]。吞刃[90]吐火，燕躍[91]鸟峙[92]。陵高履索[93]，踊跃旋舞[94]。飞丸[95]跳剑[96]，沸渭[97]回扰[98]。巴渝[99]隈一[100]，逾肩[101]相受。有仙驾雀[102]，其形蚴虬[103]。骑驴驰射，狐兔惊走。侏儒巨人，戏谑为耦[104]。禽鹿六駮[105]，白象[106]朱首[107]。鱼龙[108]曼延[109]，巉崱[110]山阜[111]。龟螭[112]蟾蜍[113]，挈琴鼓缶[114]。（《艺文类聚》卷六十三居处部三"观"）

[校注]

〔1〕篇名分歧，除"平乐观赋"，另有二说。（1）"平乐馆赋"。见《隋书经籍志考证》卷三十九之二集部二之二。（2）"乐观赋"。见《文选》卷二、《六臣注文选》卷二张衡《西京赋》薛综注，《汉魏六朝百三名家集》卷十三《张衡集》注。案，《说文·食部》："馆，客舍也。从食官声。周礼，五十里有市，市有馆，馆有积，以待朝

---

① 力之（《〈全汉赋〉小补》，《黄冈师范学院学报》1999 年第 10 期）、程章灿（《魏晋南北朝赋史》，第 338 页）辑佚。邹阳《酒赋》："乃纵酒作倡，倾碗覆觞。"枚乘《七发》："乃下置酒于虞怀之宫。"刘胜《文木赋》："乃命班尔，载斧伐斯。"班固《两都赋》："乃动大路，遵皇衢，省方巡狩。"崔骃《七依》："乃导玄山之粱，不周之稻。""乃"均为文中承上启下之词，故"乃设平乐之显观"前当有缺失文句。"披典籍以论功，盖罔及乎大汉"论述汉国力之强，暂放之前。

聘之客。"段玉裁注："'馆'古假'观'为之。如《白虎通》引'于邲斯观'。又引《春秋》'筑王姬观于外'。沈约《宋书》曰：'阴馆前汉作观。后汉、晋作馆。'《东观余论》曰：'《汉书·郊祀志》作益寿延寿馆'。《封禅书》云：'作益延寿观'。《汉书》衍一'寿'字耳。自唐以前六朝时，凡今道观皆谓之某馆。至唐始定谓之观。……遗人职，凡宾客会同师役，掌其道路之委积。五十里有市，市有侯馆，侯馆有积。郑云：'侯馆，楼可以观望者也。'以观望释馆。《释名》曰：'观者，于上观望也。'"故"观"通作"馆"，《文选》卷八司马相如《上林赋》："虚宫馆而勿仞。"《史记》《汉书》俱作"观"，故"平乐观"又称"平乐馆"。《文选旁证》卷三业已辨正，当作"平乐观赋"，"乐观赋"当是脱"平"所致讹误。　平乐观，汉高祖时始建，武帝增修，在长安上林苑。《汉书》卷六《武帝纪》："元封六年夏，京师民观角抵于上林平乐观。"《文选》卷二张衡《西京赋》："大驾幸乎平乐，张甲乙而袭翠被。"薛综注："平乐馆，大作乐处也。"清汪文台辑，周天游校《七家后汉书·谢承后汉书》卷五："蔡邕等天下名才士人皆会，祖饯于平乐馆。"① 周天游辑注《八家后汉书辑注·司马彪续汉书》卷一："灵帝时，讲武平乐观。"② 可见平乐观是一个多功能场所。　作者分歧，除李尤外，另有二说。（1）李元。见《艺林汇考》栋宇篇之九，明焦周撰《焦氏说楛》（明万历刻本）卷五。（2）季尤。见《汉书疏证》卷二十八《万石卫直周张传》。案，当作"李尤"，"季""元"乃形近而讹。《九家集注杜诗》卷一古诗、《分门集注杜工部诗》卷十七《奉赠韦左丞丈二十二韵》"骑驴三十载"注："定功曰：'李尤有骑驴驰村，狐兔惊走。'"案，此句实为李尤《平乐观赋》文句"骑驴驰射，狐兔惊走"。

〔2〕披：披阅。

〔3〕典籍：记载古代典章制度之图书。孔安国《尚书序》："及秦始皇灭先代典籍，焚书坑儒，天下学士逃难解散。"

〔4〕论功：评定功绩大小。

〔5〕盖：句首词，表推测。

〔6〕罔及乎：没有（哪个朝代）赶得上。

〔7〕大汉：汉代或汉族之尊称。班固《封燕然山铭》："下以安固后嗣，恢拓境宇，振大汉之天声。"

---

① 清汪文台辑，周天游校《七家后汉书》，河北人民出版社，1987，第94页。
② 周天游辑注《八家后汉书辑注》，第309页。

〔8〕"设"，佚名撰《汉书疏证》（清抄本）卷三《武帝纪》第六作"误"。案，《说文·言部》："误，谬也。""设，施陈也。"故当作"设"，"误"乃形近而讹。

〔9〕"章"，《水经注》卷十六作"竟"。案，《说文·音部》："章，乐竟为一章。""章"有使显著义。《国语》卷三："夫见乱而不惕，所残必多，其饰弥章。"韦昭注："章，著也。"《说文·音部》："竟，乐曲尽为竟。""竟"有周遍义。《汉书》卷九十九上《王莽传上》："恩施下竟同学。"颜师古注："竟，周遍也。"二者于义均通。章：彰显。

〔10〕"祕"为"秘"之异体。《文选》卷二张衡《西京赋》："祕舞更奏，妙材骋伎。"薛综注："祕，言希见为奇也。""玮"，《水经注》卷十六，《玉海》卷一百六十六宫室，《历代帝王宅京记》卷九，《佩文韵府》卷七十四之三作"伟"。案，《说文·人部》："伟，奇也。"段玉裁注："玄应曰：《埤苍》作'玮'。"祕玮：希见奇玮。

〔11〕奇珍：罕见之珍贵物品。《汉书》卷五十三《景十三王传·江都易王刘非传》："遣人通越繇王闽侯，遗以锦帛奇珍。"

〔12〕习禁武：习熟禁中武事。

〔13〕《玉篇·言部》："讲，习也。"《左传》卷三隐公五年："故春蒐，夏苗，秋狝，冬狩，皆于农隙以讲事也。"《周礼》卷八："冬祭马步，献马，讲驭夫。"郑玄注："讲犹简习。"

〔14〕厌：伏也。《左传》卷五十二昭公二十六年："将以厌众。"《汉书》卷六十九《赵充国辛庆忌传》："折冲厌难。"颜师古注："厌，抑也。未有祸难之形豫胜之也。"

〔15〕"羁"，《玉海》卷一百六十六宫室作"属"。案，《说文·厂部》："厌，一曰合也。"《说文·尾部》："属，连也。"段玉裁注："凡异而同者曰属。"羁，本义为马笼头，引申为束缚。故二者于义均通。不羁（属）：未臣服于汉者。

〔16〕遐邻：远方之邻国。此两句意为：习熟禁中武事，讲求战胜策略，慑服尚未臣服于汉之远方邻国。意类《平乐观铭》"骋武舒秘，以示幽荒"。

〔17〕制：成法，规制。

〔18〕《说文·林部》："鬱，木丛生者。"段玉裁注："《诗·秦风》：郁彼北林。毛曰：'郁，积也。'"

〔19〕崔嵬：高貌。

〔20〕离娄：众木交加之貌。《文选》卷十一王延寿《鲁灵光殿赋》："嵚崟离搂。"李善注："离搂，众木交加之貌。"

〔21〕赫：盛也。《诗经》卷十六《大雅·大明》："赫赫明明。"毛亨传："赫赫然，盛也。"

〔22〕岩岩：险峻貌。

〔23〕"嶺"，《汉魏六朝百三名家集》卷十五汉李尤集，《历代赋汇》卷七十四宫殿，《骈字类编》卷十二天地门十二，《全后汉文》卷五十，《佩文韵府》卷七之九作"岭"。案，《说文·山部》："峇，山之岑崟。"《康熙字典·山部》："嶺，《集韵》鄂格切，同峇。峇嶺，山高貌。"木华《海赋》："启龙门之峇嶺。"《说文新附·山部》："岭，山道也。"故当作"嶺"，"岭"乃形近而讹。

〔24〕纷：众多。

〔25〕电影：电光。

〔26〕"纡"，本作"盱"，据《汉魏六朝百三名家集》卷十五汉李尤集，《历代赋汇》卷七十四宫殿，《骈字类编》卷十二天地门十二，《渊鉴类函》卷三百四十三居处部四，《佩文韵府》卷七之九改；清顾炎武撰《音学五书·唐韵正》卷六，《全后汉文》卷五十作"盱"。案，《说文·系部》："纡，诎也。"《说文·言部》："诎，诘诎也。"段玉裁注："二字双声，屈曲之意。"《说文·目部》："盱，张目也。"《集韵》："盰，日始旦也。或作晇。"又《汉书》卷八十五《谷永杜邺传》："故又广盰营表。"晋灼注曰："'盰'音吁，大也。"清王太岳撰《四库全书考证》（清武英殿聚珍版丛书本）卷九十四集部《汉魏六朝百三名家集》上："《平乐观赋》'纷电影以盘纡'，刊本'纡'讹'盱'，据《赋汇》改。"故当作"纡"，"盱""盰"为形、音近而讹。盘纡：迂回曲折貌。司马相如《子虚赋》："其山则盘纡弗郁。"李善注："盘纡，交互屈曲反复皃。"

〔27〕弥：遍，周遭。

〔28〕"博敞"，《玉海》卷一百六十六宫室作"广敷"。案，"广敷"一般后面带宾语，如"更望陛下宥广敷恩"。但也有如《赋苏伯修滋溪书堂》："林畴广敷润，草木俱繁荣。"故二者于义均通。"广敷"在横向方面更能突出平原之宽广无边。"博敞"则从纵向角度突出空间感。王延寿《鲁灵光殿赋》："迢嶤倜傥，丰丽博敞。洞轇辕乎，其无垠也。"曹丕《登城赋》："逍遥远望，乃欣以娱。平原博敞，中田辟除。"此句言平乐观周遭平原一望无际，视野开阔，给人心旷神怡之感。

〔29〕处：位于。

〔30〕"商"，《汉书疏证》卷三《武帝纪》第六作"商"。案，商，二十八宿之一，即心宿。唐颜元孙撰《干禄字书》（明夷门广牍本）平声："'商'、'商'，上俗下正。"认为"商"为"商"之异体字。金商：西方，此处指汉东京洛阳西门。《文

选》卷三张衡《东京赋》："抗义声于金商。"薛综注："金商，西门名也。（中略）西为金，主义，音为商，若秋气之杀万物，抗天子德义之声，故立金商门于西。"

〔31〕"维"，《玉海》卷一百六十五宫室作"襍"。案，《说文·糸部》："维，车盖维也。"段玉裁注："引申之凡相系者曰维。"《说文·衣部》："襍，五采相合也。"故当作"维"，"襍"乃形近而讹。"陬"，《玉海》卷一百六十五宫室作"跛"。《文选》卷二、《六臣注文选》卷二张衡《西京赋》薛综注，《汉书疏证》卷三《武帝纪》作"限"；《玉海》卷一百六十六作"陈"。案，《说文·阜部》："陬，阪隅也。""陈，宛丘也。舜后妫满之所封。"段玉裁注："'陈'本大皞之虚。正字。俗假为'敶'列之'敶'。'陈'行而'敶'废矣。"《说文·阜部》："限，阻也。"段玉裁注："《广韵》：'度也、齐也、畍也。'皆其引申之义。"故当作"陬"。"限""陈"当是形近而讹，"跛"存疑。维陬：角隅，方位。

〔32〕累：《说文·糸部》"累，缀得理也"。段玉裁注："缀者，合箸也。合箸得其理，则有条不紊。是曰累。"此处当是有条不紊地层层累积。

〔33〕鳞次：像鱼鳞般密而有序地排列。

〔34〕"承"，《御选唐诗》卷十一五言律杜审言《梨园亭侍宴应制》，《骈字类编》卷一百四十五采色门十二，《佩文韵府》卷二十六之七作"成"。案，《说文·手部》："承，奉也，受也。"段玉裁注："凡言承受、承顺、承继。又《鲁颂》传曰：'承，止也，皆奉之训也。凡言或承之羞、承之以剑皆相付之训也。'"《说文·戊部》："成，就也。"故均可。

〔35〕岩峣：危高貌。

〔36〕翠楼：华丽楼阁。

〔37〕"房"，《焦氏说楛》卷五，《艺林汇考》栋宇篇之九作"庭"。案，《说文·广部》："庭，宫中也。"《说文·户部》："房，室在旁也。"段玉裁注："凡堂之内，中为正室，左右为房，所谓东房西房也，引申之俎亦有房。焦氏循曰：'房必有户以达于堂，又必有户以达于东夹西夹，又必有户以达于北堂。'"故当作"房"。"庭"当是涉后之"洞庭湖"而讹。洞房：深邃之内室。

〔38〕"转"，《纬略》卷五，《太平御览》卷一百八十八居处部十六，元李翀撰《日闻录》（清守山阁丛书本），《焦氏说楛》卷五，《艺林汇考》栋宇篇之九作"辅"。案，《说文·门部》："闳，门也。"《博雅》："闳谓之门。"《诗经》卷五《齐风·东方六日》："彼姝者子，在我闳兮。"毛传："闳，门内也。"《释文》："闳，他达反。韩诗云：'门屏之间曰闳。'"又《韵会》："汉号禁门曰黄闳。"《汉书》卷四十一《樊郦滕

灌传靳周传》：“唅乃排闼直入。”颜师古曰：“闼，宫中小门也。一曰门屏也。”故当作“转”，“辅”乃形近而讹。

〔39〕“环”，《纬略》卷五，《日闻录》，《焦氏说楛》卷五作“镮”。案，《说文·玉部》：“环，璧也，肉好若一谓之环。”段玉裁注：“古者还人以环，亦瑞玉也。郑注经解曰：‘环取其无穷止，肉旧衍也字……环引伸为围绕无端之义，古只用‘还’。”《正字通》卷十一：“凡圆郭有孔，可贯系者谓之镮。”《说文通训定声》以“镮”为“环”之异体字。金环：金属门环。

〔40〕华铺：华美之铺首。

〔41〕洛滨：洛水涯畔。

〔42〕“陵”，《玉海》卷一百六十六宫室作“邻”。案，宋陈彭年撰《重修广韵》（四部丛刊景宋本）卷一：“鄰，俗作‘隣’。”《说文·邑部》：“邻，五家为邻。”段玉裁注：“引伸为凡亲密之称。”《说文·自部》：“陵，大自也。”段玉裁注：“《释地》《毛传》皆曰：‘大阜曰陵。’《释名》曰：‘陵，隆也，体隆高也。’按引申之为乘也、上也、躐也、侵陵也、陵夷也，皆‘夌’字之假借也。夊部曰：‘夌，越也。一曰夌，徲也，夌徲即陵夷也。’”《全汉赋校注》释为：“‘陵’通‘凌’，高于。”[1] 上文为“南切洛滨”。《说文·刀部》：“切，刌也。”段玉裁注：“古文礼刌肺。今文刌为切。引伸为迫切。”“邻”为上，靠近之义。

〔43〕“芒”，本作“仓”，《汉魏六朝百三名家集》卷十五汉李尤集作“苍”。案，《水经注》卷二十六：“沭水自阳都县又南会武阳沟水，水东出仓山，山上有故城，世谓之监官城，非也。即古有利城矣。”查谭其骧《中国历史地图集》第二册，利城在徐州，远离洛阳。而苍山则在云南境内，故平乐观不可能北邻苍山和仓山。应该是北邻芒山。《全汉赋校注》释为：“仓山，青山。”[2] 龚克昌《全汉赋评注》亦释作：“仓山，青山。‘仓’通‘苍’。”[3] 上文为“南切洛滨”，其“洛滨”为实指，故下文不当是泛指性之青山，而是确指芒山。不作“苍”“仓”，而应作“芒”。“苍”与“芒”形近而讹，“仓”与“苍”音同形近而讹。

〔44〕龟池：平乐观周边水池名。

〔45〕泱漭：水势浩瀚，广大无际貌。张衡《西京赋》：“山谷原隰，泱漭无疆。”

〔46〕榛榛：草木丛生芜杂貌，此处指果树林木种类众多，长势茂盛。《汉书》卷

① 费振刚、仇仲谦、刘南平校注《全汉赋校注》，第580页。
② 费振刚、仇仲谦、刘南平校注《全汉赋校注》，第580页。
③ 龚克昌评注《全汉赋评注》，第371页。

五十七下《司马相如传下》："观众树之蓊薆兮，览竹林之榛榛。"

〔47〕《史记》卷一百二十三《大宛列传》："及得大宛汗血，益壮，更名乌孙马曰'西极'，名大宛马曰'天马'云。"天马本指西域大宛所产良马，后凡骏马亦称之。

〔48〕沛艾：马匹奔驰时，姿态雄健伟俊貌。张衡《东京赋》："六玄虬之弈弈，齐腾骧而沛艾。"

〔49〕鬣尾布分：马奔跑时，马颈、尾部毛飞扬状。

〔50〕"大"，《历代赋汇》卷七十四宫殿，《全后汉文》卷五十，《渊鉴类函》卷三百四十三居处部四作"太"。案，"太"通"大"。大和：太平盛世。曹植《七启》："吾子为太和之民，不欲仕陶唐之世乎？"

〔51〕隆平：昌盛太平。

〔52〕肃清：乱事削平，纲纪整饬。

〔53〕殊方：异域。

〔54〕重译：辗转翻译。《史记》卷六十《三王世家》："远方殊俗，重译而朝，泽及方外。"

〔55〕绝域：隔绝难通，边远之地。《后汉书》卷四十七《班梁列传》："臣伏自惟念，卒伍小吏，实愿从谷吉效命绝域。"

〔56〕造庭：到达汉朝廷。

〔57〕四表：四方之外。《尚书》卷一《尧典》："允恭克让，光被四表，格于上下。"

〔58〕交会：聚集、会合。南北朝沈约撰《宋书》（清乾隆武英殿刻本）卷九十七列传第五十七："四海流通，万国交会。"

〔59〕抱珍：抱持进献奇珍异宝。

〔60〕远并：遥远之异域均来并入汉王朝。

〔61〕杂沓：杂乱、纷乱。

〔62〕归谊：即"归义"，附归仁义，此处指前来朝见汉王。《史记》卷一百二十六《滑稽列传》褚少孙补《东方朔传》："远方当来归义，而驺牙先见。"

〔63〕春正：正月。

〔64〕玩：戏。

〔65〕屈奇：奇异。《汉书》卷五十三《景十三王传》："谋屈奇，起自绝。"

〔66〕神怪：神仙鬼怪或荒谬无稽、奇异难解之事物。《汉书》卷二十五上《郊祀志上》："齐人之上疏言神怪奇方者以万数。"

〔67〕逸才：卓越出众之才艺。

〔68〕捷武：捷巧勇武。王褒《洞箫赋》："状若捷武，超腾逾曳。"

〔69〕百僚：百官。《尚书》卷二《皋陶谟》："百僚师师，百工惟时。"《诗经》卷十三《小雅·大东》："私人之子，百僚是试。"

〔70〕于时：在此。《诗经》卷十七《大雅·公刘》："京师之野，于时处处，于时庐旅，于时言言，于时语语。"

〔71〕命：领命管理。

〔72〕所主：所守，所主管。

〔73〕方曲：四方之曲调。王彦龙释为"竹织方扇，多用以障面，表演杂技时用以保护面部，或增加秘戏的神秘感"①。

〔74〕秘戏：希见奇巧之戏弄。

〔75〕"连叙"，《渊鉴类函》卷一百八十七乐部四作"运奇"。案，"连叙""运奇"于义均通。考其用韵："玩屈奇之神怪，显逸才之捷武（鱼部韵）。百僚于时，各命所主（侯部韵）。方曲既设，秘戏连叙（鱼部韵）。逍遥俯仰，节以鼗鼓（鱼部韵）。""奇"为歌部韵，故"连叙"为上。连叙：相连接续。

〔76〕逍遥：自由自在，不受拘束，从容自如。《庄子》杂篇《让王笫二十八》："逍遥于天地之间，而心意自得，吾何以天下为哉！"

〔77〕俯仰：举止动作。《史记》卷七十九《范雎蔡泽传》："未敢言内，先言外事，以观秦王之俯仰。"

〔78〕节以鼗鼓：以鼗鼓声为和乐之节。晋郭璞撰《尔雅》（四部丛刊景宋本）卷中："和乐谓之节。"鼗鼓：一种摇鼓。

〔79〕戏车：《汉书》卷四十六《万石卫直周张传》："（绾）以戏车为郎，事文帝。"颜师古注："若今弄车之技。"

〔80〕"橦"，《北堂书钞》卷一百一十二乐部八作"撞"。案，《说文·木部》："橦，帐极也。"段玉裁注："帐屋高处也。宋本、叶抄本、小徐本作帐柱。按《西京赋》：'都卢寻橦。'谓植者也。"《说文·手部》："撞，卂捣也。"故当作"橦"，"撞"乃形近而讹。

〔81〕驰骋百马：意思类同于《文选》卷二张衡《西京赋》"百马同辔，骋足并驰"。薛综注："于橦子作其形状。善曰：'陆贾《新语》曰：楚平王增驾，百马同行也。'"

〔82〕连翩：连续不断，此处指迅捷上下。

---

① 王彦龙：《李尤研究及〈李尤集〉校注》，西北大学硕士学位论文，2015，第57页。

〔83〕"伣"，《汉魏六朝百三名家集》卷十五汉李尤集作"沿"。案，《说文·人部》："伣，伸臂一寻，八尺。"《说文·水部》："沿，沿水也。"故当作"伣"，"沿"乃形近而讹。

〔84〕离合上下：上下运动过程中与戏车、高橦时分时合。

〔85〕或以驰骋：有时策马奔驰。

〔86〕覆车颠倒：此处指技艺出神入化，在马车高速行进时能侧翻（一边车轮着地）、反向（车头车尾互换，倒退）驾驶。和林格尔东汉时期墓葬壁画中《舞乐百戏图》有独轮车表演，覆车颠倒抑或独轮车表演时表演者灵活转换车轮或身体方向，或进或退，或左或右，甚至连车带人翻转、反转。《中国历代名赋大观》《全汉赋校注》释为"有时表演驰骋状时，（因失误，致使）人仰车翻"①。

〔87〕乌获：战国时大力士，此处指大力士。

〔88〕扛鼎：举鼎。

〔89〕千钧若羽：举起千钧就像举起羽毛一样轻松，形容神力超凡。钧：古时称量单位，一钧等于三十斤。千钧形容非常重。《淮南鸿烈》卷九《主术训》："夫乘众人之智，则无不任也。用众人之力，则无不胜也。千钧之重，乌获不能举也？"

〔90〕"刃"，《历代赋汇》卷七十四宫殿作"刀"。案，《说文·刀部》："刃，刀鉴也。""刀，兵也。"本当作"刀"，但在文献中，多有以"刃"代指刀。《孟子》卷一上《梁惠王上》："杀人以梃与刃，有以异乎？"《庄子》外篇《秋水第十七》："白刃交于前，视死若生者，烈士之勇也。"《淮南鸿烈》卷十三《泛论训》："铸金而为刃。"故二者均可。

〔91〕"濯"，《历代赋汇》卷七十四宫殿作"濯"。案，《说文·水部》："濯，瀚也。"《说文·足部》："躍，迅也。"燕濯：古代杂技名。《文选》卷二张衡《西京赋》："冲狭鷰濯，胸突铦锋。"薛综注："燕濯，以盘水置前，坐其后，踊身张手跳前，以足偶节逾水，复却坐，如燕之浴也。"故二者均可，"濯"为上。

〔92〕"峙"，《汉魏六朝百三名家集》卷十五汉李尤集，《历代赋汇》卷七十四宫殿，《渊鉴类函》卷三百四十三居处部四，《佩文韵府》卷三十七之一作"跱"。案，《类篇》："跱，行不进。"《正韵》："与'峙'同。"《集韵》："'峙'或作'跱'。"清阮元撰《经籍籑诂》（清嘉庆阮氏琅嬛仙馆刻本）卷三十四下上声："'峙'或作

---

① 王飞鸿主编《中国历代名赋大观》，第 193 页。费振刚、仇仲谦、刘南平校注《全汉赋校注》，第 580 页。

'跱'。"故二者均可。吞刃、吐火、鸟峙：杂技名。

〔93〕"履索"，《书叙指南》卷九："踏软索曰履索。"

〔94〕"踊"，《渊鉴类函》卷三百四十三居处部四，《佩文韵府》卷七十一之二、卷九十九之六作"踼"。案，《说文·足部》："踊，跳也。""踼"为"踊"之异体字。踊跃旋舞：跳跃旋转舞动。

〔95〕"丸"，《正字通》卷四作"几"。案，据出土汉画像砖上飞丸图像，当作"丸"，"几"乃形近而讹。

〔96〕"跳"，《正字通》卷四，《古今通韵》卷八作"跃"。案，《乐书》卷一百八十七乐图论"汉世有跳剑伎"。汉刘梁《七举》："秦俳赵舞，奋袖低仰。跳丸跃剑，腾虚蹈空。"故二者于义均通。

〔97〕沸渭：盛疾貌。

〔98〕回扰：指丸、剑回转不息。

〔99〕"巴"，《汉魏六朝百三名家集》卷十五汉李尤集，《历代赋汇》卷七十四宫殿，《佩文韵府》卷十六之二作"色"。案，《尚书》卷十一《牧誓》孔颖达疏："巴在蜀之东偏。"《玉篇·巴部》第五百一十九："巴，国名。"《左传》卷七桓公九年："巴子使韩服告于楚。"注："巴，国，在巴郡江州县。"《汉书》卷二十八上《地理志第八上》："巴郡，秦置，属益州。"故当作"巴"，"色"乃形近而讹。"渝"，《古今通韵》卷八作"渝"。案，《说文·水部》："渝，一曰渝水，在辽西临渝，东出塞。"段玉裁注："辽西郡临渝，二志同。临渝故城无考。前志临渝下曰：'渝水，首受白狼，东入塞外。又有侯水，北入渝。'同郡交黎县下曰：'渝水，首受塞外。南入海。'按《水经注·辽水篇》详白狼水、渝水、候水，今渝水未详。《一统志》于永平府曰：'古今水道变迁，所当阙疑。'"《说文·水部》："渝，小波为渝。"故当作"渝"，"渝"乃形近而讹。巴渝：巴渝乐舞。《汉书》卷九十六下《西域传下》："作巴俞都卢。"颜师古注："巴人，巴州人也。俞，水名，今渝州也。巴俞之人，所谓賨人也，劲锐善舞，本从高祖定三秦有功，高祖喜观其舞，因令乐人习之，故有巴俞之乐。"

〔101〕"隈"，《古今通韵》卷八作"猥"。案，《说文·犬部》："猥，犬吠声。"《诗经》卷十七《大雅·卷阿》笺："贤者则猥来就之。"孔颖达疏："猥者，多而疾来之意。"《汉书》卷二十九《沟洫志第九》："水猥盛，则放溢。"颜师古注："猥，多也。"《说文·自部》："隈，水曲，隩也。"两者于义均通，"猥"为上。

〔101〕"肩"，《韵补》卷三上声，《正字通》卷四作"眉"。案，当作"肩"，表示舞蹈摩肩接踵之盛况。"眉"乃形近而讹。

〔102〕"雀",《正字通》卷九作"鹤"。案,"鹤""雀"于义均通,然此处"有仙驾鹤"仅一见,盖本当作"雀",因后仙人骑鹤之说盛行,遂作"鹤"。有仙驾雀:有仙人驾驭神雀。

〔103〕"虬",《正字通》卷九,《历代赋汇》卷七十四宫殿作"蚪";《古今通韵》卷八作"蟜";《渊鉴类函》卷三百四十三居处部四作"蚪"。案,《重修广韵》卷三:"蚴蟉,龙皃。"《文选》卷八司马相如《上林赋》:"青龙蚴蟉于东厢。"郭璞曰:"蚴蟉,龙行貌也。"《说文·虫部》:"虬,龙子有角者。""蚪"为"虬"之异体字。《说文·虫部》:"蟜,虫也。"《韵会》卷十四上声:"夭蟜,龙貌。"王延寿《鲁灵光殿赋》:"旁夭蟜以横出。"《重修广韵》卷二:"蝌蚪,虫名。"故"虬""蚪""蟜"于义均通。其中以"虬""蚪"为胜,形容为龙貌。"蚪"指蝌蚪,可排除。考其用韵:"巴渝隈一,逾肩相受(幽部韵)。有仙驾雀,其形蚴虬(幽部韵)。骑驴驰射,狐兔惊走(侯部韵)。""蟜"为宵部韵,"蚪"为侯部韵,"虬"为幽部韵,"蟜"可排除,故当作"虬""蚪"。蚴虬:夭矫飞动貌。

〔104〕侏儒巨人,戏谑为耦:侏儒巨人利用其生理特点,相互配合戏耍,以娱观众。

〔105〕"駮",清胡承珙撰《毛诗后笺》(清道光刻本)卷十一作"驳"。案,《说文·马部》:"駮,兽,如马,倨牙,食虎豹。"《说文·马部》:"驳,马色不纯。"故"駮"为上,"驳"于义亦通。六駮:兽名,亦省称"駮"。晋左思《吴都赋》:"蓦六驳,追飞生。"

〔106〕"象",《汉魏六朝百三名家集》卷十五汉李尤集,《毛诗后笺》卷十一,《骈字类编》卷一百数目门二十三,《佩文韵府》卷五十五之一、卷九十二之三作"舄"。案,《说文·鸟部》:"舄,誰也。"二者于义均通。《宋书》卷二十八志第十八:"白象者,人君自养有节则至。"

〔107〕"朱",《全后汉文》卷五十作"失"。案,《全后汉文》所据《艺文类聚》作"朱"。《七家后汉书·谢承后汉书》卷二:"永宁元年,西南夷掸国王献乐及幻人,能吐火,自支解,易牛马头。"则"白象失首"亦有可能是幻术的一种。"白舄朱首"则可能是形容"禽鹿六駮"异于常态的外表。

〔108〕颜师古曰:"鱼龙者,为舍利之兽,先戏于庭极,毕乃入殿前激水,化成比目鱼,跳跃漱水作雾障日,毕,化成黄龙八丈,出水敖戏于庭,炫耀日光。"

〔109〕"曼",《毛诗古音考》卷二作"蔓",《汉魏六朝百三名家集》卷十五汉李尤集作"夢"。案,"夢"为"曼"之异体字。《说文·又部》:"曼,引也。"《说

文·艸部》："蔓，葛属也。"段玉裁注："此专谓葛属，则知'滋蔓'字古只作'曼'。正如'蔓延'字多作'莚'。"故本当作"曼"。曼延，亦作"曼莚"：一种古代巨兽。形似狸，长百寻。古代亦仿之为百戏节目。《汉书》卷九十六下《西域传下》："设酒池肉林以飨四夷之客，作巴俞都卢、海中砀极、漫衍鱼龙、角抵之戏以观视之。"颜师古注曰："漫衍者，即张衡《西京赋》所云'巨兽百寻，是为漫延'者也。"

〔110〕崀崿：曲折延伸貌。

〔111〕山阜：山岭。此当指鱼龙舞动所涉及地盘之广。

〔112〕"螭"，《毛诗古音考》卷二作"蠼"。案，《说文·虫部》："螭，若龙而黄，北方谓之地蝼。""蠼"仅此一见，姑存疑。

〔113〕蟾蜍：动物名，两栖纲无尾目蟾蜍科。体型肥大，性迟缓，不能鸣，常栖于阴湿之地，皮肤有疣，可分泌毒液（龟螭蟾蜍为人所饰演）。

〔114〕挈琴鼓缶：弹琴击缶。缶：瓦器，所以盛酒浆，秦人鼓之以节歌。

3. 长乐观赋[1]

（1）戏车山车[2]，兴云动雷[3]。（《初学记》卷十五乐部上"杂乐第二"）

（2）激水转石[4]，嗽雾[5]扛鼎[6]。（《初学记》卷十五乐部上"杂乐第二"）

[校注]

〔1〕句（1）存在篇名之争。其一，《长乐观赋》。见《初学记》卷一五乐部上，《文献通考》卷一百四十七乐考二十，《说略》卷十一，《渊鉴类函》卷一百八十七乐部四。其二，《平乐观赋》。见《乐书》卷一百八十六乐图论，《太平御览》卷五百六十九乐部七。案，李尤《平乐观赋》"方曲既设，秘戏连叙。逍遥俯仰，节以鞀鼓。戏车高橦，驰骋百马"有戏车内容，故将该段属于《长乐观赋》。句（2），《乐书》卷一百八十六乐图论作"李尤《长乐宫词》"。

〔2〕山车：汉郑玄注《礼记》（四部丛刊景宋本）卷七"山出器车"，孔颖达疏引《礼纬斗威仪》："'其政大平，山车垂钩。'注云：'山车，自然之车。'"《太平御览》卷七百七十三："《孝经援神契》曰：'虞舜德盛于山陵，故山车出。山者，自然之物也，山藏之精。'"《后汉书》志第二十九舆服上："秦并天下，阅三代之礼，或曰殷瑞

山车，金根之色。"刘昭注："殷人以为大路，于是始皇作金根之车。殷曰乘桑根，秦改曰金根。"此处当指一种杂技游戏用车。

〔3〕"云"，《文献通考》卷一百四十七乐考二十，《渊鉴类函》卷一百八十七乐部四，脱；《说略》卷十二作"雨"。案，《诗经》卷十四《小雅·大田》："有渰萋萋，兴雨祈祈。"郑玄笺："古者阴阳和，风雨时，其来祈祈然而不暴疾。"《孟子》卷一《梁惠王上》："天油然作云，沛然下雨。"赵岐注："油然，兴云之貌。"故"兴云""兴雨"均通。然此处当指车之多，远望如云覆盖，故"云"为上。兴云动雷：戏车山车声响气势浩大，震耳欲聋，变幻莫测，似兴云动雷之状。

〔4〕激水转石：为百戏名目。

〔5〕"嗽"，《渊鉴类函》卷一百八十七乐部四作"漱"；《乐书》卷一百八十六乐图论作"嗽"。案，《说文·欠部》："欸，吮也。"段玉裁注："含吸曰欸。""嗽"为"欸"的异体字。《说文·水部》："漱，荡口也。"段玉裁注："漱者，欸之大也。荡口者，吮刷其口中也。《曲礼》：'诸母不漱裳。'假'漱'为'涑'也。"嗽雾：《初学记》卷二天部下引东方朔《十洲记》曰："汉武帝天汉中，回胡国献猛兽。使者曰：'猛兽之出，生昆仑，或出玄圃，食气饮雾，解人语。当其神也，立起风云，吐嗽雾露，百邪逬走，因名猛兽。'"此处指模仿猛兽吐嗽雾露之戏。

〔6〕扛鼎：举鼎，形容勇力过人。《史记》卷七《项羽本纪》："籍长八尺余，力能扛鼎，才气过人。"

4. 东观赋[1]

（1）永平[2]持纲[3]，建初[4]考练[5]。暨[6]我圣皇[7]，濊协[8]剖判[9]。（《韵补》卷四去声"判"注）①

（2）润色枝叶，繁茂荄根[10]。万品[11]鳞萃[12]，充此林川[13]。（《韵

---

① "永平持纲，建初考练。暨我圣皇，濊协剖判"回顾历史，宣扬政治隆盛。李尤《平乐观赋》叙述顺序为：建观缘由、政治兴盛→平乐之制→鱼池、果林→政治效果→乐舞秘戏。写政治的部分可放在最初，也可放在写鱼池、果林之后。考其用韵，"永平持纲，建初考练。暨我圣皇，濊协剖判"，"练""判"为元部韵。写果木部分的"润色枝叶，繁茂荄根。万品鳞萃，充此林川""敷华实于雍堂，集干质于东观"，"根"为文部韵，"川""观"同为元部韵。而"集干质于东观。东观之艺"之间属顶针式连接，中间不宜补入，故该句可放在写果木之前。《艺文类聚》所载文句，"前望云台，后匝德阳"与"道无隐而不显，书无阙而不陈"意思上不连贯，"阳"为阳部韵，"陈"为真部韵，用韵也不一致，中间疑有阙句。

补》卷二下平声"根"注）①

（3）敷[14]华实[15]于雍堂[16]，集[17]干质[18]于东观[19]。东观之藝[20]，孽孽[21]洋洋[22]。上承[23]重阁[24]，下属[25]周廊[26]。步[27]西蕃[28]以徙倚[29]，好[30]绿树之成行。历[31]东厢[32]之敞座[33]，庇[34]蔽芾[35]之甘棠[36]。前[37]望云台[38]，后匝[39]德阳[40]。道无隐而不显[41]，书无阙而不陈[42]。览[43]三代[44]而采宜[45]，包[46]郁郁[47]之周文[48]。（《艺文类聚》卷六十三"观"）

（4）臣虽顽卤[49]，慕[50]《小雅·斯干》叹咏之美[51]。（《文选》卷二十三刘公幹《增五官中郎将》注）②

［校注］

〔1〕《全后汉文》卷五十载（3）（4）。《全汉赋》《全汉赋评注》《全汉赋校注》将（4）放在文末。程章灿辑（1）（2）。《全汉赋校注》后补列（1）（2）。

〔2〕永平：汉明帝刘庄年号。

〔3〕持纲：执持政纲。

〔4〕建初：汉章帝刘炟年号。

〔5〕考练：考选。

〔6〕暨：至也。

〔7〕我圣皇：作赋时在位之汉和帝刘肇。李尤《东观赋》作于汉和帝永元十三年（101）③。

〔8〕"濈"，《正字通》卷一作"戢"。案，《说文·水部》："濈，和也。"《说文·戈部》："戢，藏兵也。"《说文·劦部》："协，众之同和也。"故当作"濈"，"戢"乃

---

① 该句描写树木。原文写林木者："敷华实于雍堂，集干质于东观""步西蕃以徙倚，好绿树之成行。历东厢之敞座，庇蔽芾之甘棠。"自"东观之藝，孽孽洋洋"至"后匝德阳"均为阳部韵，且文意连贯，中间不宜补入。该句可补在"敷华实于雍堂，集干质于东观"前后。"万品鳞萃，充此林川"是总说性的文句，常理先言枝叶，再言果实。先总说，后分述。"充此林川"之"川"为元部韵，"集干质于东观"之"观"为元部韵，故试将该句补在"敷华实于雍堂"前。力之《〈全汉赋〉小补》（《黄冈师范学院学报》1999年第10期）有辑佚。
② 该句与诗书相关，不妨将其放在陈述东观藏书之后，但其文为散句，亦不非除为赋序部分内容。
③ 彭春艳：《汉赋系年考证》，第173页。

音同形近而讹。渫协：和同。

〔9〕剖判：分析剖辨。

〔10〕"润色枝叶，繁茂荄根"：指东观之圣德光辉让周围树木枝叶润泽，草木根繁叶盛，益然生辉。《说文·艸部》："荄，艸根也。"

〔11〕万品：万物，万类。《尹文子·大道下》："过此而往，虽弥纶天地，笼络万品，治道之外，非群生所餐挹，圣人错而不言也。"

〔12〕鳞萃：聚集众多。《文选》卷二张衡《西京赋》："瑰货方至，鸟集鳞萃。"薛综注："奇宝有如鸟之集、鳞之萃也。"

〔13〕充此林川：遍布山林川泽。

〔14〕敷：布也。

〔15〕华实：甜美之果实，喻指杰出人才。

〔16〕雍堂：辟雍。

〔17〕集：会集。

〔18〕干质：树干，喻指国之栋梁。

〔19〕东观：汉时皇家藏书楼，在洛阳南宫，亦是宫中著述和修史之地。此两句讲国家招纳、会集各类杰出人才在辟雍和东观。

〔20〕"藝"，《汉魏六朝百三名家集》卷十五作"萩"；《全后汉文》卷五十作"蓻"。案，《说文·卂部》："埶，种也。"段玉裁注："唐人'树埶'字作'蓻'，'六埶'字作'藝'，说见《经典释文》。然'蓻'、'藝'字皆不见于《说文》。周时六'藝'字盖亦作'埶'。儒者之于礼乐射御书数、犹农者之树埶也。""萩"为"藝"之异体字。东观之藝：东观之人才文艺。

〔21〕孼孼：《诗经》卷三《卫风·硕人》"庶姜孼孼，庶士有朅"，毛传"孼孼，盛饰"。

〔22〕洋洋：美善、充满貌。

〔23〕承：连接。

〔24〕重阁：重重楼阁。

〔25〕属：前后相连。

〔26〕"周廊"，《玉海》卷一百六十六宫室作"县用顺"。案，与上文"重阁"相对当作"周廊"，指回廊。

〔27〕步：行也。

〔28〕西蕃：东观西边草木繁茂之地。

〔29〕徙倚：徘徊，流连。

〔30〕好：喜欢。

〔31〕历：经过。

〔32〕东厓：东边厓际。

〔33〕敞座：四围无墙之座位。

〔34〕庇：荫也，覆庇。

〔35〕"苄"，本作"茅"，据《历代赋汇》卷七十四，《全后汉文》卷五十，《渊鉴类函》卷三百四十三居处部四改。案，《四库全书考证》卷九十四集部《汉魏六朝百三名家集》上："《东观赋》'历东厓之敞坐，庇蔽苄之甘棠'，刊本'苄'讹'茅'，据《赋汇》改。"故当作"苄"。蔽苄：茂盛遮蔽貌。《诗经》卷一《召南·甘棠》："蔽苄甘棠，勿翦勿伐。"朱熹《诗集传》卷一《采蘋》注："蔽苄，盛貌。"

〔36〕甘棠：棠梨别名。《诗经》卷一《召南》篇名。《诗序》："甘棠，美召伯也。"或以为南国之人，爱召穆公虎及其所曾憩息之树，因作是诗。

〔37〕"前"，《玉海》卷一百六十六宫室作"万"。案，与"后匝德阳"之"后"相应，当作"前"。

〔38〕云台，《汉书》卷二十五下《郊祀志下》"通天台"，颜师古曰："《汉旧仪》云：'云台高三十丈，望见长安城。'"云台在南宫。汉刘珍撰《东观汉记》（清武英殿聚珍版丛书本）卷十八列传十三："建初元年，诏逯入北宫虎观，南宫云台，使出《左氏大义》。"

〔39〕"匝"，《玉海》卷一百六十六宫室作"帀"；《全后汉文》卷五十作"帀"。案，《说文·帀部》："帀，周也，从反之而帀也，凡帀之属皆从帀。"金韩道昭撰《五音集韵》卷十五："'帀'俗作'匝'。"《说文·巾部》："帗，帛也。"故"帀""匝"均可。"帗"当是与"帀"形近而讹。

〔40〕德阳：德阳殿。

〔41〕"而"，《玉海》卷一百六十六宫室作"面"。案，当作"而"，"面"乃形近而讹。道无隐而不显：道（理也，众妙皆道也）无所隐藏，没有不显示的。《全汉赋校注》释为"言道路皆宽敞而引人注目"。[①]

〔42〕书无阙而不陈：书齐全不缺，没有不陈列的。

〔43〕览：通"揽"，撷取也。

---

① 费振刚、仇仲谦、刘南平校注《全汉赋校注》，第582页。

〔44〕三代：夏、商、周。

〔45〕"采"，《玉海》卷一百六十六宫室注作"来"。案，《诗经》卷十七《大雅·凫鹥》："凫鹥在沙，公尸来燕来宜。"毛传："宜，宜其事也。""采"于义亦通，然未见有连用之例。采宜：采纳适用典章制度等。

〔46〕包：包容。

〔47〕"郁"，《玉海》卷一百六十六宫室作"樆"。案，《论语·八佾》："周监于二代，郁郁乎文哉，吾从周。"《说文·木部》："樆，罗也。"段玉裁注："樆，赤罗也。陆机、郭璞皆云：'今之杨樆也。'实似梨而小，酢，可食。"故当作"郁"。郁郁：文采美盛貌。

〔48〕"周"，《玉海》卷一百六十六宫室作"禺"。案，《说文·由部》："禺，母猴属，头似鬼。"故当作"周"。周文：周代文化典籍制度。

〔49〕顽卤：愚昧且鲁钝。刘桢《赠五官中郎将诗》："小臣信顽卤，僶俛安能追。"

〔50〕慕：爱而习玩模范之。

〔51〕《小雅·斯干》：《诗经》卷十一《小雅》篇名，共九章。《诗序》："《斯干》，宣王考室也。"或亦指筑室既成而颂祷之诗。

5. 德阳殿赋[1]

（1）曰若[2]炎唐[3]，稽古作先[4]。於赫[5]圣汉[6]，抗德以遵[7]。（《韵补》卷二下平声"一先·遵"字注）

（2）上蝎蟠[8]其无际兮，状纡[9]回以周旋。开三阶而参会兮，错金银于两楹。（《韵补》卷一上平声"十七真·旋"字注）①

（3）开[10]三阶[11]而参会[12]，错[13]金银于[14]两楹[15]。入[16]青阳[17]而窥[18]总章[19]，历户牖[20]之所经。连璧组[21]之润漫[22]，杂[23]虹文[24]之蜿蜒[25]。动坎击而成响兮[26]，似金石之音声[27]。②尔乃[28]周阁迴迊[29]，峻楼临门[30]。朱阙[31]岩岩[32]，嵯峨概云[33]。青琐[34]禁门[35]，廊庑[36]翼

---

① "上蝎蟠其无际兮，状纡回以周旋。升三阶而参会兮，错金银于两楹"因与《艺文类聚》所载有重合部可补于"升三阶而参会兮，错金银于两楹"处。力之（《〈全汉赋〉小补》，《黄冈师范学院学报》1999 年第 10 期）有辑佚。

② 此两小句《艺文类聚》无，据《韵补》卷一上平声"连璧组之润漫，杂虹文之蜿蜒。动坎击而成响兮，似金石之音声"补入。《正字通》卷九亦有记载。程章灿（《魏晋南北朝赋史》，第 338 页）有辑佚。力之（《〈全汉赋〉小补》，《黄冈师范学院学报》1999 年第 10 期）辑佚误作《辟雍赋》。

翼^{〔37〕}。华虫^{〔38〕}诡异^{〔39〕}，密采^{〔40〕}珍缛^{〔41〕}。达^{〔42〕}兰林^{〔43〕}以西通，中方池^{〔44〕}而特立^{〔45〕}。果竹^{〔46〕}郁茂^{〔47〕}以蓁蓁^{〔48〕}，鸿雁^{〔49〕}沛裔^{〔50〕}而来集。德阳之北^{〔51〕}，斯曰濯龙^{〔52〕}。蒲萄安石^{〔53〕}，蔓延^{〔54〕}蒙笼^{〔55〕}。橘柚含桃^{〔56〕}，甘果成丛^{〔57〕}。文梋^{〔58〕}曜水^{〔59〕}，光映^{〔60〕}煌煌。（《艺文类聚》卷六十二居处部二"殿"）

（4）协^{〔61〕}三灵^{〔62〕}之纯壹^{〔63〕}兮，正^{〔64〕}阶衡^{〔65〕}以统理^{〔66〕}。参日月以并昭兮^{〔67〕}，合厚德于四时^{〔68〕}。（《慈湖诗传》卷十一《小雅》一）

［校注］

〔1〕篇名除《德阳殿赋》，另有四说。（1）《阳德殿赋》。见《路史》卷三十七发挥六，《韵补》卷一上平声、二下平声、五入声，《古今丛目》卷五，《正字通》卷四、卷八、卷九，《古今通韵》卷十一入声，《骈字类编》卷七十珍宝门五，《佩文韵府》卷二十六之七。（2）《阳德殿铭》。见《骈字类编》卷七十珍宝门五，《佩文韵府》卷九十一之四。（3）《景阳殿铭》。见《书叙指南》卷十六。（4）《阳德赋》。见《慈湖诗传》卷十一《小雅》一。案，当作《德阳殿赋》，论证见前文下编"本人作品误归类型者"。《阳德赋》实为倒德阳殿为阳德殿，脱"殿"所致。论证见前文下编"李尤散佚作品辑证"。 德阳殿：洛阳北宫宫殿名。《后汉书》志第五礼仪中引蔡质《汉仪》曰："德阳殿周旋容万人，陛高二丈，皆文石作坛，激沼水于殿下，画屋朱梁，玉阶金柱。（中略）天子正旦节，会朝百僚于此。"《后汉书》卷六《孝顺孝冲孝质帝纪》："《汉官仪》曰：'崇贤门内德阳殿也。'"《后汉书》卷八《孝灵帝纪》："庚午，张让、段珪等劫少帝及陈留王幸北宫德阳殿。"《东观汉纪》卷十七列传十二："上欲起北宫，意上书谏，出为鲁相。后起德阳殿，殿成，百官大会。上谓公卿曰：'钟离尚书若在，不得成此殿。'"《水经注》卷二十五："永平中，钟离意为鲁相。"《后汉书》卷二《显宗孝明帝纪》："永平三年，是岁，起北宫及诸官府。……永平八年冬十月，北宫成。"同年帝王下诏："而轻用人力，缮修宫宇，出入无节，喜怒过差。"德阳殿成在起北宫后，即永平三年（60）后，故德阳殿修建时间区间为永平三年至永平八年（60～65）。《后汉书补注》卷十列传第三十一惠栋注："永平七年成也。"《后汉书集解》四十一《第五钟离宋寒列传》沿用此说，惜未言何据。《元河南志》卷二："殿前有东阁。《汉官典职》曰：'德阳殿画屋朱梁，柱皆金镂，一柱三带，韬以赤缇，周旋容万人，激洛水于殿下。'《洛阳宫殿簿》曰：'殿南北行七丈，东西行三十七丈四尺。'应劭《汉官仪》曰：'在崇贤门内。'（中略）盖北宫殿之最尊者。"《全后汉文》

卷五十文首补："曰若炎唐，稽古作先。"《全汉赋》《全汉赋评注》与《全后汉文》同。《全汉赋校注》将程章灿所辑"曰若炎唐，稽古作先。於赫圣汉，抗德以遵"列于文首，其余两条列于文末。①

〔2〕"曰"，本作"白"，据《文选》卷十一、《六臣注文选》卷十一王延寿《鲁灵光殿赋》张载注，《路史》卷三十七发挥六，《正字通》卷十改；《全后汉文》卷五十作"日"。案，"曰若"为句首发语词，源自《尚书》卷一《尧典》："曰若稽古帝尧。"故当作"曰"，"白""日"乃形近而讹。"曰若炎唐，稽古作先。於赫圣汉，抗德以遵。"该句与《尚书》开篇同，可遵《全后汉文》补入放在开头。

〔3〕炎唐：炎帝神农氏与帝尧。

〔4〕稽古作先：考察古事，作为先导。此两句如果按《尚书》语序当作："曰若稽古，炎唐作先。"汉代人认为汉承尧运。

〔5〕於赫：显盛貌。

〔6〕圣汉：对汉朝之尊称。

〔7〕抗德以遵：振兴、遵循道德。

〔8〕蜿蟺：屈曲龙盘回旋貌。

〔9〕"纤"，《古今通韵》卷一上平声"一东"作"紅"。案，"紅"字书不见，疑为"纤"阙笔所致。

〔10〕开：登。

〔11〕"阶"，《韵补》卷一上平声作"堦"。案，"堦""阶"异体字。三阶：三层台阶。《管子》（四部丛刊景宋本）卷十《君臣上》："立三阶之上，南面而受要。"尹知章注："君之路寝前有三阶。"

〔12〕参会：参见会聚。

〔13〕错：古代一种工艺名称，嵌，涂饰。

〔14〕"于"，《古今通韵》卷一上平声作"千"。案，当作"于"，"千"乃形近而讹。

〔15〕楹：柱也。

〔16〕"入"，《玉海》卷一百五十九宫室作"人"。案，当作"入"，"人"乃形近而讹。

〔17〕青阳：宫殿面向东方之厅堂。

---

① 程章灿：《魏晋南北朝赋史》，第 338 页。

〔18〕窥：窥视、看见。

〔19〕"總"，雍正《河南通志》卷七十二作"総"。案，"総""緫""總"为异体字，均可。緫章：大寝西堂。秦吕不韦撰，汉高诱注《吕氏春秋》（四部丛刊景明刊本）卷七孟秋纪："天子居总章左个。"高诱注："总章，西向堂也。西方总成万物章明之也，故曰总章。"

〔20〕户牖：门窗。

〔21〕连璧组：串联璧玉装饰之绶带。

〔22〕"润漫"，《玉海》卷一百五十九宫室作"烂熳"；《韵补》卷一上平声作"烂漫兮"；《正字通》卷九作"烂熳兮"。案，"润漫""烂熳"描摹建筑物流光溢彩状，均可。

〔23〕杂：错杂、间杂。

〔24〕"虯"，《历代赋汇》卷七十三宫殿，《骈字类编》卷七十珍宝门五、卷二百一十九虫鱼门二作"蚪"。案，"蚪""虯"为异体字。虯文：盘曲如虯之纹理。

〔25〕"蜒"，《玉海》卷一百五十九宫室作"延"。案，扬雄《甘泉赋》"扬翠气之宛延"，张铣注："宛延，长曲貌。"后加虫部，成"蜿蜒"。蜿蜒：曲折延伸貌。

〔26〕动壨击而成响兮：小壨使用时相互碰撞，发出声响。《尔雅》卷中："彝、卣、壨，器也。小壨谓之坎。"汉毛亨传，汉郑玄笺，唐孔颖达疏《毛诗注疏》："壨，酒尊也。（中略）韩诗云：'天子以玉饰，诸侯大夫皆以黄金饰，士以梓。'"

〔27〕似金石之音声：像金石碰撞发出之悦耳声。

〔28〕尔乃：句首发语词。

〔29〕"迊"，《玉海》卷一百五十九宫室作"市"；《汉魏六朝百三名家集》卷十五汉李尤集，《历代赋汇》卷七十三宫殿，雍正《河南通志》卷七十二，《渊鉴类函》卷三百四十二居处部三，《佩文韵府》卷九十九之三、卷一百四之二作"匝"；《全后汉文》卷五十作"币"。案，"迊"为"匝"之异体字，"匝"，《广韵·合韵》作"币"。"市"乃与"币"形近而讹。周阁迴迊：楼阁回环围绕。

〔30〕峻楼临门：高楼濒临房门，意指打开屋门，映入眼帘的全是高峻楼阁。

〔31〕"阙"，《汉魏六朝百三名家集》卷十五汉李尤集，《历代赋汇》卷七十三宫殿作"阁"。案，二者于义均通，然前文已言"周阁回迊"，此处"阙"为上。朱阙：宫殿前红色楼观。晋崔豹撰《古今注》（四部丛刊景宋本）卷上："阙，观也。古每门树两观于其前，所以标表宫门也。其上可居，登之则可远观，故谓之观。人臣将朝，至此，则思其所阙，故谓之阙。"

〔32〕岩岩：高峻威严貌。

〔33〕嵯峨概云：高峻凌云。

〔34〕青琐：亦作"青锁""青璅"，装饰皇宫门窗之青色连环花纹。《汉书》卷九十八《元后传》："曲阳侯根骄奢僭上，赤墀青琐。"颜师古注："孟康曰：'以青画户边镂中，天子之制也。'（中略）青琐者，刻为连环文，而青涂之也。"后华贵宅第、寺院等门窗亦用此种装饰，青琐便指宫廷。

〔35〕禁门：警卫森严之宫门。

〔36〕廊庑：堂前东西两侧之厢房。

〔37〕翼翼：庄严雄伟，如鸟翼飞举之貌。

〔38〕华虫：上古文中指五色之虫，一说为雉鸡。

〔39〕"诡"，《骈字类编》卷七十珍宝门五作"脆"。案，当作"诡"，"脆"乃形近而讹。诡异：奇特怪异。

〔40〕密采：彩画之致密花纹。

〔41〕珍缛：珍奇之装饰。

〔42〕达：至。

〔43〕兰林：汉宫殿名。

〔44〕方池：疑为楼阁宫殿名。《全汉赋校注》释为"两池并存"①。

〔45〕特立：挺立。

〔46〕"竹"，雍正《河南通志》卷七十二作"行"。案，与后文"鸿雁"相对，当作"竹"，"行"乃形近而讹。

〔47〕郁茂：茂盛。

〔48〕蓁蓁：草木茂盛貌。

〔49〕鸿雁：一种群居水边之候鸟，羽毛呈紫褐色，腹部白色，嘴扁平，腿短，趾间有蹼，食植物种子、虫、鱼以维生。

〔50〕"沛"，《佩文韵府》卷八十五之三、卷九十之二作"裔"。案，《四库全书考证》卷九十四《汉魏六朝百三名家集》卷十五汉李兰台集："《德阳殿赋》：'果竹郁茂以蓁蓁，鸿雁沛裔而来集。'刊本'沛'讹'裔'，据《赋汇》改。"沛裔：群雁高飞聚集貌。

〔51〕"北"，《全后汉文》卷五十作"比"。案，当作表方位之"北"，"比"乃形近而讹。

---

① 费振刚、仇仲谦、刘南平校注《全汉赋校注》，第577页。

〔52〕"濯龙",《后汉书》卷十上《皇后纪·马皇后纪》:"帝幸濯龙中,并召诸才人。"唐李贤注引《续汉志》曰:"濯龙,园名也,近北宫。"

〔53〕"蒲萄安石",《太平御览》卷九百七十果部七作"蒲挑安若";《汉魏六朝百三名家集》卷十五作"葡萄安石";《历代赋汇》卷七十三宫殿作"葡萄安石";雍正《河南通志》卷七十二作"葡萄安石";《全后汉文》卷五十,《渊鉴类函》卷三百四十二居处部三,《佩文韵府》卷十六之七作"葡萄安石"。案,应吉甫有《安石榴赋》,与"葡萄"相应,"安石"当指安石榴,"若"乃形近而讹。葡萄为外来词,起初字形不固定。

〔54〕"蔓",《太平御览》卷九百七十果部七作"曼"。案,"曼""蔓"为异体字。《说文·又部》:"曼,引也。"《说文·艸部》:"蔓,葛属。"段玉裁注:"此专谓葛属,则知滋蔓字古只作'曼'。"蔓延:向四面八方扩展延伸。

〔55〕"笼",清冯集梧注《樊川诗集注》(清嘉庆德裕堂刻本)卷一《洛中送冀处士东游》注作"龙";《历代赋汇》卷七十三宫殿作"茏"。案,《说文·龙部》:"龙,鳞虫之长,能幽能明,能细能巨,能短能长,春分而登天,秋分而潜渊。"《说文·艸部》:"茏,天蘥也。"《尔雅》卷上:"弥离犹蒙茏耳。"清王先谦撰《汉书补注》(清光绪刻本)四十九《爰盎晁错传》:"草木蒙茏。"颜师古注:"蒙茏,覆蔽之貌也。"《说文·竹部》:"笼,举土器也。一曰笭,从竹,龙声。""笼"后来有笼罩义。"蒙"有覆盖义,《诗经》卷三《庸风·君子偕老》"蒙彼绉绨",与之相对,当作"笼""茏","龙"乃音近而讹。蒙笼:草树茂盛,一望无际貌。张衡《南都赋》:"上平衍而旷荡,下蒙笼而崎岖。"

〔56〕《礼记》卷五:"是月(仲夏之月)也,天子乃以雏尝黍,羞以含桃先荐寝庙。"郑玄注:"含桃,樱桃也。"汉刘安撰、汉许慎注《淮南鸿烈解》卷五《时则训》:"羞以含桃。"高诱注:"含桃,莺所含食,故言含桃。"《西京杂记》卷一则樱桃、含桃并言。

〔57〕"甘",《初学记》卷二十八果木部,《山堂肆考》卷二百六果品,《佩文斋广群芳谱》卷六十四果谱,《骈字类编》卷一百九十一草木门十六,《渊鉴类函》卷四百一果部三,《佩文韵府》卷一之五作"百"。案,"甘"言果味之美,"百"言果品种之多,"成丛"亦言果品种数量之多,故"甘"为上。周天游辑注《八家后汉书辑注·谢承后汉书》卷八:"殷辉字子伦,汝南人。每得甘果,持归进其母。"①

---

① 周天游辑注《八家后汉书辑注》,第 278 页。

〔58〕文楣：饰有华美文彩之屋檐前板。

〔59〕曜水：和水中倒影交相辉映。

〔60〕"映"，雍正《河南通志》卷七十二作"昭"。案，《说文·日部》："昭，日明也。"徐铉："映，明也。"赋言"文楣曜水，光映煌煌"，是描述屋檐前板富于光泽，故"映"为上。

〔61〕协：协同。

〔62〕三灵：天、地、人。《文选》卷四十八班固《典引》："答三灵之蕃祉，展放唐之明文。"李善注："三灵，天、地、人也。"

〔63〕纯壹：纯一，精纯不杂。《文选》卷四十九干宝《晋纪总论》："中林之士，有纯一之德。"

〔64〕正：端正。

〔65〕阶衡：身份等级，官爵轻重。

〔66〕统理：统合治理。《尚书》卷十一："冢宰掌邦治，统百官，均四海。"孔安国传："天官卿称太宰，主国政治，统理百官，均平四海之内。"

〔67〕参日月以并昭兮：即"明参日月"义，光辉灿烂可比日月，用于称颂圣贤、帝王。《礼记》卷十五："天子者，与天地参，故德配天地，兼利万物，与日月并明，明照四海而不遗微小。"

〔68〕合厚德于四时：随四时所行政令皆恩泽深厚。

6. 辟雍赋[1]

（1）卓[2]矣煌煌[3]，永元[4]之隆[5]。含弘该要[6]，周建大中[7]。蓄[8]纯和[9]之优渥[10]兮，化[11]盛溢[12]而兹丰[13]。（《太平御览》卷五百三十四礼仪部十三"辟雍"）①

（2）太学[14]既崇[15]，三宫[16]既章[17]。灵台[18]司天[19]，群耀弥光[20]。太室[21]宗祀[22]，布政国阳[23]。辟雍[24]崇崇[25]，规矩圆方[26]。阶序[27]牖闼[28]，双观[29]四张[30]。流水汤汤[31]，造舟为梁[32]。神圣[33]班[34]德，由[35]斯[36]以匡[37]。喜喜济济[38]，春射秋飨[39]。王公[40]群

---

① 《全后汉文》卷五十将该句列于赋开头。《辟雍赋》主体结构未能保存，从韵部看，《全后汉文》的排列较为合理。"卓矣煌煌"至"化盛溢而兹丰"均为东部韵，"太学既崇，三宫既章"至"春射秋飨"为阳部韵，前后系东阳旁转。故将二段排列在一起。

后[41]，卿士[42]具集[43]。攒罗[44]鳞次[45]，差池[46]杂沓[47]。延[48]忠信[49]之纯一[50]兮，列左右之貂珰[51]。三后八蕃[52]，师尹[53]群卿[54]。加休[55]庆[55]德，称寿上觞[57]。戴甫垂毕[58]，其仪[59]跄跄[60]。是以乾坤所周[61]，八极所要[62]。夷戎蛮羌[63]，儋耳[64]哀牢[65]。重译[66]响应[67]，抱珍来朝。南金[68]大璐[69]，玉象犀龟。（《艺文类聚》卷三十八礼部上"辟雍"，《初学记》卷十三礼部上"明堂第六·李尤《辟雍赋》"）

（3）兴云动雷，飞霄[70]风雨。（《文选》卷十二木玄虚《海赋》李善注）

（4）万骑蹀躞[71]以攫拿[72]。（《文选》卷十一王延寿《鲁灵光殿赋》李善注）

［校注］

〔1〕《汉书》卷十二《平帝纪第十二》应劭注："辟雍者，象璧圜，雍之以水，象教化流行。"《白虎通德论》卷四："天子立辟雍何？所以行礼乐，宣德化也。辟者，璧也。象璧圆又以法天。於雍水侧，象教化流行也。辟之为言积也，积天下之道德也。雍之为言壅也，壅天下之残贼，故谓之辟雍也。"《三辅黄图》卷五："汉辟雍在长安西北七里。"《玉海》卷一百一十一学校载"兴云动雷，飞屑风雨。万骑蹀躞以攫拿"。《全后汉文》卷五十列《太平御览》卷五百三十四《礼仪部十三》所载，再接《渊鉴类函》卷一百六十礼仪部七所载，于"由斯以匡"后增"喜喜济济，春射秋飨"，文后列《玉海》卷一百一十一学校所载二残句。《全汉赋》《全汉赋评注》《全汉赋校注》与之同。

〔2〕卓：卓荦、殊绝。

〔3〕煌煌：明亮辉耀貌。

〔4〕永元：汉和帝刘肇年号。

〔5〕隆：隆盛。

〔6〕"弘"，《全后汉文》卷五十作"宏"。案，《说文·弓部》："弘，弓声也。"段玉裁注："经传多假此篆为宏大字。"清讳"弘"为"宏"。含弘该要：包涵宏大，无所不备。弘：含容之大。该：晋范宁集解《春秋穀梁传》（四部丛刊景宋本）哀公第十二"此该郊之变而道之也"范宁注："该，备也。"扬雄《太玄经》卷七《太玄莹》："万物该兼。"

〔7〕周建大中：全面建设尊大中正之王制。

〔8〕蓄：累积。

〔9〕纯和：纯正中和。

〔10〕优渥：优厚、丰厚。

〔11〕化：教化。

〔12〕盛溢：本指雨水盛大漫溢，此处指盛大圆满。

〔13〕兹丰：愈加隆盛。

〔14〕太学：我国古代设立在京城，用以培养人才、传授经典的最高学府。西周时已有太学之名，汉武帝立五经博士，为西汉设太学之始。后历代名称不一，制度亦有变化。《汉书》卷五十六《董仲舒传》："故养士之大者，莫大乎太学；太学者，贤士之所关也，教化之本原也。"

〔15〕崇：尊崇。

〔16〕"宫"，《玉海》卷九十五郊祀作"官"。案，三宫指明堂、辟雍、灵台。张衡《东京赋》："乃营三宫，布教颁常。"三官解释：（1）三种官。司徒、司马、司空。《左传》卷四十二昭公四年："使三官书之，吾子为司徒，实书名；夫子为司马，与工正，书服；孟孙为司空，以书勋。"（2）汉代均输、钟官、辨铜令的合称。《史记》卷三十《平准书》裴骃《集解》引《汉书·百官表》："水衡都尉，武帝元鼎二年初置，掌上林苑，属官有上林均输、钟官、辨铜令。然则上林三官，其是此三令乎？"（3）道教以天、地、水为"三官"，亦称为"三元"。（4）人身上的三要处。①耳、目、心三器官。《吕氏春秋》卷十七《任数》："凡耳之闻也，藉于静；目之见也，藉于昭；心之知也，藉于理。君臣易操，则上之三官者废矣。"②身体食、视、听三要处。《淮南鸿烈》卷十四《诠言训》："三官交争，以义为制者，心也。"（5）《管子》卷六《兵法》中"三官"指鼓、金、旗，与兵事相关。故当作"宫"，"官"乃形近而讹。

〔17〕章：明也。《周易》卷五《夬传》："品物咸章。"

〔18〕灵台：古代观察天文气象、妖祥灾异及祭祀之场所。《文选》卷三张衡《东京赋》："左制辟雍，右立灵台。"李善注："司历纪候节气者曰灵台也。"

〔19〕司天：主持、掌管观测天象。

〔20〕"耀"，《历代赋汇》卷七十六宫殿，《骈字类编》卷九十一数目门十四，《渊鉴类函》卷一百六十礼仪部七作"曜"。案，"曜""耀"同源。"耀"多作动词，"曜"多作名词①。群耀弥光：群星更加璀璨夺目。

---

① 王力主编《王力古汉语字典》，第 664 页。

〔21〕"太"，《历代赋汇》卷七十六宫殿作"大"。案，"太"通"大"。太室：太庙中央之室，亦指太庙。

〔22〕宗祀：祭祀祖宗，泛指祭祀。

〔23〕布政国阳：于国都之南宣布、施行政教。

〔24〕"雍"，《全后汉文》卷五十作"芷"。案，辟雍本为西周天子所设大学，校址圆形，围以水池，前门外有便桥。东汉后，历代皆有辟雍，除北宋末年为太学之预备学校（亦称"外学"）外，均为行乡饮、大射或祭祀礼之地。辟芷：《荀子》卷一"兰槐之根是为芷"。一名香草，即白芷。故当作"雍"。

〔25〕"嵓"，《艺文类聚》卷三十八礼部上，《汉魏六朝百三名家集》卷十五汉李尤集，《历代赋汇》卷七十六宫殿，清孙星衍撰《孙渊如先生全集·问字堂集》（四部丛刊景清嘉庆兰陵孙氏本）卷二杂文二《拟置辟雍议》，清王昶辑《湖海文传》（清道光十七年经训堂刻本）卷十四《议·拟置辟雍议》，《渊鉴类函》卷一百六十礼仪部七，《佩文韵府》卷七十四之三，清周广业撰《过夏杂录》（清种松书塾抄本）卷四作"巖"。案，《说文·山部》："嵓，山岩也。""巖，岸也。"段玉裁注："巖，厓也。各本作'岸也'。今依《太平御览》所引正。厂部曰：'厓者、山边也。'""嵓"与"嵒"同，俗又作'巖'。"嵓嵓：高峻、威严貌。

〔26〕"规矩圆方"，《初学记》卷十三礼部上，《玉海》卷九十五郊祀，《孙渊如先生全集·问字堂集》卷二杂文二《拟置辟雍议》，《湖海文传》卷十四《议·拟置辟雍议》，《全后汉文》卷五十作"规圆矩方"。案，二者均可，指辟雍之建设无论是圆还是方均合规矩。

〔27〕阶序：台阶与中堂两侧之厢屋，借指殿堂。《汉书》卷十四《诸侯王表》："（王莽）因母后之权，假伊周之称，颛作威福庙堂之上，不降阶序而运天下。"颜师古注："序谓东西厢。"

〔28〕"阂"，《玉海》卷九十五郊祀作"闰"。案，《说文·王部》："余分之月，五岁再闰，告朔之礼，天子居宗庙，闰月居门中。从王在门中。《周礼》曰：'闰月，王居门中，终月也。'"《说文·片部》："牖，穿壁以木为交窗也。"《说文·门部》："阂，门也。"故当作"阂"，"闰"乃形近而讹。

〔29〕双观：《三辅黄图》卷六"周置两观，以表宫门。登之可以远观，故谓之观"。

〔30〕四张：向四面伸张。

〔31〕汤汤：水流盛大貌。

〔32〕造舟为梁：建造船只，搭建成浮桥。《诗经》卷十六《大雅·大明》："大邦

有子，倪天之妹。文定厥祥，亲迎于渭。造舟为梁，不显其光。"

〔33〕神圣：神明圣贤之君。

〔34〕班：布。

〔35〕"由"，《过夏杂录》卷四作"因"。案，《古今韵会》卷六："由，因也。"于义均通。

〔36〕斯：此。

〔37〕匡：匡正。《说文解字注》第十二篇下："《小雅》：'王于出征，以匡王国。'《传》曰：'匡，正也。盖正其不正为匡。'"

〔38〕喜喜济济：人众整齐，喜乐有威仪。

〔39〕"射"，《玉海》卷九十五郊祀作"尉"。案，《说文·广部》："廱，天子飨饮辟雍。""射"可指大射之礼。《说文·火部》："尉，从上按下也。"段玉裁注："按者，抑也。《百官公卿表》应劭注曰：'自上安下曰尉。'"故二者于义均通。"春射秋飨"汉代为习语，故"射"为上。飨射：古礼，宴饮宾客并举行射箭之礼。《周礼》卷五《春官宗伯·司服》："享先公、飨射，则鷩冕。"郑玄注："飨射，飨食宾客与诸侯射也。"《后汉书》卷七十六《循吏列传·秦彭传》："每春秋飨射，辄修升降揖让之仪。"

〔40〕王公：天子与诸侯。

〔41〕群后：公卿诸侯。《尚书》卷三《舜典》："觐四岳群牧，班瑞于群后。"《汉书》卷七十三《韦贤传》："庶尹群后，靡扶靡卫。五服崩离，宗周以队。"

〔42〕卿士：卿大夫、士之总称。

〔43〕具集：全部汇集。

〔44〕攒罗：攒聚罗列。

〔45〕鳞次：像鱼鳞般紧密排列。

〔46〕"差池"，《韵补》卷五入声，《毛诗古音考》卷四，《正字通》卷十一作"参差"。案，《诗经》卷二《邶风·燕燕》："燕燕于飞，差池其羽。"《诗经》卷一《周南·关雎》："参差荇菜，左右流之。"故二者均可。差池：参差不齐。

〔47〕杂沓：众多聚集貌。《汉书》卷三十六《楚元王传》："及至周文，开基西郊。杂沓众贤，罔不肃和。崇推让之风，以销分争之讼。"

〔48〕《尔雅·释诂》："延，长也。"《方言》辎轩使者绝代语释别国方言第一："延，永，长也。凡施于年者谓之延，施于众长谓之永。"

〔49〕忠信：忠诚信实。

〔50〕"一"，《汉魏六朝百三名家集》卷十五汉李尤集，《音学五书》唐韵正卷五

作"德"。案，于义均可。纯一：精纯不杂。

〔51〕貂珰：汉时中常侍所戴帽子，后以宦官为中常侍，故称宦官为"貂珰"。

〔52〕三后八蕃：各诸侯蕃国国君。

〔53〕"群"，《全后汉文》卷五十作"举"。案，当作"群"，众多义。

〔54〕师尹：各属官首长。《诗经》卷十二《小雅·节南山》："赫赫师尹，民具尔瞻。"《毛传》："师，大师，周之三公也。尹，尹氏，为大师。"

〔55〕休：吉庆。

〔56〕庆：庆贺。

〔57〕称寿上觞：举起酒杯，向人敬酒，祝福长寿。

〔58〕"戴甫垂毕"，《玉海》卷一百一十三学校作"载甫毕毕"。案，甫，章甫，冠名。故"戴"为上。当作"垂毕"，构成动宾结构。毕：《尔雅》卷中"简谓之毕"。注："今简札也。"汉郑玄注，唐孔颖达疏《礼记注疏》卷三十六："今之教者，呻其佔毕。"孔颖达疏："佔，视也。毕，简也。（中略）不晓经义，但诈吟长咏，以视篇简而已。"垂毕：手持简册。

〔59〕仪：仪态。

〔60〕跄跄：行走威仪貌。《诗经》卷十三《小雅·楚茨》："济济跄跄，絜尔牛羊。"《毛传》："济济跄跄，言有容也。"郑玄笺："有容言威仪敬慎也。"春秋战国荀况撰《荀子》（清抱经堂丛书本）卷十九："朝廷之美，济济鎗鎗。"杨倞注："'鎗'与'跄'同，济济多士貌。跄跄，有行列貌。"

〔61〕乾坤所周：天覆地载之范围。

〔62〕八极所要：天下八极所包含之地。要：要服，古代五服之一，距王畿一千五百里至二千里之地。

〔63〕夷戎蛮羌：周边四方民族，东夷、西戎、南蛮、北羌（有些说法稍有区别）。

〔64〕儋耳：古代南方国名，又名离耳。汉元鼎六年（前111）内属，称儋耳郡，在今海南岛儋县。《史记》卷一百二十九《货殖列传》："九疑苍梧以南至儋耳者，与江南大同俗，而杨越多焉。"

〔65〕"哀牢"，《后汉书》卷八十六《南蛮西南夷列传》："哀牢人皆穿鼻儋耳，其渠帅自谓王者，耳皆下肩三寸，庶人则至肩而已。"

〔66〕重译：辗转翻译。

〔67〕响应：因声音而回响，此处指汉周边民族如回声般归附汉王朝。

〔68〕南金：南方所出产品质优良之金属。《诗经》卷二十《鲁颂·泮水》："元龟

象齿，大赂南金。"《毛传》："南，谓荆扬也。"郑玄笺："大，犹广也。广赂者，赂君及卿大夫也，荆扬之州，贡金三品。"

〔69〕"璐"，本作"路"，据《汉魏六朝百三名家集》卷十五汉李尤集，《历代赋汇》卷七十六宫殿，《音学五书》唐韵正卷六，《骈字类编》卷六十八珍宝门三、卷二百一十五鸟兽门十二、卷二百三十五补遗人事门十一，《全后汉文》卷五十，《佩文韵府》卷四之四、卷六十六之一改；《古今通韵》卷二作"赂"；《渊鉴类函》卷一百六十礼仪部七作"辂"。案，《说文·贝部》："赂，遗也。"可引申为赠送之财物。清俞樾撰《群经平议》（清光绪春在堂全书本）卷十一："赂，遗也。（中略）璐，美玉也。（中略）从玉从贝之字，古或相通。"《诗经世本古义》卷十："曰大赂者，郑云：'犹广赂也。'"《左传》卷十庄公二十八年："齐侯伐卫，战，败卫师，数之以王命，取赂而还。"故为"赂""璐"于义均通。《说文·足部》："路，道也。"《说文·车部》："辂，车轼前横木也。""路""辂"于义难通。

〔70〕"霄"，本作"屑"，据《六臣注文选》卷十二木玄虚《海赋》注改。案，《说文·雨部》："雨霓为霄"。《说文·尸部》："屑，动作切切也。"结合上下文"云""雷""雨"，故当作"霄"，"屑"乃形近而讹。

〔71〕"蹩跁"，《玉海》卷一百一十一学校作"夔□"。案，当作"蹩跁"，盘曲蠕动貌。《文选》卷十一王延寿《鲁灵光殿赋》："领若动而蹩跁。"李善注："蹩跁，动貌。"

〔72〕"拿"，《六臣注文选》卷十一王延寿《鲁灵光殿赋》注，《玉海》卷一百一十一学校，《骈雅训纂》卷二下训纂四，《全后汉文》卷五十，《佩文韵府》卷四之十作"挐"。案，"挐"俗作"拿"，亦作"挐"。攫拿：以爪捕捉，攫取。《汉书》卷八十七下扬雄《解嘲》："攫拿者亡，默默者存。"颜师古曰："攫拿，妄有搏执牵引也。"

7. 果赋[1]

（1）三十六园[2]朱李[3]。（《述异记》卷下）

（2）如拳之李[4]。（《述异记》卷下）①

［校注］

〔1〕《山堂肆考》卷二百五作"李果赋"。案，当为脱"尤"所致讹误。《全晋

---

① 万光治《汉赋通论》第469页、程章灿《魏晋南北朝赋史》第338页有辑佚。

文》卷九十二误属潘岳。清李富孙注《曝书亭集词注》（清嘉庆十九年校经庼刻本）卷六茶烟阁体物集下《迈陂塘》注作"（李）尤固赋"。

〔2〕"园"，《太平广记》卷四百一十草木五，《纯常子枝语》卷十一作"之"。案，《述异志》卷下："房陵定山有朱仲李园三十六所。"朱仲，神话传说中之仙人，当有"园"。

〔3〕"朱"，清来集之撰《倘湖樵书》（清康熙倘湖小筑刻本）卷十二作"之"。案，"之""朱"于义均可。《西京杂记》卷一有朱李。疑此句完整为"三十六园之朱李"。

〔4〕如拳之李：大如拳头之李子。

8. 七叹[1]

（1）奇宫闲馆[2]，迴庭[3]洞门[4]。井幹[5]广望[6]，重阁相因[7]。夏屋[8]渠渠[9]，嵯峨合连[10]。前临[11]都街[12]，后据流川[13]。梁土[14]青黎[15]，卢橘[16]是生。白华绿叶，扶疏[17]冬荣[18]。与时代序，孰不堕零[19]？黄景[20]炫炫[21]，眩林曜封[22]。金衣素裹[23]，班白[24]内充[25]。滋味伟异[26]，淫乐无穷[27]。① 副[28]以芋柘[29]，丰弘诞节[30]。纤液[31]玉津[32]，旨于饮蜜[33]。（《艺文类聚》卷五十七杂文部三"七"，《编珠》卷四"果实部"）

（2）猛鸷[34]陆嬉[35]，龙鼍[36]水处[37]。（《文选》卷五十九王简栖《头陁寺碑文》注作"《七难》"）

（3）迴皇竞集[38]。（《文选》卷十八马融《长笛赋》注作"《七疑》"）

（4）季秋[39]末际[40]，高风[41]猋厉[42]。（《文选》卷三十五张协《七命》注作"《七叹》"）

（5）神奔[43]电驱[44]，星流[45]矢骛[46]，则莫若[47]益野[48]腾驹[49]也。（《文选》卷四十陈琳《答东阿王笺》注作"《七叹》"）

（6）橙醢[50]笋菹[51]。（《笋谱》"四之事"作"《七疑》"）②

（7）鸿柿若瓜[52]。（《太平御览》卷九百七十一果部八"柿"作

---

① 据《编珠》卷四，《初学记》卷二十八果木部，《汉魏六朝百三名家集》卷十五汉李尤集，《邵亭遗文》卷六，《佩文斋广群芳谱》卷六十五果谱，《全后汉文》卷五十，《渊鉴类函》卷四百一果部三，将"滋味伟异，淫乐无穷"补入。

② 程章灿：《魏晋南北朝赋史》，第338页。

"《七款》"）

[校注]

〔1〕篇名分歧有八。（1）《七款》。见《文选笺证》卷五、卷十，《笺注骆临海集》卷九《对策文三道》注，《艺文类聚》卷五十七杂文部三，《事文类聚》后集卷二十六果实部，《毛诗古音考》卷一，《四溟诗话》卷一，《诗家直说》卷一，《文选笺证》卷五左思《三都赋》序、卷十《上林赋》，《说文解字义证》卷四十三，《骈字类编》卷二十四时令门三、卷一百三十五采色门二、卷一百三十七采色门四、卷一百四十采色门七、卷二百三十八补遗人事门十四，《全后汉文》卷五十。（2）《七欵》。见《太平御览》卷九百七十一果部八，《骈字类编》卷七十二珍宝门七，《渊鉴类函》卷一百九十九文学部八。（3）《七歀》。见《文选旁证》卷四十六，《东汉文纪》卷十四，《汉魏六朝百三名家集》卷十五汉李尤集，《韵府拾遗》卷九，《柳亭诗话》卷一，《佩文斋广群芳谱》卷六十五果谱，《佩文韵府》卷十六之八、卷十六之九、卷二十一之一、卷二十四之五、卷三十六之四、卷四十四之一、卷五十三之一、卷九十之一、卷九十三之六、卷一百之八、卷一百五之一。（4）《七疑》。见《文选》卷十八，《六臣注文选》卷十八马融《长笛赋》注，《骆丞集》卷三《对策文三道》注，《糖霜谱》原委第二，《读书纪数略》卷三十一"人部·经籍类"，《后汉书集解》三十七校补，《骈字类编》卷一百九十七草木门二十二，《古欢堂集》卷十八杂著，《笋谱》四之事，《四六丛话》卷二十六。（5）《七叙》。见《六臣注文选》卷三十五张协《七命》注。（6）《七难》。见《文选》卷五十九，《六臣注文选》卷五十九王简栖《头陀寺碑文》注，《文选理学权舆》卷二下。（7）《七叹》。见《楚辞》卷四九章章句第四《离骚》，《文选》卷四、《六臣注文选》卷四左思《蜀都赋》刘渊林注，《文选》卷四十陈琳《答东阿王笺》注，《六臣注文选》卷四十陈琳《答东阿王笺》注，《文选》卷三十五张协《七命》注，《庾子山集注》卷三《从驾观讲武》注，《编珠》卷四果实部，《李诗选注》卷二《天马歌》，《初学记》卷二十八果木部，《御选唐诗》卷二十一七言律白居易《钱塘湖春行》注，《说文解字义证》卷十六，《文选旁证》卷六，《邵亭遗文》卷六，《霞外捃屑》卷七上缥锦囊文筑上，《樗庄诗文稿》文稿卷三书启，《佩文斋广群芳谱》卷六十四果谱，《管城硕记》卷二十六，《禹贡会笺》卷八，《渊鉴类函》卷四百一果部三、卷四百二果部四，《佩文韵府》卷二十五之五。（8）《士叹》。见《六臣注文选》卷三十五七下张协《七命》注，《玉台新咏笺注》卷八庾肩吾《爱妾换马》注。篇名分歧，前贤辨识，《汉魏六朝百三名家集》卷十五："李伯仁，（中略）今诔

颂哀典俱不见，《七叹》无传，惟有《七歎》，岂'叹'字之讹耶？"《文选旁证》卷六："李尤《七叹》胡公考异曰：'叹'当作'歎'，或作'难'作'疑'皆非。"几者名异实同。《历代辞赋总汇·先秦汉魏晋南北朝卷》则分列《七款》《七难》《七叹》《七疑》四篇。① 误。《后汉书》卷八十上《文苑列传上·李尤传》为《七叹》，故以《七叹》为名。《全后汉文》除《广群芳谱》所载外，列残句：（1）鸣柿若瓜；（2）龙鼍水处；（3）回皇竞集；（4）季秋未际，高风森厉；（5）神奔电驱，星流矢骛，则莫若益野腾驹也；（6）怀戎颂；（7）政事论。案，（6）（7）为李尤其他作品名。《全汉赋》《全汉赋评注》《全汉赋校注》与《全后汉文》相比，残句（2）为"猛鸷陆戏，龙鼍水处"。（6）（7）未列。

〔2〕"闲"，《东汉文纪》卷十四，《汉魏六朝百三名家集》卷十五汉李尤集，《佩文斋广群芳谱》卷六十五果谱作"閒"。案，《说文·门部》："閒，隙也。""闲，阑也。"段玉裁注："古多借为清閒字。"奇宫闲馆：奇伟之宫殿，宽广清幽之馆舍。

〔3〕迴庭：迂回曲折之庭院。

〔4〕"迴庭洞门"，《汉魏六朝百三名家集》卷十五汉李尤集，《佩文斋广群芳谱》广群芳谱卷六十五果谱，《佩文韵府》卷四十四之一作"廻洞庭门"。案，当作"迴庭洞门"，构成偏正词组。洞门：《后汉书》卷三十四《梁统列传》"连房洞户"注："洞，通也。"洞门指连贯相通之门。

〔5〕"幹"，《全后汉文》卷五十作"檊"。案，《说文·干部》："干，犯也。"亦写作"檊""榦"。古人筑楼台，底木材交错架构，如井幹一般，故以井幹代指楼台。

〔6〕广望：放眼望去，满眼皆是（亭台楼阁）。

〔7〕"相"，《汉魏六朝百三名家集》卷十五汉李尤集，《佩文斋广群芳普》卷六十五果谱作"柘"。案，《说文·木部》："柘，桑也。"《说文·目部》："相，省视也。"段玉裁注："故凡彼此交接皆曰相。""柘"于义不通，故当作"相"。重阁相因：多重楼阁相互交接。

〔8〕夏屋：大屋。

〔9〕《诗经》卷六《秦风·权舆》："於我乎，夏屋渠渠。"苏氏曰："渠渠，深广貌。"

〔10〕嵯峨合连：高峻、聚集连接。

〔11〕"临"，《佩文斋广群芳谱》卷六十五果谱作"连"。案，"临"有到、至、

---

① 马积高等主编《历代辞赋总汇》第1卷，第280～281页。

面对义。"连"，接也。后文"据"，依也。故二者于义均通。

〔12〕都街：都城大街。《后汉书》卷三十八《张法滕冯度杨列传·冯绲传》："前代陈汤、冯、傅之徒，以寡击众，郅支、夜郎、楼兰之戎，头悬都街。"

〔13〕流川：流淌之江河。王褒《洞箫赋》："翔风萧萧而径其末兮，回江流川而溉其山。"

〔14〕"土"，本作"王"，据《文选笺证》卷五左思《三都赋序》，《初学记》卷二十八果木部，《御选唐诗》卷二十一七言律白居易《西湖晚归回望孤山寺赠诸客》注，《文选旁证》卷六，《管城硕记》卷二十六，《邵亭遗文》卷六，《骈字类编》卷一百三十五采色门二，《禹贡会笺》卷八，《渊鉴类函》卷一百九十九文学部八、卷四百一果部三，《佩文韵府》卷二十四之五、卷五十三之一改；《佩文韵府》卷二十一之一作"上"。案，当作"土"，源自《禹贡》："厥土青黎。"孔安国传："色青黑而沃壤。""王""上"均为形近增损笔画而讹。

〔15〕"黎"，《文选笺证》卷五左思《三都赋序》，《初学记》卷二十八果木部，《御选唐诗》卷二十一七言律白居易《西湖晚归回望孤山寺赠诸客》注，《文选旁证》卷六，《管城硕记》卷二十六，《渊鉴类函》卷四百一果部三作"丽"。案，当作"黎"。源自《禹贡》："厥土青黎。"孔安国传："色青黑而沃壤。"《说文·黍部》"黎"段玉裁注："'黎'古亦以为'黧'黑字。""丽"没有表颜色义，故当作"黎"。

〔16〕卢橘：枇杷。枇杷秋天或初冬开花，果子在春天至初夏成熟，比其他水果都早，被称为"果木中独备四时之气者"，花为白色或淡黄色。司马相如《天子游猎赋》："卢橘夏熟，黄甘橙楱。"《集解》："郭璞曰：'今蜀中有给客橙，似橘而非，若柚而芬香。冬夏华实相继，或如弹丸，或如拳。通岁食之，即卢橘也。'"《索隐》："应劭云伊尹书曰：'果之美者，箕山之东，青马①之所，有卢橘夏熟。'"案，《史记》卷一百一十七《司马相如列传》载《天子游猎赋》注："《广州记》云：'卢橘皮厚，大小如甘，酢多，九月结实，正赤，明年二月更青黑，夏熟。'《吴录》云：'建安有橘，冬月树上覆裹，明年夏色变青黑，其味甚甘美。'"从上可知司马相如与李尤所言"卢橘"不同。

〔17〕"疏"，本作"疎"，据《邵亭遗文》卷六，《文选旁证》卷六，《全后汉文》卷五十，《渊鉴类函》一百九十九文学部八改。案，《说文》段玉裁注："疏，引申为

---

① "马"，《史记》（清乾隆武英殿刻本）卷一百一十七作"马"，中华书局1959年版本作"鸟"，《说文解字》卷六上作"㲋"。

'疏阔'。""疎"为"疏"之异体字。扶疏：枝叶繁茂四布貌。《汉书》卷三十六《楚元王传》："其梓柱生枝叶，扶疏上出屋。"

〔18〕"冬"，本作"各"，据《楚辞》卷四九章章句第四《离骚》，《初学记》卷二十八果木部，《东汉文纪》卷十四，《汉魏六朝百三名家集》卷十五汉李尤集，《御选唐诗》卷二十一七言律白居易《西湖晚归回望孤山寺赠诸客》注，《邵亭遗文》卷六，《佩文斋广群芳谱》卷六十五果谱，《骈字类编》卷一百三十五采色门二，《管城硕记》卷二十六，《全后汉文》卷五十，《渊鉴类函》卷一百九十九文学部八、卷四百一果部三，《佩文韵府》卷二十一之一、卷二十四之五、卷五十三之一、卷一百五之一改。案，卢橘冬季开花，遇寒不凋，当作"冬"，冬荣指冬季开花，"各"乃形近而讹。

〔19〕"与时代序，孰不堕零"：卢橘外其他植物春夏荣，秋冬枯，随时序变化，冬季枯败零落。

〔20〕黄景：卢橘成熟之际金黄色风景。

〔21〕《汉书》卷一百下《叙传第七十下》："炫炫上天，县象著明。"颜师古注："炫炫，光耀之貌。"炫炫：此处指果实在阳光照耀下熠熠生辉。

〔22〕眩林曜封：整个树林所在地均光彩夺目。

〔23〕"素"，《全后汉文》卷五十作"朱"。案，《说文解字注》第十三篇上："故凡物之质曰素。"《楚辞》卷四九章章句第四《橘颂》："青黄杂糅，文章烂兮。"王逸注："言橘叶青，其实黄。""精色内白类可任兮"，王逸注："精，明也。类，犹貌也。言橘实赤黄，其色精明，内怀洁白，以言贤者亦然，外有精明之貌，内有洁白之志，故可任以道而事用之也。"《说文解字注》第六篇上："朱，本木名，引申假借为纯赤之字。"故当作"素"。　"裹"，《樗庄诗文稿》文稿卷三书启，《渊鉴类函》卷四百一果部三作"裡"；《佩文斋广群芳谱》卷六十四果谱作"夏"。案，"裹"为"裡"异体字，"夏"讹。金衣素裹：卢橘金色皮，白色果肉。

〔24〕"班"，《编珠》卷四，《邵亭遗文》卷六，《佩文斋广群芳谱》卷六十五果谱，《骈字类编》卷七十二珍宝门七、卷一百四十采色门七，《渊鉴类函》卷一百九十九文学部八，《佩文韵府》卷三十四之七作"斑"。案，"班"通"斑"。"白"，《楚辞》卷四九章章句第四《离骚》，《编珠》卷四，《初学记》卷二十八果木部，明汪瑗撰《楚辞集解·橘颂》（明万历刻本），《佩文斋广群芳谱》卷六十四果谱，《全后汉文》卷五十，《渊鉴类函》卷四百一果部三作"理"。案，"理"疑指卢橘内部纹理。

〔25〕"充",《汉魏六朝百三名家集》卷十五汉李尤集作"克"。案,《说文·儿部》:"充,长也,高也。"段玉裁注:"满也。""充"有时写作"㑙"。《尔雅·释言》:"克,能也。"前文"眩林曜封"之"封",后文"淫乐无穷"之"穷","充"均为东部韵,"克"为职部韵,故当作"充","克"乃与"㑙"形近而讹。

〔26〕滋味伟异:味道卓异出众。

〔27〕淫乐无穷:超凡享受之乐趣无极限。

〔28〕副:搭配。

〔29〕"芋柘",《太平御览》卷九百七十四果部十一作"甘柘";《全后汉文》卷五十作"苷蔗"。案,"柘"通"蔗",指甘蔗。① 《说文·艸部》"芋"段玉裁注:"芋之为物,叶大根实,二者皆堪骇人,故谓之芋。"故当作"芋柘",形容甘蔗大。

〔30〕"弘",《说文解字义证》卷三,《佩文韵府》卷九十三之六作"宏"。案,《说文解字注》第七篇下:"假'弘'为'宏'",二者通假。清讳"弘"为"宏"。丰弘诞节:芋柘茎干长大饱满。

〔31〕纤液:《说文·糸部》"纤,细也。""纤液"于义难通。古言"仙液琼浆",疑为"仙液",指美味令人迷醉之饮料。"纤"同音而讹。

〔32〕玉津:仙药名。《太平御览》卷八百六十一饮食部十九引"《汉武故事》曰:'西王母曰太上之药有玉津金浆,其次药有五云之浆。'"

〔33〕"饮",《太平御览》卷九百七十四果部十一,《说文解字义证》卷三,《全后汉文》卷五十作"饴"。案,二者均通。"纤液玉津"均为名词,同类相比,以"饴蜜"为上,指饴糖蜂蜜。《论衡》卷三《本性篇》:"诙谐剧谈,甘如饴蜜。"

〔34〕《玉篇·鸟部》:"鸷,猛鸟也。"屈原《离骚》:"鸷鸟之不群兮,自前世而固然。"王逸注:"鸷,执也。谓能执伏众鸟,鹰鹯之类也。"

〔35〕陆嬉:在陆地上游嬉。

〔36〕《说文·龙部》:"龙,鳞虫之长。能幽能明,能细能巨,能短能长;春分而登天,秋分而潜渊。"《说文·黾部》:"鼍,水虫,似蜥易,长大。"

〔37〕水处:生活在水中。

〔38〕"迴",《六臣注文选》卷十八马融《长笛赋》注,《笺注骆临海集》卷九《对策文三道》注作"廻"。案,"迴""廻"为异体字。迴皇竞集:回旋徘徊,争相会集。

---

① 王力主编《王力古汉语字典》,第471页。

〔39〕季秋：秋季第三个月，即农历九月。《礼记》卷五："季秋之月，日在房，昏虚中，旦柳中。"

〔40〕"末"，《全后汉文》卷五十作"未"。案，当作"末"，"未"乃形近而讹。末际：九月末。

〔41〕高风：强劲之风。刘向《九叹·远游》："溯高风以低佪兮，览周流于朔方。"

〔42〕烝厉：强劲严寒。

〔43〕神奔：如神灵御气往来般神速，不可捉摸。

〔44〕电驱：迅如闪电般行进。

〔45〕星流：像流星划过天际般迅速。张衡《东京赋》："煌火驰而星流，逐赤疫于四裔。"

〔46〕矢弩：如箭矢射过般快速。

〔47〕莫若：不如，比不上。

〔48〕益野：更富野性的。《全汉赋校注》释为"益州境内"。①

〔49〕腾驹：公马。《礼记》卷五："仲夏之月游牝别群，则絷腾驹。"

〔50〕"醯"：酰之旧称。《说文·皿部》："醯，酸也。"橙醯：以橙为原料做成之酸酱。

〔51〕"菹"同"葅"。《说文·艸部》："葅，酢菜也。"段玉裁注："菹须酰成味。周礼七菹。韭菁茆葵芹菭笋也。"《说文·竹部》："笋，竹胎也。"笋菹：用竹笋所做酢菜。

〔52〕该句篇名及作者有争议。（1）《七启》。见宋陈景沂撰《全芳备祖》（明毛氏汲古阁抄本）后集卷七果部。（2）招（昭）明太子《七启》。见清华希闵辑《广事类赋》（清乾隆二十九年华希闵刻本）卷三十三，《佩文斋广群芳谱》卷五十八果谱。（3）李尤《七欸》。见《太平御览》卷九百七十一果部八。（4）李尤《七款》。见《事文类聚》后集卷二十六果实部，《全后汉文》卷五十。（5）李尤《七叹》。见《渊鉴类函》卷四百二果部四。（6）李亢。见明徐光启撰《农政全书》（明崇祯平露堂本）卷二十九树艺《果部上》。案，"李亢"为"李尤"之讹，见前文上编"文献记载分歧考辨"部分。按文献从先，暂将该句归属于李尤。鸿柿若瓜：柿子大如瓜。

---

① 费振刚、仇仲谦、刘南平校注《全汉赋校注》，第585页。

9. 七命^[1]

味兼龙羹^[2]。(《述异记》卷上)

[校注]

〔1〕见《述异记》卷上,《玉川子诗集注》卷二,《太平御览》卷九百三十鳞介部
二,《事类赋》卷二十八鳞介部,《天中记》卷五十六,《广博物志》卷四十九,明夏
树芳辑《词林海错》(明万历刻本)卷七,《格致镜原》卷二十四、卷九十,《骈字类
编》卷二百一十八虫鱼门一,《渊鉴类函》卷四百三十七鳞介部一。

〔2〕味兼龙羹:味道比龙肉所做之羹更加美好。《马王堆汉墓帛书》:"利不兼,
赏不倍。"《述异记》卷上:"汉元和元年大雨,有一青龙堕于宫中,帝命烹之,赐群
臣龙羹各一杯。"《太平御览》卷九百三十鳞介部二作"汉和帝元年",依据为《述异
记》。汉和帝章和二年(88)二月壬辰即位,元年为永元元年(89)。则李尤《七命》
可能作于汉元和元年(84)或其后。

二 铭

李尤铭存有《洛铭》《京师城铭》《鸿池陂铭》《函谷关铭》《孟津
铭》《辟雍铭》《明堂铭》《平乐馆铭》《高安馆铭》《德阳殿铭》《永安
宫铭》《东观铭》《太学铭》《云台铭》《阙铭》《上林苑铭》《穀城门
铭》《上东门铭》《中东门铭》《旄城门铭》《开阳城门铭》《平阳城门
铭》《小苑门铭》《津城门铭》《广阳门铭》《雍城门铭》《上西门铭》
《夏门铭》《堂铭》《室铭》《楹铭》《牖铭》《门铭》《井铭》《灶铭》
《武库铭》《钲铭》《良弓铭》《弩铭》《弧矢铭》《铠铭》《盾铭》《宝剑
铭》《戟铭》《弹铭》《鼎铭》《樽铭》《杯铭》《盘铭》《盂铭》《盫盛
铭》《豐侯铭》《羹魁铭》《屏风铭》《匮匣铭》《卧床铭》《床几铭》
《几铭》《席铭》《镜铭》《熏炉铭》《金羊灯铭》《箕铭》《漏刻铭》《权
衡铭》《鞠城铭》《围棋铭》《壶筹铭》《博铭》《舟楫铭》《天軿车铭》
《小车铭》《鞍铭》《辔铭》《马箠铭》《钟簴铭》《琴铭》《笛铭》《书案
铭》《经柷铭》《笔铭》《砚铭》《读书枕铭》《金马书刀铭》《冠帻铭》

《文履铭》《错佩刀铭》《駮具错剑铭》《麈尾铭》《灵寿杖铭》《印铭》九十一篇。

1. 洛铭[1]

洛出熊耳[2]，东流会集[3]。夏禹[4]导疏[5]，经于洛邑[6]。玄[7]龟赤字，汉符是立[8]。帝都[9]通路[10]，建国南乡[11]。万乘[12]终济，造舟为梁[13]。三都[14]五州[15]，贡筐[16]万方[17]。广视远听[18]，审任贤良[19]。元首昭明，庶类是康[20]。（《初学记》卷六地部中"洛水第七·铭"）

[校注]

〔1〕篇名分歧有四。（1）《洛铭》。见《初学记》卷六地部中，《古文苑》卷十三，《东汉文纪》卷十四，《汉魏六朝百三名家集》卷十五汉李尤集，《御选唐诗》卷十四五言律《归渡洛水》注，《全后汉文》卷五十，《渊鉴类函》卷三十八地部十六，《佩文韵府》卷三十四之二、卷三十五、卷八十四之一、卷八十六、卷一百三之一。（2）《洛水铭》。见《佩文斋咏物诗选》卷九十一洛水类。（3）《洛碑铎》。见雍正《河南通志》卷七十九。（4）《路铭》。见《佩文韵府》卷六十六之一。案，《路铭》所引"帝都通路，建国南乡"实为李尤《洛铭》文句，由《洛铭》"洛出熊耳"可见当作"洛"，"路"乃形近而讹。《洛水铭》简称为《洛铭》，疑有碑刻，称《洛碑铭》。

〔2〕《尚书》卷三《禹贡·夏书》："导洛自熊耳，东北会于涧、瀍。又东会于伊，又东北入于河。"孔安国注："合于洛阳之南。"汉孔安国传，唐孔颖达疏《尚书注疏》（清嘉庆二十年南昌府学重刊宋本十三经注疏本）附释音卷六《禹贡·夏书》注："在宜阳之西。"郦道元《水经注》卷十五："洛水之北有熊耳山，双峦竞举，状同熊耳。此自别山不与《禹贡》'导洛自熊耳'同也。昔汉光武破赤眉樊崇，积甲仗与熊耳平，即是山也。"

〔3〕东流会集：向东流，会集成大河。

〔4〕夏禹：夏代开国君主。颛顼之孙，姓姒氏，号禹。因平治洪水有功，受舜禅让为天子，世称"大禹"。在位八年而卒，传位于子启，而开君主世袭之制，亦称"夏后氏"。

〔5〕"疏"，《古文苑》卷十三李尤《洛铭》作"疏"。案，二者为异体字。导疏：

开导疏通壅塞之河道。

〔6〕洛邑：晋皇甫谧撰，清宋翔凤集校《帝王世纪》（清光绪贵筑杨氏刻训纂堂丛书本）卷五："《孝经援神契》：'八方之广，周洛为中。于是遂筑新邑，营定九鼎，以为王之东都于洛邑。'"《逸周书》卷五《作雒解》："周公敬念于后曰'予畏同室克追，俾中天下。及将致政，乃作大邑成周于土中，城方千七百二十丈，郛七十里，南系于洛水，地因于剌山，以为天下之大凑。'"

〔7〕"玄"，《汉魏六朝百三名家集》卷十五汉李尤集，《佩文斋咏物诗选》卷九十一洛水类，《渊鉴类函》卷三十八地部十六作"元"。案，"玄"清讳为"元"。

〔8〕"玄龟赤字，汉符是立"，《古文苑》卷十三李尤《洛铭》郑樵注："孔安国《书》注：'天与禹，洛出书，龟负文而出。'《淮南子》：'洛出丹书。'汉火德，故以赤字为符。"

〔9〕帝都：天子所居之京师。

〔10〕通路：四通八达之路。

〔11〕建国南乡：（光武帝）建立国家政权于南面之洛阳。

〔12〕万乘：周制，天子地方千里，兵车万乘，后世因称天子为"万乘"。张衡《东京赋》："虽万乘之无惧，犹怵惕于一夫。"

〔13〕造舟为梁：船靠船，组成浮桥。语出《诗经》卷十六《大雅·大明》："大邦有子，俔天之妹。文定厥祥，亲迎于渭。造舟为梁，不显其光。"《古文苑》卷十三李尤《洛铭》郑樵注："此谓帝都所在，万乘出入必经洛水，故造舟联之，又架梁于上，所以尊国体。"

〔14〕三都：《古文苑》卷十三李尤《洛铭》郑樵注"三都谓周成王初营洛邑为东都，平王东迁都王城及光武中兴洛阳为汉京"。

〔15〕"州"，雍正《河南通志》卷七十九作"岳"。案，五岳指中岳嵩山、东岳泰山、西岳华山、南岳衡山、北岳恒山。故当作"州"。《古文苑》卷十三李尤《洛铭》郑樵注："五州谓五服内所官之州。"

〔16〕贡篚：《尚书》卷三《禹贡·夏书》："厥贡漆丝，厥篚织文。"孔颖达疏："篚是入贡之时盛在于篚。"后用"贡篚"指贡品。《后汉书》卷七十《郑孔荀列传·孔融传》："案表跋扈，擅诛列侯。遏绝诏命，断盗贡篚，招呼元恶，以自营卫。"

〔17〕万方：万国，各地诸侯。《尚书》卷四《汤诰·商书》："王归自克夏，至于亳，诞告万方。"《古文苑》卷十三李尤《洛铭》郑樵注："禹定贡赋，有贡有篚。今会于汉京，悉由洛而济。"

〔18〕广视远听：兼听博采，长远规划。

〔19〕审任贤良：审辨择任贤能良善之才。

〔20〕《古文苑》卷十三李尤《洛铭》郑樵注："言汉居天下之中，人主聪明无蔽。委用贤材则天下治。《书》：'元首明哉，股肱良哉，庶事康哉。'"

2. 京师城铭^[1]

天险匪登，地险丘陵^[2]。帝王设险，乾坤是承。(《艺文类聚》卷六十三居处部三"城")

［校注］

〔1〕篇名分歧有二。(1)《京师城铭》。见《艺文类聚》卷六十三居处部三，《初学记》卷二十四居处部，《玉海》卷一百七十三宫室，《全后汉文》卷五十，《渊鉴类函》卷三百四十居处部一。(2)《京师城门铭》。见《东汉文纪》卷十四，《汉魏六朝百三名家集》卷十五汉李尤集，《佩文韵府》卷二十五之一、卷二十五之四。案，从残存铭文，无法确定写城还是写城门，姑存疑。

〔2〕"丘"，《玉海》卷一百七十三宫室作"王"；《东汉文纪》卷十四，《渊鉴类函》卷三百四十居处部一，《佩文韵府》卷二十五之四作"邱"。案，《说文·邑部》："邱，地名。"《说文·丘部》："丘，土之高也，非人所为也。一曰四方高中央下为丘。""后世文献'丘''邱'常互通，唯孔子名只做'丘'。其实'丘''邱'音同义通，实同一词。"① "王陵"于义难通。

3. 鸿池陂铭^[1]

(1) 鸿泽之陂^[2]，圣王所规^[3]。开源东注，出自城池^[4]。(《水经注》卷十六"谷水")

(2) 渐台中起，列馆参差^[5]。(《文选》卷二十七谢朓《晚登三山还望京邑》注)

［校注］

〔1〕篇名分歧有二。(1)《鸿池陂铭》。见《水经注》卷十六，《水经注笺》卷十

---

① 王力主编《王力古汉语字典》，第 1468 页。

六，《水经注集释订讹》卷十六，南北朝郦道元撰、清赵一清注《水经注释》卷十六，《文选笺证》卷三，《玉海》卷一百七十官室，《东观汉纪》卷十四，《汉魏六朝百三名家集》卷十五汉李尤集，《历代帝王宅京记》卷九，《后汉书补注》卷二十四志第二十六百官三，《后汉书集解》百官三，《续汉志集解》百官志三注，《全后汉文》卷五十，《佩文韵府》卷二十四之六、卷三十四之三、卷一百之三。（2）《洪池铭》。见《文选》卷二十七、《六臣注文选》卷二十七谢朓《晚登三山还望京邑》注，《玉海》卷一百七十宫室，《文选理学权舆》卷二。《文选理学权舆》："李尤《洪池铭》。志祖案：－－'《水经谷水注》作李尤《鸿池陂铭》。'"故可知二者实为同一篇。晋张载亦有《鸿池陂铭》，且"开源东注，出自城池"源于李尤铭。

"渐台中起，列馆参差"句作者分歧有二。（1）李尤。见《文选》卷二十七、《六臣注文选》卷二十七谢朓《晚登三山还望京邑》注。（2）张载。见《艺文类聚》卷九水部下，《西晋文纪》卷十八西晋张载《鸿池陂铭》，《汉魏六朝百三名家集》卷五十四晋张载集，《全晋文》卷八十五，《渊鉴类函》卷三十三地部十一。《玉海》卷一百七十宫室，《全后汉文》卷五十，《全晋文》卷八十五既属李尤《洪池铭》，又属晋张载《鸿池陂铭》。该句应是张载直接引用李尤铭文。

〔2〕《水经注》卷十六："《百官志》曰：'鸿池，池名也，在洛阳东二十里。'"《文选》卷三张衡《东京赋》："于东则洪池清蘌，渌水澹澹。"李善注："洪，池名也，在洛阳东三十里。"《后汉书》卷五十四《杨震列传》注："鸿池在洛阳东，上林在西。"

〔3〕圣王所规：圣明君王所规划修建。

〔4〕"源"，《水经注笺》卷十六，《水经注集释订讹》卷十六，《东汉文纪》卷十四，《汉魏六朝百三名家集》卷十五汉李尤集，《历代帝王宅京记》卷九，《后汉书补注》卷二十四志第二十六百官三，《后汉书集解》百官三，《续汉志集解》百官志三注，《佩文韵府》卷二十四之六、卷三十四之三作"水"；《文选笺证》卷三作"流"；《玉海》卷一百七十宫室作"又"。案，《合校水经注》卷十六王先谦按语："'源'近刻讹作'水'，朱谋㙔云：旧本作'又'。"《水经注笺》卷十六："李尤《鸿池陂铭》曰：'鸿泽之陂，圣王所规。开水东注，出自城池也。''开水东注'旧本作'开又东注'，《玉海》引此亦作'开又'，其误久矣。按《艺文类聚》张载《鸿池陂铭》曰：'开原东注，出自城池。'盖本李尤语也。""谷水又东注鸿池陂。（中略）池东西千步，南北千一百步，四周有塘，池中又有东西横塘，水溜径通。（中略）其水又东左合七里涧。"

〔5〕"渐台中起，列馆参差"：亭台水榭池水中屹立，众多馆阁高低错落。

4. 函谷关铭[1]

函谷险要，襟[2]带喉咽[3]。尹[4]从李老[5]，留作二篇[6]。孟尝离[7]秦，奔骜[8]东征。夜造稽疑[9]，谲以鸡鸣[10]。范睢[11]将入，自盛以囊。元鼎革移[12]，错之新安[13]。舍彼西阻[14]，东即高原[15]。长墉重关[16]，闭固不逾[17]。简易[18]易从，与乾合符[19]。（《艺文类聚》卷六地部"关"）

［校注］

〔1〕篇名分歧有三。（1）《函谷关铭》。见《史记》卷六十三《老子韩非列传》注，《文选》卷二张衡《西京赋》薛综注、卷三张衡《东京赋》薛综注、卷六左思《魏都赋》注、卷十一王延寿《鲁灵光殿赋》张载注、卷二十沈约《应诏乐游苑饯吕僧珍诗》注、卷五十八王仲宝《褚渊碑文并序》注、卷五十九沈约《齐故安陆昭王碑文》注，《六臣注文选》卷二张衡《西京赋》薛综注、卷三张衡《东京赋》薛综注、卷六左思《魏都赋》刘渊林注、卷十潘岳《西征赋》注、卷十一王延寿《鲁灵光殿赋》张载注、卷二十沈约《应诏乐游苑饯吕僧珍诗》注、卷五十八王仲宝《褚渊碑文并序》注、卷五十九沈约《齐故安陆昭王碑文》注，清王琦注《李太白诗集注》卷一古赋《大猎赋并序》注，《艺文类聚》卷六地部，《初学记》卷七地部下，《玉海》卷二十四地理，《古文苑》卷六李尤《函谷关赋》注，元胡三省撰《通鉴释文辨误》卷十，明贺复征编《文章辨体汇选》（清文渊阁四库全书补配清文津阁四库全书本）卷四百五十二，《东汉文纪》卷十四，《汉魏六朝百三名家集》卷十五汉李尤集，《御选唐诗》卷二十二七言律李商隐《对雪》注，《存砚楼文集》卷八，清洪亮吉撰《晚读书斋杂录》（清道光二十二年刻本）三录卷下，《文选旁证》卷四十五《褚渊碑文》，《文选理学权舆》卷二，《骈字类编》卷五十四山水门十九、卷一百二数目门二十五、卷一百一十四方隅门二，《全后汉文》卷五十，《渊鉴类函》卷三百五十一居处部十二，《佩文韵府》卷二之三。（2）《函谷山铭》。见《樊南文集详注》卷四《为河东公谢相国京兆公启》注，《李义山文集笺注》卷四《为河东公谢相国京兆公启》注。（3）《函谷铭》。见《玉海》卷二十四地理。案，铭文写关之设置、作用、历史等，故《函谷关铭》为上，省称为《函谷铭》。《水经注》："烛水又北入门水，水之左右，即函谷山也。"函谷山在函谷关原址处，故有《函谷山铭》之称。

〔2〕"襟"，《文选》卷二张衡《西京赋》薛综注、卷六左思《魏都赋》注、卷五

十九沈约《齐故安陆昭王碑文》注、《六臣注文选》卷六左思《魏都赋》注、卷十潘岳《西征赋》注、卷二十沈约《应诏乐游苑饯吕僧珍诗》注、卷五十九沈约《齐故安陆昭王碑文》注作"衿"。案，《说文·衣部》："袊，交衽也。"段玉裁注："'袊'之字一变为'衿'，再变为'襟'，字一耳。"

〔3〕"喉咽"，《文选》卷二张衡《西京赋》薛综注、卷三张衡《东京赋》薛综注、卷六左思《魏都赋》注、卷二十沈约《应诏乐游苑饯吕僧珍诗》注、卷五十八王仲宝《褚渊碑文并序》注，《六臣注文选》卷二张衡《西京赋》薛综注、卷三张衡《东京赋》薛综注、卷六左思《魏都赋》刘渊林注、卷二十沈约《应诏乐游苑饯吕僧珍诗》注、卷五十九沈约《齐故安陆昭王碑文》注，《李太白诗集注》卷一古赋《大猎赋并序》注，《樊南文集详注》卷四《为河东公谢相国京兆公启》注，《李义山文集笺注》卷四《为河东公谢相国京兆公启》注，《初学记》卷七地部下，雍正《河南通志》卷七十九，《渊鉴类函》卷三百五十一居处部十二，《佩文韵府》卷二十六之七作"咽喉"。案，二者于义均通。考其用韵，"喉"为侯部韵，"咽"为真部韵，后文"尹从李老，留作二篇"之"篇"为真部韵，故当作"喉咽"，"咽喉"乃妄乙致讹。伏俊琏亦作如是论①。襟带喉咽：山川屏障环绕，如襟带，把控固守。比喻要害之处或交通要道。《汉书》卷九十《酷吏传·严延年传》："河南天下喉咽，二周余毙，莠盛苗秽，何可不鉏也？"颜师古曰："喉咽，言其所在襟要，如人体之有喉咽也。"

〔4〕尹：关令尹喜。

〔5〕李老：老子，姓李名耳，字聃。《史记》卷六十三《老子韩非列传》注："《索隐》李尤《函谷关铭》云：'尹喜要老子，留作二篇。'"案，李尤《函谷关铭》全文为四言，疑《索隐》所言"尹喜要老子"为"尹从李老"注释文。

〔6〕二篇：《道经》《德经》上下篇。

〔7〕"离"，《玉海》卷二十四地理作"雜"。案，当作"离"。

〔8〕"骛"，《东汉文纪》卷十四，雍正《河南通志》卷七十九作"鹜"。案，《说文·马部》："骛，乱驰也。"《说文·鸟部》："鹜，舒凫也。"故当作"骛"，"鹜"乃形近同音而讹。

〔9〕夜造稽疑：夜晚到达函谷关时被稽考质疑。王彦龙注涉王稽、张禄、郑安平误。②

① 伏俊琏：《敦煌唐写本〈西京赋〉残卷校诂》，《敦煌学辑刊》1993年第2期。
② 王彦龙：《李尤研究及〈李尤集〉校注》，西北大学硕士学位论文，2015，第63页。

〔10〕谲以鸡鸣：以人学鸡叫，成权诈之变。

〔11〕"睢"，《文章辨体汇选》卷四百五十二，《东汉文纪》卷十四，雍王《河南通志》卷七十九，《全后汉文》卷五十作"睢"。案，见前文《函谷关赋》"睢背魏而西逝，托衾衣以免搜"注。

〔12〕"革"，《汉魏六朝百三名家集》卷十五汉李尤集作"辈""辇"。案，《说文·车部》："辈，若军发车百两为一辈。""辇，挽车也。"《说文·革部》"革"段玉裁注："故引伸为凡更新之用。""辈""辇"于义不通，故当作"革"。元鼎革移：政权更替，此处指汉代秦。

〔13〕错之新安：函谷关为战国时秦所置，武帝元鼎三年（前114）冬，徙于河南郡新安县。

〔14〕"阻"，《渊鉴类函》卷三百五十一居处部十二作"徂"。案，《说文·辵部》："徂，往也。"《说文·𨸏部》："阻，险也。"故当作"阻"。

〔15〕"原"，雍正《河南通志》卷七十九作"源"。案，"源"本作"原"。"舍彼西阻，东即高原"：舍弃西边险阻之地，东迁至高原之上，即由今河南省灵宝县西南谷中迁至河南郡新安县高原。

〔16〕"关"，本作"阁"，据《艺文类聚》（清文渊阁四库全书本）改。案，《说文·土部》："墉，城垣也。"《说文·门部》："关，以木横持门户也。"段玉裁注："《周礼》注曰：'关，畍上之门。'"《说文·门部》："阁，所以止扉者。"故当作"关"。长墉重关：城墙绵延，重重关塞。

〔17〕"闭"，本作"闲"，据雍正《河南通志》卷七十九改；《汉魏六朝百三名家集》卷十五汉李尤集，《全后汉文》卷五十作"闲"。案，《说文·门部》："闲，隙也。"段玉裁注："凡有两边有中者皆谓之隙。隙谓之闲。闲者，门开则中为际。"《说文·门部》："闲，阑也。"段玉裁注："引申为防闲，古多借为清闲字。"《说文·门部》："闭，阖门也。"故"闭"为上。闭固不逾：重兵把守，禁闭严固，不得逾关出入。

〔18〕"易"，《古文苑》卷六李尤《函谷关赋》注作"易"。案，《说文·勿部》："易，开也。从日一勿。一曰飞扬。一曰长也。一曰强者众皃。"段玉裁注："'阴阳'行而'舍易'废矣。辟户谓之乾。"故当作"易"，"易"乃形近而讹。

〔19〕"简易易从，与乾合符"：简择紧要，容易执行，与皇天相合。《后汉书》卷三十一《郭杜孔张廉王苏羊贾陆列传·陆康传》："省徭轻赋，以宁天下。除烦就约，以崇简易。"

5. 孟津铭[1]

洋洋[2]河水,赴宗于海[3]。经自中州[4],龙图[5]所在。黄函白神[6],赤符[7]以信。昔有周武,集会孟津[8]。鱼入王舟[9],乃往克殷[10]。大汉承绪[11],怀附[12]遐邻[13]。邦事[14]来济,各贡厥珍[15]。(《古文苑》卷十三李尤《孟津铭》)

[校注]

〔1〕篇名分歧有四。(1)《河铭》。见《艺文类聚》卷八水部上,《东汉文纪》卷十四,《汉魏六朝百三名家集》卷十五汉李尤集,《佩文斋咏物诗选》卷八十九河类,《全后汉文》卷五十,《渊鉴类函》卷三十六地部十四,《佩文韵府》卷四十之二、卷六十六之六。(2)《孟津碑铭》。见雍正《河南通志》卷七十九。(3)《盟津铭》。见《水经注》卷一,《玉海》卷十四地理,《御选唐诗》卷五五言古王维《至滑州隔河望黎阳忆丁三寓》注,《韵府拾遗》卷七,《说文解字义证》卷三十四,《骈字类编》卷四十八山水门十三,《子史精华》卷十一地部六,《佩文韵府》卷二十四之六、卷三十四之三。(4)《孟津铭》。见《艺文类聚》卷九水部下,《古文苑》卷十三李尤《孟津铭》,《东汉文纪》卷十四,《汉魏六朝百三名家集》卷十五汉李尤集,清江有诰撰《音学十书·唐韵四声正》(清嘉庆道光间江氏刻本),《骈字类编》卷一百三十五采色门二、卷一百三十七采色门四,《隋书经籍志考证》卷九经部九、卷三十九之二集部二之二,《渊鉴类函》卷三十五地部十三,《佩文韵府》卷三十。案,《盟津铭》《孟津铭》《孟津碑铭》《河铭》所引文句均相同,实为一篇,不能像《东汉文纪》卷十四,《汉魏六朝百三名家集》卷十五汉李尤集《孟津铭》《河铭》两篇并列。《尚书》卷三《禹贡》注:"孟津,地名,在洛北,都道所凑,古今以为津。"《古文苑》卷十三李尤《孟津铭》注:"《周书》注:'孟者,河北地名,《春秋》所谓向盟是也。故《史记》谓之盟津。'"故"孟津""盟津"皆可。孟津在黄河上,铭文中有"洋洋河水"句,另李尤有《洛铭》之作,"河洛"并称,故有《河铭》之称。是否此铭文镌刻于石碑上,故称《孟津碑铭》?

〔2〕洋洋:水势盛大貌。《诗经》卷三《卫风·硕人》:"河水洋洋。"《传》:盛大也。三国王肃注《孔子家语》(四部丛刊景明翻宋本)卷五《困誓》:"(孔子)临河而叹曰:'美哉!水洋洋乎。'"

〔3〕"赴",《水经注》卷一,《玉海》卷十四地理,《御选唐诗》卷五五言古王维

《至滑州隔河望黎阳忆丁三寓》注，《韵府拾遗》卷七，《说文解字义证》卷三十四，《子史精华》卷十一地部六，《隋书经籍志考证》卷九经部九作"朝"。案，"水朝宗于海"源于《诗经》卷十一《小雅·沔水》："沔彼流水，朝宗于海。"汉时沿用。《说文·走部》："赴，趋也。"故二者均可。赴宗于海：奔流到海。

〔4〕经自中州：流经中原地区。中州：中原地区。《三国志》卷六十《吴书·全琮传》："是时中州士人避乱而南，依琮居者以百数。"

〔5〕龙图：龙马负图出于河，伏羲因画八卦。《周易》卷七《系辞上》："河出图，洛出书，圣人则之。"《说文解字义证》卷四十九："夫河出图，洛出书，圣帝明王之瑞应也。"

〔6〕黄函白神：《古文苑》卷十三李尤《孟津铭》注"黄者，河之色，属土，土生金，故黄中函白"。

〔7〕赤符：赤者，火也，火克金。殷尚白，周尚赤，以兵克殷之兆。

〔8〕《史记》卷三《殷本纪》："西伯既卒，周武王之东伐，至盟津，诸侯叛殷会周者八百。诸侯皆曰：'纣可伐矣。'武王曰：'尔未知天命。乃复归。'"

〔9〕《尚书大传》卷三《周传》："八百诸侯俱至孟津，白鱼入舟。"

〔10〕"克"，《艺文类聚》卷八水部上作"剋"；《东汉文纪》卷十四，《汉魏六朝百三名家集》卷十五汉李尤集，《佩文斋咏物诗选》卷八十九河类，《渊鉴类函》卷三十六地部十四作"尅"。案，《说文·克部》："克，肩也。"段玉裁注："俗作'剋'。"《正字通》卷三寸部："'尅'同'剋'。"乃往克殷：于是进军攻克殷商。

〔11〕大汉承绪：汉承继周之皇统。汉为火德，火色赤。《庾子山集注》卷十四《周上柱国宿国公河州都督普屯威神道碑》："昔者受律赤符，韩信当乎千里。"倪璠注："《史记》刘季为沛公，旗帜皆赤。由所杀蛇白帝子，杀者赤帝子，故上赤。"

〔12〕怀附：汉怀柔方外远国，济自孟津，以礼贡，不复用兵。《后汉书》卷二十三《窦融列传》："伏惟将军国富政修，士兵怀附。"

〔13〕遐邻：远方之邻国。

〔14〕"事"，雍正《河南通志》卷七十九作"车"。案，《周礼》卷三《地官司徒第二》："凡邦事，令作秩叙。"郑玄注："事，功力之事。"贾公彦疏："邦，国也。凡国家有功作之事，故云邦事也。"汉韦孟《讽谏》诗："邦事是废，逸游是娱。""邦车"言远方各国来汉之车，于义亦可。

〔15〕各贡厥珍：各自进贡本国珍宝。

6. 辟雍铭

惟[1]王所建，方中圆外[2]。清流四匝[3]，荡涤[4]浊秽[5]。(《东汉文纪》卷十四)

[校注]

〔1〕"惟"，《过夏杂录》卷四作"明"。案，二者均可。

〔2〕方中圆外：《水经注》卷十六"又迳明堂北，汉光武中元元年立，寻其基构，上圆下方，九室重隅十二堂，蔡邕《月令章句》同之，故引水于其下，为辟雕也"。"雕""雍"为异体字。

〔3〕"匝"，《说文解字义证》卷二十八，《全后汉文》卷五十作"帀"；《过夏杂录》卷四作"通"。案，《说文》："帀，周也。从反之而帀也。凡帀之属皆从帀。"《增韵》："'帀'俗作'匝'。"故"帀""匝"均可。"通"于义亦可，然少了回环义。

〔4〕荡涤：扫荡涤除。《史记》卷二十四《乐书》："天子躬于明堂临观，而万民咸荡涤邪秽，斟酌饱满，以饰厥性。"

〔5〕浊秽：污浊，喻指丑恶、鄙陋之事物。《史记》卷八十四《屈原贾生列传·屈原传》："濯淖污泥之中，蝉蜕于浊秽，以浮游尘埃之外。"《汉书》卷七十五《眭两夏侯京翼李传·李寻传》："荡涤浊濊，消散积恶。"颜师古注："'濊'，与'秽'同。"

7. 明堂铭

布政[1]之室[2]，上圆下方[3]。体则天地，在国正阳[4]。牕闼四设[5]，流水洋洋[6]。顺节行化[7]，各居其房[8]。春恤幼孤[9]，夏进贤良[10]。秋厉[11]武人[12]，冬谨关梁[13]。(《艺文类聚》卷三十八礼部上"明堂")

[校注]

〔1〕布政：施行政教。《史记》卷十《孝文本纪》："人主不德，布政不均，则天示之以菑，以诫不治。"

〔2〕"室"，唐白居易撰《白氏六帖事类集》(民国景宋本)卷十一，《太平御览》卷五百三十三礼仪部十二作"宫"。案，《说文·宫部》："宫，室也。"段玉裁注："宫

言其外之围绕，室言其内。析言则殊，统言则不别也。"《白虎通德论》卷四："明堂上圆下方，八窗四达，布政之宫。（中略）九室法九州。"故二者均可。

〔3〕"圆"，《玉海》卷九十五郊祀作"员"。案，《说文·员部》："员，物数也。"《说文·囗部》："圆，圜全也。"故本作"圆"，后通"员"。上圆下方：明堂方形地基，圆形屋顶。《黄帝明堂图》："中有一殿，四面无壁，以茅盖，通水，圜宫垣为复道，上有楼，从西南入，命曰昆仑。天子从之入，以拜祠上帝焉。"

〔4〕"正"，《太平御览》卷五百三十三礼仪部十二，《骈字类编》卷一百七十五器物门二十八作"之"。案，后汉时明堂去平城门二里所，而平城门"午位处中"，"正阳南面"。故二者均可，"正"为上。"在国正阳"，《白氏六帖事类集》卷十一作"政则阴阳"。案，疑此处有阙文，当作"体则天地，政则阴阳。□□□□，在国正阳"。"体则天地，政则阴阳"：建筑格局效仿天地，政令施行效法阴阳变异。在国正阳：位于京都洛阳正南。

〔5〕"牎"，《太平御览》卷五百三十三礼仪部十二作"窓"，《佩文韵府》卷九十六之二作"窗"。"牎闼"，《白氏六帖事类集》卷十一作"摠达"。案，"摠达"于义不通，牎、窓、窗为异体字。当作"牎闼"。牎闼四设：《汉书·平帝纪》应劭注"八窗四达。（中略）八窗法八风，四达法四时"。

〔6〕流水洋洋：周围璧水水势盛大。璧水指辟雍周围圆形环绕的水。

〔7〕"化"，《白氏六帖事类集》卷十一作"礼"。案，《汉书》卷十二《平帝纪》应劭注"明堂所以正四时，出教化"。"礼"于义亦通。顺节行化：顺应时令节序实施教化。

〔8〕"房"，《白氏六帖事类集》卷十一作"旁"。案，当作"房"。《吕氏春秋》卷一孟春纪高诱注："青阳者，明堂也。中方外圜，通达四出。各有左右房，谓之个，个犹隔也。东出谓之青阳，南出谓之明堂，西出谓之总章，北出谓出玄堂。"各居其房：各种不同教化出于不同房间，亦即每个区间功能各有所主。

〔9〕"幼孤"，《白氏六帖事类集》卷十一作"孤幼"。案，二者于义均可。《孟子》卷二《梁惠王下》："幼而无父曰孤。"引申之凡单独皆曰孤。幼：少也。

〔10〕"进"，《白氏六帖事类集》卷十一作"近"。案，《吕氏春秋》卷四孟夏纪："命太尉赞桀俊，遂贤良，举长大。行爵出禄，必当其位。"故"进"为上。"春恤幼孤，夏进贤良"：春夏季抚恤赈济孤儿寡老，招纳引进贤能良善之士。

〔11〕"厉"，《东汉文纪》卷十四作"属"。案，《说文·厂部》："厉，旱石也。""秣马厉兵"中"厉"可释为磨砺。《说文·尾部》："属，连也。""属"有集合、集

会义,《说文·言部》:"谨,慎也。"故均可。

〔12〕"武人",《太平御览》卷五百三十三礼仪部十二,《全后汉文》卷五十作"威武"。案,均可。

〔13〕"秋厉武人,冬谨关梁",《白氏六帖事类集》卷十一作"秋励武,冬进贤"。案,当为四言句,前已有"夏进贤良","冬进贤"则重复。"秋厉武人,冬谨关梁":秋冬季磨砺兵士,加强军备,加强关口、桥梁等重要防卫设施的建设与守卫。

8. 平乐馆铭[1]

乃兴平乐[2],弘敞丽光[3]。层楼通阁[4],禁闼[5]洞房。棼梁照曜[6],朱华饰珰[7]。骋武舒秘[8],以示[9]幽荒[10]。加荣[11]普覆[12],然后来王[13]。(《艺文类聚》卷六十三居处部三"馆")

[校注]

〔1〕《玉海》卷一百六十五宫室作《平乐观铭》。案,"观""馆"通。

〔2〕乃兴平乐:于是兴建平乐观。

〔3〕弘敞丽光:高大宽敞,光鲜夺目。

〔4〕层楼通阁:高楼层叠,彼此有楼阁连接相通。

〔5〕"闼",《玉海》卷一百六十五宫室作"门"。案,《说文·门部》:"闼,门也。"《诗经》卷五《齐风·东方六日》:"彼姝者子,在我闼兮。"毛传:"闼,门内也。"《毛诗》卷五《齐·鸡鸣训诂传》:"韩诗云:'门屏之间曰闼。'"宋毛居正撰《增修互注礼部韵略》卷五入声:"汉号禁门曰黄闼。"《汉书》卷四《高后纪》:"不出房闼。"颜师古曰:"闼,宫中小门。"《汉书》卷四十一《樊郦滕灌傅靳周传·樊哙传》:"哙乃排闼直入。"颜师古注:"闼,宫中小门也。一曰门屏也,又闱也。"《平乐观赋》:"过洞房之转闼。"故二者均可,"闼"为上。

〔6〕棼梁照曜:楼阁雕梁画柱,交相辉映。

〔7〕"珰",清桂馥撰《札朴》(清嘉庆十八年李宏信小李山房刻本)卷四览古,《全后汉文》卷五十,《渊鉴类函》卷三百四十八居处部作"当"。案,《汉书》卷五十七上《司马相如传》:"华榱璧珰。"颜师古曰:"璧珰,以玉为椽头。当即所谓璇题,玉题者也。一曰以玉饰瓦之当也。"故二者均可。朱华饰珰:红色花朵装饰椽头。曹植《朔风诗》:"昔我初迁,朱华未希。今我旋止,素雪云飞。"目前考古发现汉瓦当多以瑞兽、文字、花纹样等为饰。

〔8〕骋武舒秘：驰骋武艺，展示以往不为人知的秘密军备。意思类似于《平乐观赋》："习禁武以讲捷，厌不羁之遐邻。"

〔9〕示：展示给某某看，此处有耀武、威慑之用意。

〔10〕幽荒：张衡《东京赋》"惠风广被，泽洎幽荒"。薛综注："幽荒，九州岛外，谓四夷也。"《隶释·汉成阳灵台碑》："甘雨时降，百谷孰成。幽荒率服，徐方来庭。"

〔11〕"加"，《东汉文纪》卷十四，《汉魏六朝百三名家集》卷十五汉李尤集，《全后汉文》卷五十，《渊鉴类函》卷三百四十八居处部九作"如"。案，《玉篇·力部》："加，益也。"加荣指对蛮夷君长加封晋爵，高升荣名。故当作"加"，"如"乃形近而讹。

〔12〕普覆：恩惠普施。《汉书》卷八十《宣元六王传》："天子普覆，德布于朝。"

〔13〕然后来王：然后来朝拜汉帝，承认其为一统天下之王。

9. 高安馆铭〔1〕

巍巍高安〔2〕，明圣是修〔3〕。嶕峣〔4〕丽馆〔5〕，窗闼列周〔6〕。增台〔7〕显敞〔8〕，禁室〔9〕静幽〔10〕。长除临起〔11〕，檽槛相承〔12〕。圣朝明察〔13〕，同保休征〔14〕。（《艺文类聚》卷六十三居处部三"馆"，《全后汉文》卷五十）

[校注]

〔1〕高安馆：清李佐贤撰《石泉书屋类稿》（清同治十年刻本）卷五金石题跋"汉有高安馆，'高安万世'或即此馆所用"。清陆心源撰《吴兴金石记》（清光绪刻潜园总集本）卷二"汉"："高安观瓦，径五寸一分，围一尺六寸五分，文曰'高安万世'。《金石索》按：《汉书·佞幸传》封董贤为高安侯，此即其私第之瓦。桂未谷云：汉有高安馆，非董贤第宅瓦也。"汉哀帝义陵陵园北门址附近采集到一件"高安万世"文字瓦当（YC：24）。①

〔2〕巍巍高安：崇高雄伟之高安馆。

〔3〕明圣是修：明睿圣人修建。

〔4〕嶕峣：高貌。班固《西都赋》："内则别风之嶕峣，眇丽巧而耸擢。"李善注："嶕峣，高也。"

---

① 陕西省考古研究院、咸阳市文物考古研究所：《汉哀帝义陵考古调查、勘探简报》，《考古与文物》2012 年第 5 期。

〔5〕丽馆：华丽之楼馆。

〔6〕"窗"，《东汉文纪》卷十四作"牕"。案，二者为异体字。"闼"，《玉海》卷一百六十作"陶"。案，"陶"于义不通，与"窗"联言，当作"闼"。窗闼列周：四周均有门窗。

〔7〕增台：重叠之高台，又作"层台"。

〔8〕显敞：高大宽广。王粲《登楼赋》："览斯宇之所处兮，实显敞而寡仇。"

〔9〕"禁室"，《佩文韵府》卷二十六之八作"筑家"。案，与"增台"相对，"禁室"为上。禁室：春秋战国商鞅撰《商子》（四部丛刊三编景明本）卷五《定分》："为法令为禁室，有铤钥，为禁而以封之，内藏法令一副禁室中，封以禁印，有擅发禁室印人，入禁室视禁法令，及禁剟一字以上，罪皆死不赦。"此处指禁止随便出入之房室。

〔10〕静幽：安静幽雅。《全后汉文》卷五十在"窗闼列周"后增"增台显敞，禁室静幽"。"增台显敞，禁室静幽"见于《文选》卷四、《六臣注文选》卷四左思《蜀都赋》刘渊林注，《文选》卷十一、《六臣注文选》卷十一王粲《登楼赋》注，《玉台新咏笺注》卷四《离夜诗》注。

〔11〕长除临起：长长殿陛从下往上延伸。

〔12〕楯槛相承：栏杆依次接连相续。张衡《西京赋》："伏楯槛而俯听，闻雷霆之相激。"

〔13〕圣朝明察：圣明帝王观察明细，不受蒙蔽。

〔14〕同保休征：共同保有吉兆。《汉书》卷十二《平帝纪》："休征嘉应，颂声并作。"

10. 德阳殿铭[1]

皇穹[2]垂象[3]，以示帝王[4]。紫微[5]之则[6]，弘[7]诞弥光[8]。大汉体天[9]，承以德阳[10]。崇弘高丽[11]，苞[12]受万方。内综朝贡[13]，外俟遐荒[14]。（《艺文类聚》卷六十二居处部二"殿"）

[校注]

〔1〕《天中记》卷十三作"德阳殿赋铭"。案，所引文句属《德阳殿铭》而不属《德阳殿赋》，"赋"衍。

〔2〕"穹"，《元河南志》卷二作"考"。案，皇穹指皇天。汉扬雄《剧秦美新》：

"登假皇穹，铺衍下土，非新家其畴离之？"皇考：对亡父、亡祖之尊称。《离骚》："帝高阳之苗裔兮，朕皇考曰伯庸。"故当作"穹"。

〔3〕垂象：显示征兆。《易》卷七《系辞上》："天垂象，见吉凶，圣人象之。"

〔4〕以示帝王：以诫示帝王。

〔5〕紫微：星座名，三垣之一，位在北斗七星东北方，东八颗，西七颗，各成列，似城墙护卫着北极星。

〔6〕"则"，《初学记》卷二十四居处部，《玉海》卷一百五十九宫室，《元河南志》卷二，《汉魏六朝百三名家集》卷十五汉李尤集，《全后汉文》卷五十，《佩文韵府》卷一百二十五，《天中记》卷十三作"侧"。案，"则"可释作以某为法则，"侧"可释为旁边。《文选》卷一《西都赋》注："《三辅黄图》曰：'秦营宫殿，端门四达，以则紫宫。'"故"则"为上。

〔7〕"弘"，《玉海》卷一百五十九宫室作"洪"，《佩文韵府》卷一百二十五作"宏"，《天中记》卷十三作"灵"。案，"弘"通"宏"，"洪"亦可表大义，宋讳"弘"为"洪"，清讳"弘"为"宏"，"灵"于义难通。

〔8〕此句和下句陈述北宫所有宫殿建设布局模拟紫微星垣，以德阳殿为中心（德阳殿为北宫殿之最尊者），其他宫殿似小星围绕紫微般围绕德阳殿排列。

〔9〕体天：法天并体现天象。

〔10〕承以德阳：承建德阳殿。

〔11〕崇弘高丽：高峻宽敞华美。

〔12〕"苞"，《初学记》卷二十四居处部，《玉海》卷一百五十九宫室，《元河南志》卷二，《天中记》卷十三作"包"。案，《说文·包部》"包"字段玉裁注："引伸之为凡外裹之称，亦作'苞'，皆假借字。"

〔13〕"综"，《天中记》卷十三作"摠"，《玉海》卷一百五十九宫室作"總"。案，"综""摠""總"有总聚义，故于义均通。内综朝贡：对内接受、总理诸侯或属国定期朝拜汉天子、进献方物事宜。《续后汉书》卷八十七："东汉正旦，天子临德阳殿受朝贺。"

〔14〕"俟"，《玉海》卷一百五十九宫室，《天中记》卷十三作"供"；《初学记》卷二十四居处部，《东汉文纪》卷十四，《汉魏六朝百三名家集》卷十五汉李尤集，《全后汉文》卷五十，《渊鉴类函》卷三百四十二居处部三，《佩文韵府》卷六十一作"示"。案，《说文·人部》："俟，大也。"段玉裁注："俟，大也。此'俟'之本义也。自经传假为'竢'字。而'俟'本义废矣。《立部》曰：'竢，待也。'废

'竢'而用'俟'。《说文·示部》:"示,天垂象,见吉凶,所以示人也。"段玉裁注:"言天县象箸明以示人,圣人因以神道设教,凡示之属皆从示。"《说文·人部》:"供,设也。"故"俟""示"于义均通,"供"与"俟"形近而讹。外俟遐荒:对外等待远方蛮荒之国来归附。

11. 永安宫铭[1]

合欢黄堂[2],中和[3]是遵。旧庐怀本,新[4]果畅春[5]。候台[6]集道[7],俾司星辰[8]。丰业广德[9],以协天人[10]。万福来助[11],嘉娱永欣[12]。(《艺文类聚》卷六十二居处部二"宫")

[校注]

〔1〕《后汉书》卷九《孝献帝纪》:"(献帝)迁皇太后于永安宫。"李贤注引《洛阳宫殿名》:"永安宫周回六百九十八丈,故基在洛阳故城中。"《元河南志》卷二:"永安宫,洛阳宫殿名,曰:'周回六百九十八丈。'《洛阳宫殿簿》曰:'宫内有景福殿、安昌殿、延休殿,有园。'《东京赋》曰:'永安离宫,修竹冬青。'"《后汉书补注》卷十八《宦者列传》:"胡三省据《续汉志》,永安宫在北宫东北,宫中有候台。"《后汉书》志第十天文上注:"今史官所用候台铜仪则其法也。"清孙星衍辑《续古文苑》(清嘉庆刻本)卷九王蕃《浑天象说》:"浑天遭周秦之乱,师徒断绝而丧其文,唯浑仪常在候台,是以不废。"可见候台为观天象及存放相关天文仪器之所,永安宫当是休闲娱乐、观天象、协人事相关之宫殿。

〔2〕黄堂:古代州郡太守在厅事墙上涂饰雌黄,以驱邪消灾,故称其厅事为黄堂,后泛指知府。此处指皇家殿堂。

〔3〕中和:儒家以中正平和为中庸之道,亦泛指平衡稳定、不受干扰状态。《礼记》卷五十二《中庸》:"喜怒哀乐之未发,谓之中;发而皆中节,谓之和。(中略)致中和,天地位焉,万物育焉。"

〔4〕"新",《汉魏六朝百三名家集》卷十五汉李尤集,《佩文韵府》卷五十之二作"前"。案,与前文"旧"相对,"新"为上。

〔5〕"畅",《全后汉文》卷五十作"畅"。案,"畅"通"畅"。

〔6〕"候",《东汉文纪》卷十四,《渊鉴类函》卷三百四十一居处部二作"后"。案,《后汉书》卷七十八《宦者列传》:"宦官得志,无所惮畏,并起第宅,拟则宫室。帝常登永安候台,宦官恐其望见居处,乃使中大人尚但谏曰:'天子不当登高,登高则

百姓虚散。’自是不敢复升台榭。"候台当是永安宫内候望之高台，故不当作"后台"。此处候台位处宫殿之中，作用是司察星辰、天象变化，不能如王彦龙释为烽火台①。

〔7〕集道：会集得道之士，即懂天文气象祥瑞等知识之人士。

〔8〕俾司星辰：使主持司察星辰之变化。

〔9〕丰业广德：宏大基业，普施恩德。

〔10〕以协天人：用以和洽天命人事。

〔11〕"助"，本作"眇"，据《初学记》卷二十四居处部，《汉魏六朝百三名家集》卷十五汉李尤集，《骈字类编》卷一百八数目门三十一、卷二百二十七补遗人事三，《全后汉文》卷五十，《佩文韵府》卷七之一、卷四十七之三改；《元河南志》卷二作"即"。案，《说文·目部》："眇，一目小也。""即"有来、到义。《易》卷七《系辞上》："天之所助者，顺也。"《诗经》卷三《卫风·氓》："匪来贸丝，来即我谋。"故当作"助"或"即"，"眇"乃形近而讹。

〔12〕嘉娱永欣：永远幸福快乐。

12. 东观铭^[1]

周氏旧区^[2]，皇汉寔循^[3]。房闼^[4]内布，疏绮^[5]外陈^[6]。升降三除^[7]，贯启^[8]七门^[9]。是谓东观^[10]，书籍林泉^[11]。列侯^[12]弘雅^[13]，治掌艺文^[14]。（《艺文类聚》卷六十三居处部三"观"）

[校注]

〔1〕东观：东汉皇家藏书楼，位于洛阳南宫，亦是宫中著述和修史之地。《后汉书》卷三十五《张曹郑列传·曹褒传》："今宜依礼条正，使可施行于南宫东观。"《后汉书》卷五《孝安帝纪》："诏谒者刘珍及五经博士，校定东观五经、诸子、传记、百家艺术，整齐脱误，是正文字。"章怀太子注："《洛阳宫殿名》曰：'南宫有东观。'"

〔2〕周氏旧区：周王朝原有之区域。《后汉书》卷二十三《窦融列传》："是时学者称东观为老氏藏室，道家蓬莱山。"注："老子为守藏室史，复为柱下史，四方所记文书皆归柱下，事见《史记》。言东观经籍多也。蓬莱，海中神山，为仙府，幽经秘录并皆在焉。"

〔3〕"皇汉寔循"，《玉海》卷一百六十六宫室作"望汉实籍"。案，当作"皇汉

---

① 王彦龙：《李尤研究及〈李尤集〉校注》，西北大学硕士学位论文，2015，第64页。

寔循"。皇汉：大汉王朝。班固《西都赋》："盖闻皇汉之初经营也，尝有意乎都河洛矣。"寔循：继承因循。

〔4〕"闳"，《玉海》卷一百六十六宫室作"阙"。案，《说文·门部》："阙，门观也。""闳，门也。"结合"内布"，当作"闳"，"阙"乃形近而讹。

〔5〕"绮疏"，本作"疏绮"，据《御选唐诗》卷二十七言律钱起《宴曹王宅》注，《佩文韵府》卷六之三改；《陈检讨四六》卷一赋《滕王阁赋》注作"绮疏"，《玉海》卷一百六十六宫室作"绮璙"。案，绮疏：窗上之雕饰花纹。《后汉书》卷三十四《梁统列传》："窗牖皆有绮疏青琐，图以云气仙灵。"故当作"绮疏"。"疏"为"疏"异体字。左思《魏都赋》："雷雨窈冥而未半，曒日笼光于绮寮。"吕向注："寮，窗也。"《正字通》卷三："寮，小窗也。"《说文·玉部》："璙，玉也。""璙"与"寮"音同而讹。绮寮：雕刻或绘饰精美之窗。故"绮疏""绮寮"均可。

〔6〕"隙"，《玉海》卷一百六十六宫室作"陈"。按，"布""陈"均有陈列义。《说文·自部》："隙，壁际孔也。""皇汉寔循"之"循"，"疏绮外陈"之"陈"为真部韵，"隙"为铎部韵，故当作"陈"，"隙"乃形近而讹。

〔7〕《说文·自部》："除，殿陛也。"三除：三阶，即三层台阶。《管子》卷十《君臣上》："立三阶之上，南面而受要。"尹知章注："君之路寝前有三阶。"

〔8〕贯启：依次开启。

〔9〕七门：汉宫掖七门，每门司马一人。

〔10〕"观"，《玉海》卷一百六十六宫室作"籍"。案，当作"观"，"籍"为涉下文讹。

〔11〕"泉"，《玉海》卷一百六十六宫室作"舞"；《东汉文纪》卷十四，《汉魏六朝百三名家集》卷十五汉李尤集，《渊鉴类函》卷三百四十三居处部四，《佩文韵府》卷五十二之三作"林"；《全后汉文》卷五十作"渊"。案，《古音丛目》卷一："泉，从伦切，李尤《东观铭》。"考铭文用韵："循"文部韵，"陈"真部韵，"门"文部韵，"泉"元部韵，"文"文部韵，"林"侵部韵，"渊"真部韵，从韵部上看"渊"为上，"林"于义亦通。"舞"，鱼部韵，于义、韵难通。《正字通》卷六水部："'泉'类'㳊'。""㳊"与"渊"为异体字。王彦龙释为"《艺文类聚》作'泉'，盖因避唐高祖李渊讳"。然作"泉"者除《艺文类聚》外，还有宋《韵补》卷一上平声，明《正字通》卷六水部，清《古今通韵》卷四。亦或后之版本未将避讳字改回？书籍林泉：书籍林林种种。《后汉书》卷七十九上《儒林列传》："孝和亦数幸东观，览阅书林。"

〔12〕列侯：汉代异姓功臣受封为侯者称为列侯，此处指掌管东观之官员。

〔13〕弘雅：弘博丽雅。

〔14〕治掌艺文：掌管治理六艺文章。《汉书》卷四十四《淮南衡山济北王传》："时武帝方好艺文，以安属为诸父。"

13. 太学铭

（1）王公群后[1]，集于左雍[2]。（《佩文韵府》卷二之二"左雍"注，作"《太学铭》序"）

（2）汉遵礼典[3]，崇兴[4]六艺[5]。修周之理，扫秦之弊[6]。褒建[7]儒宫[8]，广置异记[9]。开延学者[10]，劝以爵位[11]。（《艺文类聚》卷三十八礼部上"学校"）

[校注]

〔1〕王公群后：见前文《辟雍赋》"王公群后"注。

〔2〕集于左雍：汇集在左边之太学。蔡邕《明堂月令论》："太学，明堂之东序也。"《礼记》卷四《王制第五》："夏后氏养国老于东序，养庶老于西序。（中略）周人养国老于东胶，养庶老于虞庠。虞庠在国之西郊。"郑玄注："东序、东胶亦大学，在国中王宫之东。（中略）西序在西郊。"我国古代以面向南定方向，左为东，右为西，前为南，后为北。

〔3〕汉遵礼典：汉代遵奉礼制典章。

〔4〕崇兴：尊崇复兴。

〔5〕六艺：古代教育学生的六种科目——礼、乐、射、御、书、数。《史记》卷四十七《孔子世家》："孔子以诗书礼乐教，弟子盖三千焉，身通六艺者七十有二人。"

〔6〕"弊"，《东汉文纪》卷十四，《渊鉴类函》一百六十礼仪部七太学三，《佩文韵府》卷六十七之五作"獘"。案，"獘"为獘异体字。《说文·犬部》："獘，顿仆也。"段玉裁注："'獘'本因犬仆制字，假借为凡仆之称，俗又引申为利弊字，遂改其字作'弊'，训困也，恶也。""修周之理，扫秦之弊"：承修周代义理，革除亡秦弊端。

〔7〕"褒"，《全后汉文》卷五十作"襃"。案，《说文·衣部》"褒"作"襃"。褒建：大兴土木建造。

〔8〕儒宫：儒家宫室。《陈书》卷三十三《列传·儒林·沈不害》："至是国学未立，不害上书曰：'……宜其弘振礼乐，建立庠序。式稽古典，纡迹儒宫。选公卿门子，皆入于学。'"

〔9〕广置异记：广泛配置记载奇人异事之书籍。

〔10〕开延学者：开启贤路，延揽人才。清焦循撰《孟子正义》（清焦氏丛书本）卷一："汉兴，除秦虐禁，开延道德。"

〔11〕劝以爵位：以爵位作为劝进之阶。

14. 云台铭^[1]

周氏旧居^[2]，惟^[3]汉袭因^[4]。崇台嶒峻^[5]，上拟^[6]苍云。垂示^[7]亿载^[8]，俾率旧章^[9]。人修其行^[10]，而国其昌^[11]。（《艺文类聚》卷六十二居处部二"台"）

[校注]

〔1〕《后汉书》卷六《孝顺孝冲孝质帝纪》："迎济阴王于德阳殿西钟下，即皇帝位，年十一。近臣尚书以下，从辇到南宫，登云台，召百官。"《后汉书》卷十下《皇后纪·窦皇后纪》："迁太后于南宫云台。"《后汉书》卷二十二《朱景王杜马刘傅坚马列传·马武传》："永平中，显宗追感前世功臣，乃图画二十八将于南宫云台。"故东汉云台在洛阳南宫。《玉海》卷一百六十二宫室："《五行志》：'云台，周家所造，图书、术籍、珍玩、宝怪皆所藏。'（中略）《洛阳记》：'云台高阁十四间。'"《元河南志》卷二："内有广室殿。《洛阳地记》曰：'云台高阁四间。'"《东观汉记·乐志》："熹平四年正月中，出云台十二门新诗。"故当以"高阁十四间"为是，《元河南志》卷二脱"十"。

〔2〕周氏旧居：周朝旧时宅居。

〔3〕"惟"，《玉海》卷一百六十二宫室作"淮"，《佩文韵府》卷十一之一作"维"。案，"维""惟"均可，为句首词。"淮"于义不通，乃形近而讹。

〔4〕"袭"，《玉海》卷一百六十二宫室作"服"。案，《说文·舟部》："服，用也。"《礼记》卷一《曲礼上》："卜筮不相袭。"郑玄注："袭，因也。"二者于义均通。惟汉袭因：汉代承袭利用。

〔5〕崇台嶒峻：高台耸峙，特出。

〔6〕"拟"，《初学记》卷二十四居处部台第六，《全后汉文》卷五十作"礙"。

案，《说文·石部》："礙，止也。"《说文·手部》："擬，度也。"段玉裁注："今所谓揣度也。"《玉海》卷一百六十二宫室："《淮南子》云云，高诱注：'台高际于云，故曰云台。'"从意义上分析，"礙"更能突出台之高。

〔7〕垂示：留传以示后代。蔡邕《琅邪王傅蔡朗碑》："身没称显，永遗令勋。表幸扬名，垂示后昆。"

〔8〕亿载：亿年。班固《西都赋》："图皇基于亿载，度宏规而大起。"李善注："孔安国《尚书传》曰：'十万曰亿。'"

〔9〕俾率旧章：遵循昔日典章。《史记》卷六《秦始皇本纪》："秦圣临国，始定刑名，显陈旧章。"

〔10〕人修其行：国人修为言行。

〔11〕而国其昌：国家繁荣昌盛。

15. 阙铭

（1）皇上尊严〔1〕，万姓载依〔2〕。国都攸处〔3〕，建设端闱〔4〕。表树〔5〕两观，双阙〔6〕巍巍〔7〕。（《艺文类聚》卷六十二居处部二 "阙"）

（2）悉心〔8〕听省〔9〕，乃无穷冤〔10〕。（《文选》卷五十六陆倕《石阙铭》注）

[校注]

〔1〕皇上尊严：皇上尊贵威严。《荀子》卷九《致士篇》："尊严而惮，可以为师。"

〔2〕万姓载依：百姓依附。万姓：百姓、人民。《尚书》卷十《立政》："式商受命，奄甸万姓。"

〔3〕国都攸处：国家京都所在。

〔4〕端闱：宫门，代指皇宫。班固《西都赋》："列钟虡于中庭，立金人于端闱。"李善注："《尔雅》曰：'宫中门谓之闱。'（中略）《三辅黄图》曰：'秦营宫殿，端门四达，以则紫宫。'"

〔5〕表树：设置、建立。

〔6〕《说文·门部》："阙，门观也。"《释名》卷五《释宫室》："阙在门两旁，中央阙然为道也。"双阙：宫殿两边高台上之楼观。《古诗十九首·青青陵上柏》："两宫遥相望，双阙百余尺。"

〔7〕巍巍：崇高雄伟貌。

〔8〕悉心：竭尽心力。《后汉书》卷五十七《杜栾刘李刘谢列传·刘瑜传》："瑜复悉心以对，八千余言，有切于前。"

〔9〕听省：听取审辨。

〔10〕乃无穷冤：才没有投诉无门之冤屈。

16. 上林苑^[1]铭

显宗^[2]备礼^[3]，明虑弘深^[4]。（《文选》卷二十八鲍照《放歌行》注）

[校注]

〔1〕《三辅黄图》卷四苑囿："汉上林苑，即秦之旧苑也。《汉书》云：'武帝建元三年开上林苑，东南至蓝田宜春、鼎湖、御宿、昆吾，旁南山而西，至长杨、五柞，北绕黄山，濒渭水而东，周袤三百里。'离宫七十所，皆容千乘万骑。《汉宫殿疏》云：'方三百四十里。'《汉旧仪》云：'上林苑方三百里，苑中养百兽，天子秋冬射猎取之。'帝初修上林苑，群臣远方，各献名果异卉三千余种植其中，亦有制为美名，以标奇异。（中略）上林苑有昆明观，武帝置。又有茧观、平乐观、远望观、燕升观、观象观、便门观、白鹿观、三爵观、阳禄观、阴德观、鼎郊观、樛木观、椒唐观、鱼鸟观、元华观、走马观、柘观、上兰观、郎池观、当路观，皆在上林。（中略）又上林苑中有六池、市郭、宫殿、鱼台、犬台、兽圈。"

〔2〕显宗：汉显宗明帝刘庄。或光耀宗族。

〔3〕备礼：周备礼仪。《诗经》卷九《小雅·鱼丽序》："美万物盛多，能备礼也。"蔡邕《郭有道碑文》："州郡闻德，虚己备礼，莫不能致。"（《蔡中郎集》文集卷二。"不"，《文选》卷五十八作"之"。）

〔4〕明虑弘深：英明谋虑，广博渊深。蔡邕《郭有道碑文》："夫其器量弘深，姿度广大，浩浩焉，汪汪焉，奥乎不可测已。"

17. 穀城门铭^[1]

穀门北中，位当^[2]于子^[3]。太阴^[4]主刑^[5]，杀伐为始^[6]。（《艺文类聚》卷六十三居处部三"门"）

[校注]

〔1〕篇名分歧有二。(1)《榖城门铭》。见《艺文类聚》卷六十三居处部三,《初学记》卷二十四居处部,《太平御览》卷一百八十三居处部十一,《东汉文纪》卷十四,《汉魏六朝百三名家集》卷十五汉李尤集,《四库全书考证》卷九十四汉魏六朝百三名家集上,《后汉书集解》四十五校补,《全后汉文》卷五十,《渊鉴类函》卷三百四十四居处部五"门五",《佩文韵府》卷五十五之六。(2)《榖门铭》。见《后汉书》志第二十七百官四,《历代帝王宅京记》卷八,《后汉书集解》百官志四,《续汉志集解》百官志四,《方舆考证》卷六"都邑·东汉都洛阳"注。案,全称和省称之别。

〔2〕"当",《历代帝王宅京记》卷八,《后汉书集解》百官志四,《续汉志集解》百官志四作"光"。案,《中东门铭》:"月值当卯。"故当作"当"。

〔3〕子,《太平御览》卷一百八十三居处部十一,《东汉文纪》卷十四,《汉魏六朝百三名家集》卷十五汉李尤集,《后汉书集解》四十五校补,《佩文韵府》卷五十五之六作"丑"。案,《方舆考证》卷六"都邑·东汉都洛阳"注:"《初学记》载《榖门铭》作'位当于子',榖门为北面之东头门,《初学记》是也。""榖门北中,位当于子":榖门位于北方正中,处于子位。

〔4〕太阴:北方。《汉书》卷二十一上《律历志上》:"太阴者,北方。北,伏也。阳气伏于下,于时为冬。冬,终也,物终藏乃可称。"

〔5〕"刑",《佩文韵府》卷五十五之六作"形"。案,《四库全书考证》卷九十四:"刊本'刑'讹'形',据《汉志》注改。"

〔6〕"为",《全后汉文》卷五十作"事"。案,二者于义均通,然"事"仅此一见。"始",本作"首",据《初学记》卷二十四居处部,《元河南志》卷二,《诸史琐言》卷十二续汉书志,《渊鉴类函》卷三百四十四居处部五改。案,"始""首"于义均可。考其用韵,"位当于子"之"子"为之部韵,"始"为之部韵,"首"为幽部韵,故"始"为上。杀伐为始:后汉时行刑出榖门。《后汉书》卷四十五《袁张韩周列传·袁敞传》:"(张)俊自狱中占狱吏上书自讼,书奏而俊狱已报。廷尉将出榖门,临行刑,邓太后诏驰骑以减死论。"

18. 上东门铭^[1]

上东少阳,厥位在寅^[2]。条风^[3]动物^[4],月值孟春^[5]。(南北朝魏收撰《魏书》(清乾隆武英殿刻本)卷三十六《列传二十四》"李顺·附李

骞传《释情赋》"注）

[校注]

〔1〕洛阳城东面有三门，由北往南为：上东门、中东门、旄门。

〔2〕"上东少阳，厥位在寅"：上东门在东方，寅位。少阳：《汉书》卷二十一上
《律历志》："少阳者，东方。东，动也。阳气动物于时为春。春，蠢也，物蠢生乃
动运。"

〔3〕条风：立春时所吹东北风，后多指春风。《山海经传》南山经第一："其南有
谷焉，曰中谷，条风自是出。"郭璞注："东北风为条风。"汉无名氏《古诗穆穆清风
至》："青袍似春草，草长条风舒。"

〔4〕动物：萌动万物。《吕氏春秋》卷一孟春纪："东风解冻，蛰虫始振。"

〔5〕"值"，《太平御览》卷一百八十三居处部十一作"在"，《元河南志》卷二作
"正"，明崔铣撰嘉靖《彰德府志》（明嘉靖刻本）卷八《邺都宫室志》作"日"，《东
汉文纪》卷十四作"直"，《说文解字义证》卷四十三作"惟"。案，于义均可。月值
孟春：月份为春季第一个月，即阴历正月。《礼记》卷五《月令第六》："孟春之月，
日在营室。"

19. 中东门铭[1]

中东处[2]仲，月值[3]当[4]卯[5]。仓庚[6]有声，隼鹰匿爪[7]。除去桎
梏，狱讼勿考[8]。（《艺文类聚》卷六十三居处部三"门"）

[校注]

〔1〕篇名分歧有二。(1)"中东门铭"。见《艺文类聚》卷六十三居处部三，《初
学记》卷二十四居处部，《太平御览》卷一百八十三居处部十一，宋朱熹撰《通鉴纲
目》（清文渊阁四库全书本）卷九上，《东汉文纪》卷十四，《汉魏六朝百三名家集》
卷十五汉李尤集，《历代帝王宅京记》卷八，《后汉书集解》百官志四，《续汉志集解》
百官志四，《方舆考证》卷六"都邑·东汉都洛阳"，《全后汉文》卷五十，《渊鉴类
函》卷三百四十四居处部五，《佩文韵府》卷四十八、卷六十二。(2)"门铭"。见
《骈字类编》卷二百鸟兽门六，《佩文韵府》卷二十五之二。案，所引"仓庚有声，鹰
隼匿爪"实属《中东门铭》，《门铭》为省称。

〔2〕"处"，《通鉴纲目》卷九上作"门"。案，李尤《正阳城门铭》："平城司午，

厥位处中。"故当作"处"。

〔3〕"值"，《后汉书》志第二十七百官四注，《玉海》卷一百六十九宫室，《通鉴纲目》卷九上，《汉魏六朝百三名家集》卷十五汉李尤集，《韵府拾遗》卷一上，《诸史琐言》卷十二续汉书志，《后汉书集解》百官志四，《续汉志集解》百官志四，《全后汉文》卷五十作"位"。案，二者均可。

〔4〕"当"，《历代帝王宅京记》卷八作"在"。案，二者均可。

〔5〕"卯"，本作"昴"，据《全后汉文》卷五十，《方舆考证》卷六"都邑·东汉都洛阳"，《历代帝王宅京记》卷八改；《汉魏六朝百三名家集》卷十五汉李尤集作"昴"；《渊鉴类函》卷三百四十四居处部五作"夘"。"中东处仲，月值当昴"，《太平御览》卷一百八十三居处部十一，《元河南志》卷二作"东处仲月，厥位当卯。""月值当昴"，《方舆考证》卷六"都邑·东汉都洛阳"，作"厥月当卯"。案，《说文·卯部》："卯，冒也。二月，万物冒地而出，象开门之形。""夘"为"卯"异体字。《说文·日部》："昴，白虎宿星。"故当作"卯""夘"。"昴"乃音同而讹。"昴"疑为误书"昴"所致，抑或异体？"中东处仲，月值当卯"：中东门为东面第二门，对应月份为二月，处于卯位。

〔6〕"仓庚"，《初学记》卷二十四居处部，《元河南志》卷二作"鸧鹒"。案，"仓庚"通"鸧鹒"。

〔7〕"仓庚有声，隼鹰匿爪"：《吕氏春秋》卷二仲春纪："苍庚鸣，鹰化为鸠。"高诱注："鹰化为鸠，啄正直不鸷击也。"《方言》辎轩使者绝代语释别国方言第八："鹂黄，自关而东谓之鸧鹒，自关而西谓之鹂黄，或谓之黄鸟，或谓之楚雀。"

〔8〕"除去桎梏，狱讼勿考"：《吕氏春秋》卷二仲春纪"是月也，安萌芽，养幼少，存诸孤。择元日，命人社。命有司省囹圄，去桎梏。无肆掠，止狱讼"。

20. 旄城门铭[1]

旄[2]门值季，位月在辰[3]。顺阳布惠，贫乏是振[4]。（《太平御览》卷一百八十三居处部十一"门下"）

[校注]

〔1〕篇名分歧有六。(1)"旄城门铭"。见《太平御览》卷一百八十三居处部十一，《东汉文纪》卷十四，《汉魏六朝百三名家集》卷十五汉李尤集，《骈字类编》卷一百七十五器物门二十八，《佩文韵府》卷六十三之二十、卷六十七之四、卷一百六之

三。（2）"旄门铭"。见《元河南志》卷二。（3）"耗门铭"。见《后汉书》志第二十七百官四注。（4）"耗门铭"。见《玉海》卷一百六十九宫室，《历代帝王宅京记》卷八，《韵府拾遗》卷十一，《后汉书集解》百官志四，《续汉志集解》百官志四，《佩文韵府》卷十三之四。（5）"旌门铭"。见《全后汉文》卷五十。（6）"税门铭"。见《方舆考证》卷六"都邑·东汉都洛阳"。案，《后汉书》志第二十七百官四载洛阳城十二门，《读书纪数略》卷十四地部洛阳十二门作"耗门"。《元河南志》卷二："东面三门，南曰旄门，一作宣平门，又曰望门。"故当作耗门或旄门。"耗"古通"耗"，故有"耗门"之称。《水经注》卷十六："谷水于城东南隅枝分，北注迳青阳门东。故清明门也，亦曰税门，亦曰芒。又北迳东阳门东，故中东门也。"故有"税门"之说。《周礼》卷二《天官冢宰下》："为帷宫设旌门。"郑玄注："谓王行，昼止有所展肆。若食息，张帷为宫，则树旌以表门。"故"旌门"讹。

〔2〕"旄"，《玉海》卷一百六十九宫室，《历代帝王宅京记》卷八，《韵府拾遗》卷十一，《后汉书集解》百官志四，《续汉志集解》百官志四，《佩文韵府》卷十三之四作"耗"；《方舆考证》卷六作"税"；《全后汉文》卷五十作"旌"；《后汉书》志第二十七百官四作"耗"。案，见注〔1〕。

〔3〕"位月"，《后汉书》志第二十七百官四，《玉海》卷一百六十九宫室，《元河南志》卷二，《历代帝王宅京记》卷八，《后汉书集解》百官志四，《续汉志集解》百官志四作"月位"。案，考李尤其他城门铭，该句作"位月""位当""厥位""厥月""月值"，故以"位月"为上。"旄门值季，位月在辰"：旄门为东面第三门，对应月份为三月，处于辰位。

〔4〕"顺阳布惠，贫乏是振"：《吕氏春秋》卷三季春纪："是月也，生气方盛，阳气发泄，生者毕出，萌者尽达，不可以内。天子布德行惠，命有司发仓窌，赐贫穷，振乏绝。"《后汉书》卷三《肃宗孝章帝纪》："《月令》：冬至之后，有顺阳助生之文，而无鞠狱断刑之政。"

21. 开阳城门铭[1]

开阳在孟，位月惟巳[2]。清明[3]冠节，太阳进起[4]。（《艺文类聚》卷六十三居处部三"门"）

[校注]

〔1〕篇名分歧有四。（1）"开阳城门铭"。见《艺文类聚》卷六十三居处部三，

《东汉文纪》卷十四，《渊鉴类函》卷三百四十四居处部五，《佩文韵府》卷九十八之一。（2）"开阳门铭"。见《初学记》卷二十四居处部，《方舆考证》卷六"都邑·东汉都洛阳"，《全后汉文》卷五十。（3）"城门铭"。见《书叙指南》卷十三节令气候上。（4）"关阳城门铭"。见《汉魏六朝百三名家集》卷十五汉李尤集。案，《开阳门铭》《城门铭》为省称。《后汉书》卷七十六《循吏列传·秦彭传》注："《汉官仪》云：'开阳门始成，未有名，夜有一柱来止楼上。琅邪开阳县上言南门一柱飞去，因以名门也。'"《关阳城门铭》当是"开（開）"与"关（關）"形近而讹。洛阳城南面由东往西分别为开阳门、平城门、小苑门、津门。

〔2〕"惟巳"，《方舆考证》卷六作"于巳"。案，开阳门在巳位，故当作"惟巳"，"巳"乃形近而讹。"开阳在孟，位月惟巳"：开阳门为南方第一门，对应月份为四月，处于巳位。

〔3〕"明"，《全后汉文》卷五十，《渊鉴类函》卷三百四十四居处部五，《佩文韵府》卷三十四之八作"门"。案，"清门"指寒素之家。唐白居易《唐故湖州长城县令君神道碑铭》："长源远派，大族清门。"当作"清明"。

〔4〕"清明冠节，太阳进起"：清明立夏过后，阳气逐渐增长。《吕氏春秋》卷四孟夏纪："是月也以立夏。（中略）是月也，继长增高无有坏隳。"

22. 正阳城门铭[1]

平门督司[2]，午位处中[3]。外临僚侍，内达帝宫[4]。正阳南面，炎暑赫融[5]。（《太平御览》卷一百八十三居处部十一"门下"）

[校注]

〔1〕篇名分歧有四。（1）"正阳城门铭"。见《玉台新咏笺注》卷一《古诗为焦仲卿妻作并序》注，清钱振常撰《樊南文集补编》（清同治望三益斋刻本）卷十一行状黄箓斋文祝文《为马懿公郡夫人王氏黄箓斋第二文》注，《汉魏六朝百三名家集》卷十五汉李尤集，《佩文韵府》卷四之六、卷三十六之二、卷六十三之九、卷六十三之十八。（2）《平阳城门铭》。见《东汉文纪》卷十四。（3）《平城门铭》。见《太平御览》卷一百八十三居处部十一，《方舆考证》卷六"都邑·东汉都洛阳"，《全后汉文》卷五十。（4）李光《钧平城门铭》。见《玉海》卷一百六十九宫室。案，李光《钧平城铭》作者及篇名均讹误。后汉时多称平城门，蔡邕《答诏问灾异八事》："臣愚以为平城门，向阳之门。祈祀法驾，所从之出门正者也。"（《蔡中郎集》文集卷六。"祈"，

《东汉文纪》卷十九作"郊"。）故有平阳城门及正阳城门之称。

〔2〕"司"，《玉台新咏笺注》卷一《古诗为焦仲卿妻作并序》注作"月"，《全后汉文》卷五十作"师"。案语见下。

〔3〕"中"，《玉台新咏笺注》卷一《古诗为焦仲卿妻作并序》注，《樊南文集补编》卷十一行状黄篆斋文祝文《为马懿公郡夫人王氏黄篆斋第二文》注，《汉魏六朝百三名家集》卷十五汉李尤集，《佩文韵府》卷四之六作"分"。《玉海》卷一百六十九宫室："李光《钩平城门》：'平城司午，厥位处中。'"案，督司、督月、督师于义难通，平门在南正中，故当作"中"。按照其他城门铭第一、二句为门名→第几门→干支位置惯例，"平城司午，厥位处中"为上。"平城司午，厥位处中"：平城门在午位，处于南方正中。

〔4〕"外临僚侍，内达帝宫"：在外监临臣僚侍卫，往内直接抵达帝王宫殿。

〔5〕"正阳南面，炎暑赫融"：《吕氏春秋》卷五仲夏纪："其帝炎帝，其神祝融。（中略）天子居明堂太庙。（中略）阴阳争，死生分。"注："明堂，南向堂也，太庙中央室也。（中略）是月，阴气始起于下，盛阳盖覆其上，故曰争也。"

23. 小苑门铭

文阙。

案，十二门铭中不见小苑门铭。《全后汉文》卷五十："洛阳十二城门铭，独不见此铭。"许玲分析了李尤未写《小苑门铭》及丑位铭之原因。[①]

《后汉书》志第二十七百官四从上西门开始，由西向南，再东，再北逆时针顺序记载洛阳城十二门，小苑门在津门与开阳门之间，据此可推小苑门在南面。津门在未，平城门在午，开阳门在巳，则小苑门在午未之间。此亦可证之于《玉海》卷一百六十九宫室"津门未，小苑门亚，开阳门巳"。南北朝杨衒之撰《洛阳伽蓝记》序提出东西各三门、南四门、北二门之说，但《洛阳伽蓝记》序在此处文字多有脱落。

《太平寰宇记》卷三河南道三河南府一："汉有小苑门，在午上，晋改

---

①　许玲：《从李尤城门铭论东汉洛阳城门布局思想》，《洛阳理工学院学报（社会科学版）》2014 年第 5 期。

曰宣阳门。"清顾祖禹撰《读史方舆纪要》（清稿本）卷四十八河南三：
"南面四门，正南一门曰平城门，其东曰开阳门，其西曰小苑门，亦曰谯
门。又西曰津门。"清赵一清撰《三国志注补》（清广雅书局丛书本）卷
四十六《吴志·孙坚孙策》："南面四门，西曰小苑门，亦曰谯门，冰
室门。"

《读书纪数略》卷十四地部宫室类："小苑门位丑，月季。"《天下郡
国利病书》："中东门丑，上东门寅，小苑门卯。"案，中东门在卯位无疑，
则此处中东门与小苑门交错，则记载本当为"中东门卯，上东门寅，小苑
门丑"。

于是出现小苑门在丑还是午上之分歧。可参看《玉海》、周祖谟《洛
阳伽蓝记校释》等。①

除传世文献外，不妨参看出土资料。

"经勘探，现存三面城墙上共有门址 10 座，东城墙 3 座，北城墙 2 座，
西城墙 5 座。西城墙南起第二门为汉雍门，第三门和第五门分别为北魏所
开西阳门与承明门，其他皆为东汉以来历代所沿用。南面城门虽无存，但
从城内南北向主干道看，应有四门，与文献记载相合。"②"北垣城门阙口
二座。""以上南垣城门虽然已无门基可寻了，但是大城里有四条南北纵
道，由北往南直抵今洛河北岸。"③

如此，则南四门北二门记载应该正确。小苑门当是南四门之一，不在
丑位。

若丑位有城门，依据十二城门铭，戏作如下恢复。《佩文韵府》卷
六十四之一："津名自定，位月在未。"故《读书纪数略》卷十四地部宫
室类"小苑门位丑，月季"之"位丑"当为"位月在丑"之缩写。《旄
城门铭》："旄门值季，位月在辰。"《开阳城门铭》："开阳在孟，位月
惟巳。"《广阳门铭》："广阳位孟，厥月在申。"《上西门铭》："上西在
季，位月惟戌。"《夏城铭》："夏门值孟，位月在亥。"故《读书纪数

①　周祖谟校释《洛阳伽蓝记校释》，中华书局，1963，第 11 页。
②　李自智：《中国古代都城布局的中轴线问题》，《考古与文物》2004 年第 4 期。
③　中国科学院考古研究所洛阳工作队：《汉魏洛阳城初步勘查》，《考古》1973 年第 4 期。

略》卷十四地部"小苑门位丑，月季"之"月季"当为"□门月季"。综上，丑位城门铭：

> □门月季，位月在丑（幽部）。□□□□，□□□□（幽部）。

24. 津城门铭[1]

津名自定[2]，位[3]月[4]在未[5]。温风郁暑，鹰鸟习鸷[6]。（《艺文类聚》卷六十三居处部三"门"）

[校注]

〔1〕篇名分歧有二。（1）"津城门铭"。见《艺文类聚》卷六十三居处部三，《初学记》卷二十四居处部，《东汉文纪》卷十四，《汉魏六朝百三名家集》卷十五汉李尤集，《骈字类编》卷五十四山水门十九，《方舆考证》卷六"都邑·东汉都洛阳"，《全后汉文》卷五十，《渊鉴类函》卷三百四十四居处部五，《佩文韵府》卷三十六之二、卷六十三之二十二、卷六十四之一、卷八十四之一。（2）"津门铭"。见《后汉书》志第二十七百官四注，《玉海》卷一百六十九宫室，《历代帝王宅京记》卷八，《后汉书集解》百官志四，《续汉志集解》百官志四。案，全称与省称之别。河南洛阳市东汉孝女黄晨、黄芍合葬墓出土一件瓦当（M226：11），周沿外凸，沿内饰一周锯齿纹，中有阳文篆书"津门"二字，字周饰四组圆弧纹，此瓦当或为津门之建材。①

〔2〕"津名自定"，《初学记》卷二十四居处部，《方舆考证》卷六"都邑·东汉都洛阳"作"名有定位"；《元河南志》卷二作"名自定位"。案，《旄城门铭》"位月在辰"、《开阳城门铭》"位月惟巳"、《雍城门铭》"位月在酉"、《上西门铭》"位月惟戌"、《夏门铭》"位月在亥"均为"位月为□"，故"位"实当属下句，"有"与"自"形近，故产生"名有定位""名自定位"之讹。

〔3〕"位"，《初学记》卷二十四居处部，《元河南志》卷二作"惟"；《方舆考证》卷六作"厥"。案，结合李尤其他城门铭，均可。

〔4〕"月"，《佩文韵府》卷六十四之一作"日"。案，当作"月"，"日"乃形近而讹。

〔5〕《后汉书》志第二十七百官四注，《玉海》卷一百六十九宫室，《历代帝王宅

---

① 赵振华：《河南洛阳市东汉孝女黄晨、黄芍合葬墓》，《考古》1997 年第 7 期。

京记》卷八后汉，《诸史琐言》卷十二续汉书志，《后汉书集解》百官志四，《续汉志集解》百官志四作"位季月未"。案，"月未"没有争议。"位季"则指为第三门。若洛阳南方为四门，则津门是南方第四门，如果小苑门在丑位，则津门方可称为南方第三门。论证见前文"小苑门铭"考古发掘部分。"津名自定，位月在未"：津门名自定，对应月份为六月，处于未位。

〔6〕"温风郁暑，鹰鸟习鸷"：《吕氏春秋》卷六季夏纪"凉风始至。（中略）鹰乃学习"。高诱注："秋节将至，故鹰顺杀气习肄，为将搏鸷也。"

25. 广阳门铭[1]

广阳位[2]孟，厥月在申[3]。凉风从时[4]，白露已分[5]。（《艺文类聚》卷六十三"门"）

[校注]

〔1〕篇名分歧有二。（1）"广阳门铭"。见《艺文类聚》卷六十三，《东汉文纪》卷十四，《汉魏六朝百三名家集》卷十五汉李尤集，《历代帝王宅京记》卷八，《说文解字义证》卷四十三，《后汉书集解》百官志四，《续汉志集解》百官志四，《方舆考证》卷六，《全后汉文》卷五十，《渊鉴类函》卷三百四十四居处部五，《佩文韵府》卷十二之二。（2）"广城门铭"。见《太平御览》卷一百八十三居处部十一。案，汉时没有广城门之称，铭文"广阳位孟"，故当作"广阳门铭"，"广城门铭"疑为"广阳城门铭"脱"阳"所致。《玉海》卷一百六十九宫室将作者讹作"李光"。

〔2〕"位"，《玉海》卷一百六十九宫室，《东汉文纪》卷十四作"惟"。案，均可。

〔3〕"广阳位孟，厥月在申"：广阳门为西方第一门，对应月份为七月，处于申位。

〔4〕"从时"，《太平御览》卷一百八十三居处部十一，《元河南志》卷二，《全后汉文》卷五十作"时至"。案，二者于义均可。

〔5〕"分"，《太平御览》卷一百八十三居处部十一，《东汉文纪》卷十四，《汉魏六朝百三名家集》卷十五汉李尤集，《说文解字义证》卷四十三，《佩文韵府》卷十二之二作"纷"。案，"纷"通"分"。"凉风从时，白露已分"：凉风随时节吹来，白露开始降临。《吕氏春秋》卷七孟秋纪："凉风至，白露降。"

26. 雍城门铭[1]

雍门处中，位月在西[2]。盲风寒浊，鷢[3]归山阜。（《艺文类聚》卷六十三居处部三"门"）

[校注]

〔1〕篇名分歧有二。（1）"雍城门铭"。见《艺文类聚》卷六十三居处部三，《东汉文纪》卷十四，《汉魏六朝百三名家集》卷十五汉李尤集，《骈字类编》卷二十七时令门六，《全后汉文》卷五十，《渊鉴类函》卷三百四十四居处部五，《佩文韵府》卷五十五之五、卷五十五之六、卷九十二之三。（2）"雍门铭"。见《后汉书》志第二十七百官四注，《玉海》卷一百六十九宫室，《历代帝王宅京记》卷八，《后汉书集解》百官志四，《续汉志集解》百官志四，《方舆考证》卷六。案，全称与省称之别。

〔2〕"在"，《玉海》卷一百六十九宫室，《东汉文纪》卷十四作"惟"。案，均可。"雍门处中，位月在西"：雍门位于洛阳城西方中央，对应月份为八月，处于西位。

〔3〕"鴈"，《初学记》卷二十四居处部，《全后汉文》卷五十作"雁"；《元河南志》卷二作"鹰"。案，《礼记》卷十四《月令第六》："盲风至，鸿雁来，玄鸟归，群鸟养羞。"郑玄注："盲风，疾风也。玄鸟，燕也。"孔颖达疏："《正义》曰：'盲风，疾风者。'皇氏云：'秦人谓疾风为盲风。'"《吕氏春秋》卷八仲秋纪："凉风生，候雁来，玄鸟归。"高诱注："是月候时之雁从北漠中来，南过周雒之彭蠡。玄鸟，燕也。春分而来，秋分而去，归蛰所也。"故，此处"雁""鴈"均可，"鹰"讹。

27. 上西门铭[1]

上西在季[2]，位[3]月惟[4]戌[5]。菊黄豹[6]祭[7]，号令严悉[8]。（《太平御览》卷一百八十三居处部十一"门下"）

[校注]

〔1〕《太平御览》卷一百八十三居处部十一作"西上门铭"。案，"西上门铭"讹，理由如下。（1）汉代文献记载为上西门，如《后汉书》志第十七五行五："（光和）二年，雒阳上西门外女子生儿，两头异肩共胸，俱前向，以为不祥，堕地弃之。"《后汉书》志第二十七百官四："雒阳城十二门，其正南一门曰平城门，北宫门属卫尉，其余上西门、雍门、广阳门（后略）。"《水经注》卷十六："《汉宫记》曰：'上西门所以不纯白者，汉家厄于戌，故以丹镂之。'"宋郭茂倩辑《乐府诗集》（四部丛刊景汲古阁本）卷六十一左延年《秦女休行》："始出上西门，遥望秦氏庐。"（2）李尤有《上东门铭》《中东门铭》，西面最上之门沿惯例当为上西门。（3）《初学记》卷二十四居处部：

"郦元注《水经》曰：'咸阳本离宫，东出北头第二门，本名清明门，又曰閶闔，汉之西上门。'"然考《水经注》卷十六则作"閶闔门，汉之上西门者也"。

〔2〕"季"，《佩文韵府》卷九十三之八作"李"。案，上西门为西面门，由南往北第三门，故当作"季"，"李"乃缺笔而讹。

〔3〕"位"，《方舆考证》卷六作"厥"。案，均可。

〔4〕"惟"，《历代帝王宅京记》卷八作"维"。案，"惟"通"维"。

〔5〕"戍"，本作"戌"，据《后汉书》志第二十七百官四注，《玉海》卷一百六十九宫室，《汉魏六朝百三名家集》卷十五汉李尤集，《后汉书集解》百官志四，《续汉志集解》百官志四，《方舆考证》卷六，《全后汉文》卷五十，《佩文韵府》卷九十五之一改。案，当作"戌"，天干之一。"戍"乃形近而讹。"上西在季，位月惟戌"：上西门在西方第三位，对应月份为九月，处于戌位。

〔6〕"豹"，《元河南志》卷二，《全后汉文》卷五十，《佩文韵府》卷九十三之八作"豺"；《佩文韵府》卷九十五之一作"犲"。案，《吕氏春秋》卷九季秋纪："菊有黄华，豺则祭兽戮禽。"高诱注："（豺）于是月杀兽，四围陈之，世所谓祭兽。"《汉书》卷二十五上《郊祀志上》："《洪范》八政，三曰祀。祀者，所以昭孝事祖，通神明也。旁及四夷，莫不修之。下至禽兽，豺獭有祭。"颜师古曰："《礼记·月令》：'季秋之月，豺祭兽。'"故当作"豺"，"犲"为"豺"变体。"豹"讹。

〔7〕"祭"，《东汉文纪》卷十四，《汉魏六朝百三名家集》卷十五汉李尤集作"察"。案，当作"祭"，"察"乃形近而讹。

〔8〕号令严悉：《吕氏春秋》卷九季秋纪"是月也，申严号令，命百官贵贱无不务入"。

28. 夏门铭[1]

夏门值孟，位月在亥[2]。不周[3]用事，玄冥[4]幽晦。阴阳不通[5]，蟠[6]蝀匿彩[7]。迎冬北坛，从[8]阴所在[9]。（《太平御览》卷一百八十三居处部十一"门下"）

[校注]

〔1〕篇名分歧有二。（1）"夏城门铭"。见《艺文类聚》卷六十三居处部三，《初学记》卷二十四居处部，《东汉文纪》卷十四，《汉魏六朝百三名家集》卷十五汉李尤集，《全后汉文》卷五十，《渊鉴类函》卷三百四十四居处部五，《佩文韵府》卷四十

之一。(2)"夏门铭"。见《后汉书》志第二十七百官四注,《太平御览》卷一百八十三居处部十一,《玉海》卷一百六十九宫室,《韩诗遗说考》卷二韩诗国风五,《历代帝王宅京记》卷八,《说文解字义证》卷四十三,《后汉书集解》百官志四,《诗三家义集疏》卷九,《续汉志集解》百官志四,《方舆考证》卷六。案,全称与省称之别。

〔2〕"夏门值孟,位月在亥":夏门为北方第一门,对应月份为十月,处于亥位。

〔3〕不周:西北风。《文选》卷八扬雄《羽猎赋》:"帝将惟田于灵之囿,开北垠,受不周之制。"李善注:"西北为不周风,谓冬时也。"《白虎通德论》卷六《八风》:"四十五日不周风至。不周者,不交也,阴阳未合化也。"

〔4〕"玄冥",《说文解字义证》卷四十三作"元明"。案,《吕氏春秋》卷十孟冬纪:"其神玄冥。""玄"清讳为"元"。

〔5〕《吕氏春秋》卷十孟冬纪:"是月也,天子始裘。命有司曰:'天气上腾,地气下降,天地不通,闭而成冬。'"

〔6〕"蝀",《艺文类聚》卷六十三居处部三,《东汉文纪》卷十四,《汉魏六朝百三名家集》卷十五汉李尤集,《全后汉文》卷五十,《渊鉴类函》卷三百四十四居处部五作"蝃"。案,二者均可,指彩虹。

〔7〕"彩",《全后汉文》卷五十作"采"。案,《说文·木部》:"采,捋取也。"段玉裁注:"俗字手采作採,五采作彩。"

〔8〕"从",《太平御览》卷一百八十三居处部十一,《元河南志》卷二,《全后汉文》卷五十作"顺"。案,《玉篇·页部》:"顺,从也。"

〔9〕《吕氏春秋》卷十孟冬纪:"是月也,以立冬。先立冬三日,太史谒之天子,曰:'某日立冬,盛德在水。'天子乃斋。立冬之日,天子亲率三公九卿大夫以迎冬于北郊。"

29. 堂铭[1]

因邑制宅[2],爰兴殿堂[3]。夏屋[4]渠渠[5],高敞[6]清凉[7]。家以师礼[8],修[9]奉[10]蒸尝[11]。延宾[12]西阶[13],主近东厢[14]。宴乐[15]嘉客[16],吹笙鼓簧[17]。(《艺文类聚》卷六十三居处部三"堂")

[校注]

〔1〕《说文·土部》:"堂,殿也。"段玉裁注:"古曰堂,汉以后曰殿。古上下皆称堂,汉上下皆称殿。"

〔2〕"制",《汉魏六朝百三名家集》卷十五汉李尤集作"致"。案,制,可释为建造。致,可释为施行。故二者均可。因邑制宅:依托国邑建造住宅。

〔3〕爰兴殿堂:于是兴建大殿高堂。宋玉《神女赋》:"振绣衣,被袿裳,襛不短,纤不长,步裔裔兮曜殿堂。"

〔4〕夏屋:大屋。

〔5〕《诗经》卷六《秦风·权舆》:"於我乎!夏屋渠渠。"朱熹注:"渠渠,深广兒。"

〔6〕高敞:高大宽敞。 《后汉书》卷二十八下《冯衍传》:"地势高敞,四通广大。"

〔7〕清凉:清爽凉快。

〔8〕家以师礼:皇家效法学习礼仪。家:皇家,皇朝。蔡邕《独断》:"天子无外,以天下为家。"

〔9〕"修",《渊鉴类函》卷三百四十六居处部七作"羞"。案,《说文·丑部》:"羞,进献也。"《说文·収部》:"奉,承也。"《说文·彡部》:"修,饰也。"段玉裁注:"修者,治也。"故"修""羞"均可,"羞"为上。

〔10〕修奉:修缮供奉。《东观汉记》卷一《帝纪·世祖光武皇帝》:"宜以时修奉济阳城阳县尧帝之冢。"

〔11〕"蒸",《渊鉴类函》卷三百四十六居处部七作"烝"。案,《说文·火部》:"烝,火气上行也。"段玉裁注:"煮……经典多假'蒸'为之者。"蒸尝:代指祭祀。《诗经》卷九《小雅·天保》:"禴祠烝尝,于公先王。"毛亨注:"春曰祠,夏曰禴,秋曰尝,冬曰烝。"

〔12〕延宾:迎接宾客。

〔13〕西阶:堂屋西边的台阶。《礼记》卷一:"主人就东阶,客就西阶。客若降等,则就主人之阶。"《史记》卷七十七《信陵君列传》:"赵王扫除自迎,执主人之礼,引公子就西阶。"

〔14〕东厢:正寝东边的厢房。《史记》卷一百六《吴王濞列传》:"盎曰:'臣所言,人臣不得知也。'乃屏错。错趋避东厢,恨甚。"张衡《东京赋》:"是时称警跸已,下雕辇于东厢。"薛综注:"殿东西次为厢。"

〔15〕宴乐:宴饮娱乐。《左传》卷十八文公四年:"昔诸侯朝正于王,王宴乐之。"《后汉书》卷七十二《董卓列传》:"诸豪帅有来从之者,卓为杀耕牛,与共宴乐。"

〔16〕嘉客：佳宾、贵宾。《诗经》卷二十《商颂·那》："我有嘉客，亦不夷怿。"

〔17〕《说文·竹部》："笙，十三簧，象凤之身也。笙，正月之音。物生，故谓之笙。大者谓之巢，小者谓之和。""簧，笙中簧也。"段玉裁注："《小雅》：'吹笙鼓簧。'《传》曰：'簧，笙簧也。吹笙则簧鼓矣。'按经有单言簧者，谓笙也。《王风》：'左执簧。'《传》曰：'簧，笙也。'"又注"古者女娲作簧"："盖出《世本·作篇》。《明堂位》曰：'女娲之笙簧。'按笙与簧同器，不嫌二人作者，簧之用广。或先作簧而后施于笙竽。未可知也。"《诗经》卷六《秦风·车邻》："既见君子，并坐鼓簧。"朱熹集传："簧，笙中金叶，吹笙则鼓动之以出声者也。"吹笙鼓簧：吹奏笙簧等乐器，以佐酒娱宾。

30. 室铭[1]

室以安宁，寝息幽闲[2]。窒塞[3]空隙[4]，遮遏风寒[5]。无曰寂寞，屋漏昭然[6]。（《太平御览》卷一百七十四居处部二"室"）

[校注]

〔1〕《释名》卷五："室，实也，人物实满其中也。（中略）西北隅曰屋漏。礼，每有亲死者，辄撤屋之西北隅，薪以爨灶煮沐，供诸丧用。时若值雨则漏，遂以名之也。必取是隅者，礼，既祭改设馔于西北隅，今撤毁之，示不复用也。"《说文·宀部》："室，实也。"段玉裁注："古者前堂后室。（中略）引伸之则凡所居皆曰室。'"

〔2〕"闲"，《东汉文纪》卷十四，《汉魏六朝百三名家集》卷十五汉李尤集，《说文解字义证》卷二十二，《佩文韵府》卷一百二之四作"闲"。案，"闲"通"闲"。"室以安宁，寝息幽闲"：居室讲求安定平静，寝处休息清幽闲适。

〔3〕"窒"，《东汉文纪》卷十四作"室"。"窒塞"，《汉魏六朝百三名家集》卷十五汉李尤集作"室寒"。案，当作"窒塞"。《说文·土部》："塞，隔也。"《说文·穴部》："窒，塞也。"与"塞"搭配，当作"窒"，"室"乃形近而讹。"寒"当是涉后文而讹。

〔4〕"隙"，《说文解字义证》卷二十二作"隙"。案，辽行均撰《龙龛手鉴》（高丽大藏经本）卷二："'隙'为'隙'的俗字"。窒塞空隙：堵塞缝隙。

〔5〕"寒"，《说文解字义证》卷二十二作"雨"。案，"雨"于义可通。考其用韵："寝息幽闲"之"闲"，"屋漏昭然"之"然"，"遮遏风寒"之"寒"均为元部

韵，"雨"为鱼部韵，故作"寒"为上。遮遏风寒：遮蔽阻挡风霜寒暑。张华《情诗》之二："巢居知风寒，穴处识阴雨。"

〔6〕"无曰寂寞，屋漏昭然"：不要说（亲死）寂寞无神，室之西北隅之祭祖祠神虔诚香洁与否在神灵眼中昭然若揭。汉郑玄注，唐孔颖达疏《礼记注疏》（清嘉庆二十年南昌府学重刊宋本十三经注疏本）卷二十一《礼运》："莫谓虚无寂寞，言死者精神虚无寂寞，得生者嘉善而神来歆饗，是生者和合于寂寞。"

31. 楹铭[1]

榦[2]强体正[3]，虽重不移[4]。上下相安[5]，高而不危[6]。（《太平御览》卷一百八十七居处部十五"柱"）

［校注］

〔1〕《佩文韵府》卷八十三之一作"槛铭"。案，《说文·木部》："楹，柱也。"《说文·木部》："槛，栊也。"段玉裁注："'櫳'与'栊'皆言横直为窗棂通明。"结合铭文"榦强体正""高而不危"可知当作"楹"，"槛"乃形近而讹。

〔2〕"榦"，《东汉文纪》卷十四，《汉魏六朝百三名家集》卷十五汉李尤集作"幹"；《说文解字义证》卷十七，《全后汉文》卷五十作"榦"。案，"幹"与"榦"为异体字，"榦"与"榦"为异体字。

〔3〕榦强体正：楹梁粗壮强韧，安放端正合理。

〔4〕虽重不移：所承虽然很重但不偏移。

〔5〕上下相安：上面和下面均相安无事。

〔6〕高而不危：位居高处而无倾危之患。

32. 牖铭[1]

夫[2]设窗牖[3]，开光照阴[4]。施于明堂，以象八风[5]。（《太平御览》卷一百八十八居处部十六"窗"）

［校注］

〔1〕《说文·片部》："牖，穿壁以木为交窗也。"段玉裁注："交窗者，以木横直为之。即今之窗也。在墙曰牖，在屋曰窗。"

〔2〕"夫"，本作"天"，"天设窗牖"于义难通，"天"当为发语词"夫"缺笔所致。可证之如下。（1）李尤《权衡铭》开篇"夫审轻重"，《博铭》："夫无用心，博弈犹贤。""夫"为句首发语词。（2）《平乐观赋》："乃设平乐之显观。"为句首虚词＋动词＋宾语格式。（3）"夫"讹为"天"示例。①《艺文类聚》卷九十六鳞介部上载刘琬《神龙赋》："大哉，龙之为德，变化屈伸。隐则黄泉，出则升云。贤圣其似之乎？惟天神上帝之马，含胎春夏，房心所作。轩照形，角尾规矩。""轩照形"，《历代赋汇》卷一百三十七鳞虫作"轩辕照形"。案，当有"辕"，构成整齐四言句式。《九家集注杜诗》卷十三古诗《观公孙大娘弟子舞剑器行并序》注作"惟天神龙，上帝之马。"案，"天"当作"夫"，"惟夫"乃赋常用之句首词。如扬雄《甘泉赋》"惟夫所以澄心清魂"、阮瑀《筝赋》"惟夫筝之奇妙"。《神龙赋》残句当作："大哉，龙之为德，变化屈伸。隐则黄泉，出则升云。贤圣其似之乎？惟夫神龙，上帝之马。含胎春夏，房心所作。轩辕照形，角尾规矩。"②《吕氏春秋》卷二十一《开春论》："先君必欲一见群臣百姓也，天故使欒水见之。"俞樾按："'天'乃'夫'字之误。《战国策·魏策》《论衡·死伪篇》并作'夫'，'夫'字属上读。此误作'天'者，失其读因误其字也。"①

〔3〕"窗"，本作"窻"，据《佩文韵府》卷二十二之三改；《东汉文纪》卷十四，《古今通韵》卷一上平声，《全后汉文》卷五十作"牕"；《音学五书》卷一作"窓"；《韵府拾遗》卷二十七，《佩文韵府》卷五十五之五作"窻"。案，"牕""窻"同"窗"。"窓""窻"为"窗"之异体字。

〔4〕开光照阴：使光线射入，让阴暗之地得以照明。

〔5〕汉蔡邕撰《蔡中郎集》（四部丛刊景明活字本）文集卷十《明堂月令论》："凡此皆明堂、太室、辟雍、太学事通文合之义也。其制度之数，各有所依。（中略）三十六户七十二牖，以四户八牖乘九室之数也。"故可知汉时明堂设置九室，每室开设八牖。以象八风：象征八方所吹之风。《吕氏春秋》卷十三《有始览》："何谓八风？东北曰炎风，东方曰滔风，东南曰熏风，南方曰巨风，西南曰凄风，西方曰飂风，西北曰厉风，北方曰寒风。"《淮南鸿烈》卷四《墬形训》："何谓八风？东北曰炎风，东方曰条风，东南曰景风，南方曰巨风，西南曰凉风，西方曰飂风，西北曰丽风，北方曰寒风。"《说文·风部》："风，八风也。东方曰明庶风，东南曰清明风，南方曰景风，西南曰凉风，西方曰阊阖风，西北曰不周风，北方曰广莫风，东北曰融风。"

---

①　俞樾：《古书疑义举例五种》卷七"八十七·误读夫字例"，中华书局，1956，第153页。

各方位风之命名区别表

文　献	东北	东方	东南	南方	西南	西方	西北	北方
《吕氏春秋》	炎风	滔风	熏风	巨风	凄风	飂风	厉风	寒风
《淮南鸿烈》	炎风	条风	景风	巨风	凉风	飂风	丽风	寒风
《说文解字》	融风	明庶风	清明风	景风	凉风	阊阖风	不周风	广莫风

33. 门铭[1]

门之设[2]张，为宅表会[3]。纳善闭[4]邪[5]，击柝防害[6]。（《艺文类聚》卷六十三居处部三“门”）

[校注]

〔1〕宋陈彭年修《重修玉篇·门部》卷十一：“门，人所出入也。在堂房曰户，在区域曰门。”《释名》卷五《释宫室》：“门，扪也，言在外为人所扪摸也。”

〔2〕“设”，《类隽》卷十一宫室类作“翕”。案，《史记》卷十二《孝武帝本纪》：“张羽旗，设供具，以礼神君。”“设张”连言。《道德经》第三十六章：“将欲翕之，必固张之。”“翕张”对言，此处说明门之设置，以“设张”为上。

〔3〕为宅表会：作为住宅内外隔绝之标志。《尚书》卷十二《毕命》：“表厥宅里。”《传》：“表异其居里。”

〔4〕“闭”，《初学记》卷二十四居处部，《全后汉文》卷五十作“闲”。案，“纳”接纳，容纳，与此相对，当作“闭”。《说文·门部》“闭，阖门也”，引申为拒纳、杜绝之义，《史记》卷二十四《乐书》：“礼者，所以闭淫也。”“闲”乃形近而讹。

〔5〕“邪”，《太平御览》卷一百八十三居处部十一作“恶”。案，“邪”与“衺”为异体字。《周礼》卷三《地官司徒》：“衺，犹恶也。”“善”“恶”相对，故二者均可。纳善闭邪：接纳良善、隔绝奸邪之人事。

〔6〕“柝”，《太平御览》卷一百八十三居处部十一作“邪”。案，《说文·木部》：“柝，判也。《易》曰：‘重门击柝。’”徐锴撰《说文解字系传》：“《左传》曰：‘鲁击柝，闻于邾。’谓判两木夹于门为机，相击以警夜也。今荒戍多叩鼓以持更，盖其遗象。”故当作“柝”，“邪”疑涉上文而讹。击柝防害：敲击柝、鼓，防范灾害。

34. 井铭[1]

井之所尚[2]，寒泉[3]冽清[4]。法律取象[5]，不槩自平[6]。多取不损，少汲不盈^{〔7〕}。执宪^{〔8〕}若斯，何有邪倾^{〔9〕}。（《艺文类聚》卷九水部下"井"）

［校注］

〔1〕《周易集说》卷八："井者，穴地出水之处。"《释名》卷五《释宫室》："井，清也，泉之清洁者也。"《吕氏春秋》卷十七《审分览》："伯益作井。"《重修玉篇·井部》卷二十："穿地取水，伯益造之，因井为市也。"元王祯撰《王祯农书》（清乾隆武英殿刻本）卷十九《农器图谱》十三："井，穴地出水也。《说文》曰：'清也。'《易》曰：'井洌寒泉食。'甃之以石，则洁而不泥，汲之以器，则养而不穷。井之功大矣。按，《周书》云：'黄帝穿井。'又《世本》云：'伯益作井，尧民凿井而饮。汤旱，伊尹教民田头凿井以溉田，今之桔槔是也。'此皆人力之井也。若夫岩穴泉窦，流而不穷，汲而不竭，此天然之井也。皆可灌溉田亩，水利之中所不可阙者。"

〔2〕井之所尚：井最为卓异崇尚者。

〔3〕寒泉：清洌之泉水洁净清澈。《诗经》卷二《邶风·凯风》："爰有寒泉，在浚之下。"

〔4〕"洌"，《东汉文纪》卷十四作"冽"。案，《说文·水部》："洌，水清也。"《说文·仌部》："冽，凓冽也。"段玉裁注："古单用'洌'字者，如《诗》'洌彼下泉'。《传》曰：'洌，寒也。'有'冽汎泉'。《传》曰：'冽，寒意也。'"

〔5〕法律取象：效仿律为榜样。《说文·彳部》："律，均布也。"段玉裁注："《尔雅》：'坎，律铨也。'律者所以范天下之不一而归于一，故曰均布也。"《尔雅》卷中："律，谓之分。"《庄子》外篇《天道第十三》："夫尊卑先后，天地之行也，故圣人取象焉。"

〔6〕不槩自平：不用量具自然水平。《说文·木部》："槩，所以杚斗斛也。"段玉裁注："《月令》：'正权槩。'郑、高皆云：'槩，平斗斛者。'槩本器名，用之平斗斛亦曰槩。许、郑、高皆云其器也。凡平物曰杚，所以杚斗斛曰槩。"

〔7〕"多取不损，少汲不盈"：多汲取不减损，少引水不盈溢。

〔8〕执宪：司法，执行法令。《汉书》卷七十四《魏相丙吉传》："廷尉于定国执宪详平，天下自以不冤。"

〔9〕"邪"，《类隽》卷七地理类作"雅"。案，与"倾"相应，当作"邪"。"雅"乃形近而讹。"执宪若斯，何有邪倾"：执行法令像井水一样平正无私，哪会有奸邪、失当倾覆之患呢？

35. 灶铭[1]

燧人造火[2]，灶能以兴[3]。五行[4]接备[5]，阴阳[6]相乘[7]。（《艺文类聚》卷八十火部"灶"）

[校注]

〔1〕《释名》卷五《释宫室》："灶，造也，造创食物也。"《说文·穴部》："灶，炊灶也。"段玉裁注："灶，炊爨之处也。"

〔2〕燧人造火：传说中遂人氏教人钻木取火。《韩非子》卷十九《五蠹》："有圣人作，钻燧取火，以化腥臊，而民说之，使王天下，号之曰燧人氏。"

〔3〕"兴"，《渊鉴类函》卷三百五十居处部十一作"分"。案，《事物纪原》卷八："《续事始》则曰：'灶，黄帝所置。'"《重修玉篇·火部》卷二十一："燧人造火于前，黄帝为食于后也。火者，化也、随也。阳气用事，万物变随也。"故火之用与灶之兴，当是先后关系，从文义上看"兴"为上。考其韵，"兴""乘"为蒸部韵，"分"为文部韵，故当作"兴"。灶能以兴：灶才得以兴用。

〔4〕五行：水、火、木、金、土，我国古代视为构成万物之基本元素。五者相生相克，使宇宙万物运行变化，形成各种现象。《孔子家语》卷六《五帝》："天有五行，水、火、金、木、土，分时化育，以成万物。"

〔5〕接备：接替备置，循环运行。

〔6〕阴阳：化生万物之两种元素，即阴气、阳气。《易经》卷七《系辞上》："阴阳不测之谓神。"

〔7〕"乘"，《佩文韵府》卷二十五之一、卷六十三之十三作"承"。案，相乘，五行学说术语。借木、火、土、金、水五种物质之间互相过分制约和排斥的反常变化，来说明事物发展演变。相承，依次接连相续，先后继承，递相沿袭，上下相托。班固《西都赋》："名都对郭，邑居相承。"二者均可，从文义上比较，"相乘"为上。

36. 武库铭[1]

搏噬[2]爪[3]牙，锋距[4]之先[5]。毒螫[6]芒刺[7]，矛矢以存[8]。圣人[9]垂象[10]，五兵[11]已陈[12]。（《初学记》卷二十四居处部"库藏第九"）

［校注］

〔1〕武库：藏兵器之府库。《后汉书》卷二十二《朱景王杜马刘传坚马列传·坚镡传》注："《洛阳记》曰：'建始殿东有太仓，仓东有武库，藏兵之所。'"

〔2〕搏噬：搏击吞噬。春秋战国列御寇撰《列子》（四部丛刊景北宋本）卷二《黄帝》："异类杂居，不相搏噬也。"

〔3〕"爪"，明郑若庸辑《类隽》（明万历六年汪珙刻本）卷十二宫室类作"瓜"。案，《说文·爪部》："爪，丮也。覆手曰爪。"《说文·瓜部》："瓜，胍也。"爪牙：动物之尖爪和利牙。《荀子》卷一《劝学篇》："螾无爪牙之利，筋骨之强，上食埃土，下饮黄泉，用心一也。"《吕氏春秋》卷二十《恃君览》："凡人之性，爪牙不足以自守卫。"故当作"爪"，"瓜"乃形近而讹。

〔4〕"距"，《渊鉴类函》卷三百四十九居处部十作"钜"。案，《说文·金部》："钜，大刚也。"段玉裁注："孙卿《议兵篇》曰：'宛钜铁釶，惨如蠭虿。'《史记》《礼书》本之曰：'宛之钜铁施，钻如蜂虿。'"《说文·金部》："鑯，兵端也。"段玉裁注："凡金器之尖曰鑯，俗作'锋'。"《说文·足部》："距，鸡距也。""距"亦可指兵器上类似鸡距之物，如《淮南鸿烈》卷一《原道训》："虽有钩箴芒距，微纶芳饵，加之以詹何、娟嬛之数，犹不能与网罟争得也。"故二者均可。

〔5〕"搏噬爪牙，锋距之先"：打斗、撕咬之爪牙，是锋与距模拟产生之先祖。

〔6〕毒螫：毒虫等刺人之方式。《鬼谷子》卷中《权篇》："螫虫之动也，必以毒螫。"《淮南鸿烈》卷十六《说山训》："贞虫之动以毒螫，熊罴之动以攫搏，兕牛之动以抵触，物莫措其所修而用其所短也。"

〔7〕芒刺：细小尖刺。

〔8〕"毒螫芒刺，矛矢以存"：效法含毒之螫、细小尖刺，矛与矢得以存现于世。

〔9〕圣人：品德完美之人，如禹、汤、文、武、周公、孔子等。

〔10〕垂象：显示征兆。《易》卷七《系辞上》："天垂象，见吉凶，圣人象之。"

〔11〕五兵：五种兵器。《周礼》卷八《夏官司马下》司兵"掌五兵五盾"郑玄注："五兵者，戈、殳、戟、酋矛、夷矛也。"《释名疏证补》卷七《释兵》："步卒之五兵则无夷矛而有弓矢。"《汉书》卷六十四上《严朱吾丘主父徐严终王贾传·吾丘寿王传》："古者作五兵。"颜师古注："五兵，谓矛、戟、弓、剑、戈。"可见时代、军种不同，兵器种类发生变化，"五兵"所指有差异。此处泛指各种兵器。

〔12〕"已"，《玉海》卷一百八十三食货，《渊鉴类函》卷三百四十九居处部十作

"以"。案,《说文·巳部》:"吕,用也。"段玉裁注:"今字皆作'以'。"故"已""以"为古今字,均可。"圣人垂象,五兵已陈":圣人模仿自然万物,众多兵器得以创造、制作、使用。

37. 钲铭[1]

申严号令[2],誓[3]饬[4]师旅[5]。同一俯仰[6],师齐[7]言语。虽有界画[8],万众是听。(《北堂书钞》卷一百二十一武功部九"金钲二十五")

[校注]

〔1〕《东汉文纪》卷十四,《汉魏六朝百三名家集》卷十五汉李尤集,《渊鉴类函》卷二百二十八武功部二十三"万众是听"前作"以肃纪律"。《全后汉文》卷五十作"誓饬师旅,申严号令。以肃纪律,万众是听"。案,《全后汉文》将"申严号令,誓饬师旅"颠倒,可能是出于让"申严号令"之"令"(耕部韵)与"万众是听"之"听"(耕部韵)叶韵。然考"誓饬师旅"之"旅"与"师齐言语"之"语"均为鱼部韵,故无须颠倒。"以肃纪律"之"律"为物部韵,与其他句末字不相叶,疑后有缺句。拟补《钲铭》为:"申严号令,誓饬师旅。同一俯仰,师齐言语。以肃纪律,□□□□(鱼或耕部韵)。虽有界画,万众是听(耕部韵)。"疑还有其他阙文。《说文·金部》:"钲,铙也。似铃,柄中,上下通。"段玉裁注:"镯、铃、钲、铙四者相似而有不同。钲似铃而异于铃者。镯铃似钟有柄,为之舌以有声。钲则无舌。柄中者,柄半在上半在下。稍稍宽其孔为之抵拒。执柄摇之,使与体相击为声。鼓人,以金铙止鼓。注曰:铙如铃,无舌有柄,执而鸣之,以止击鼓。按铙即钲。郑说铙形与许说钲形合。《诗·新田》传曰:'钲以静之。'与《周礼》'止鼓'相合。"

〔2〕申严号令:申令严格遵守和执行法令措施。

〔3〕誓:自表不食言之辞皆曰誓。

〔4〕"饬",《东汉文纪》卷十四,《汉魏六朝百三名家集》卷十五汉李尤集作"饰"。案,"饬"通"饰"。饬:命令,告诫。

〔5〕师旅:古时军队编制,以二千五百人为一师,五百人为一旅。后泛称军队。《论语》卷三《先进》:"千乘之国摄乎大国之间,加之以师旅,因之以饥馑。"

〔6〕同一俯仰:使举止动作一致。《史记》卷七十九《范雎蔡泽列传》:"未敢言内,先言外事,以观秦王之俯仰。"

〔7〕师齐：使整齐。

〔8〕界画：界限划分。

38. 良弓铭[1]

弓矢之作，爰自曩时。桑弧表始[2]，彤弓显胎[3]。乡射[4]载礼[5]，招命在诗[6]。力[7]称颜高[8]，功[9]发由基[10]。不争之美，亦以辨仪[11]。（《北堂书钞》卷一百二十五武功部十三"弓四十六"）

[校注]

〔1〕篇名分歧有二。（1）"良弓铭"。见《初学记》卷二十二武部，《北堂书钞》卷一百二十五武功部十三，《太平御览》卷三百四十七兵部七十八，《玉海》卷一百五十兵制，《汉魏六朝百三名家集》卷十五汉李尤集，《佩文斋咏物诗选》卷一百三十九弓类，《全后汉文》卷五十，《渊鉴类函》卷二百二十五武功部二十，《佩文韵府》卷八十三之一。（2）"弓矢铭"。见《射书》卷四。案，《射书》卷四："《弓矢铭》李尤。□矢之作，爰自曩时。乡射载礼，招命在诗。妙称颜高，（中阙）幽都筋角，（中阙）诗以殪兕。伐叛柔服，用畏不虔。""幽都筋角，会稽竹矢。率土名珍，东南之美。易以获隼，诗以殪兕。伐叛柔服，用威不虔"实属晋江统《弧矢铭》，文见《初学记》卷二十二武部。"弓矢铭"当是因铭文"弓矢之作"及晋江统《弧矢铭》而来。

作者分歧有三。（1）汉李尤。见《北堂书钞》卷一百二十五武功部十三，《太平御览》卷三百四十七兵部七十八，《汉魏六朝百三名家集》卷十五汉李尤集，《佩文斋咏物诗选》卷一百三十九弓类，《全后汉文》卷五十，《渊鉴类函》卷二百二十五武功部二十，《佩文韵府》卷八十三之一。（2）晋李尤。见《初学记》卷二十二武部。（3）晋李充。见《艺文类聚》卷六十军器部，《玉海》卷七十五礼仪，《全晋文》卷五十三。案，此铭文当属汉李尤。

《释名》卷七《释兵》："弓，穹也，张之穹隆然也。其末曰箫，言箫梢也，又谓之弭。以骨为之滑弭弭也。中央曰弣，弣，抚也，人所持抚也。箫弣之间曰渊。渊，宛也，言曲宛也。"《说文·弓部》："弓，以近穷远。"

〔2〕桑弧表始：桑弧蓬矢表示生命开始。《礼记》卷二十："故男子生，桑弧蓬矢六，以射天地四方。天地四方者，男子之所有事也。"

〔3〕彤弓显胎：彤弓显示德性萌芽。《尚书》卷十三《文侯之命》："彤弓一。"孔安国注："彤弓以讲德习射，藏示子孙。"

〔4〕"射"，《全晋文》卷五十三作"村"。案，当作"射"，指乡射之礼。乡射：古代射箭饮酒礼仪。乡射有二，一是州长春秋于州序以礼会民习射，一是于三年大比贡士之后，乡大夫、乡老与乡人习射。《周礼》卷三《地官司徒第二》："退而以乡射之礼五物询众庶。"《史记》卷一百三十《太史公自序》："北涉汶泗，讲业齐鲁之都，观孔子之遗风，乡射邹峄。"清孙诒让撰《周礼正义》（民国二十年湖北篆漪精舍递刻本）卷二十一："退，谓王受贤能之书事毕，乡大夫与乡老则退各就其乡学之庠而与乡人习射，是为乡射之礼。"秦汉后，亦有仿行。

〔5〕载礼：承载礼仪。

〔6〕招命在诗：在《诗经》中多有记载。《诗经》卷十《小雅·彤弓》："彤弓弨兮，受言藏之。"《诗序》："彤弓，天子锡有功诸侯也。"

〔7〕"力"，《初学记》卷二十二武部，《太平御览》卷三百四十七兵部七十八，《射书》卷四，《佩文斋咏物诗选》卷一百三十九弓类，《全后汉文》卷五十，《渊鉴类函》卷二百二十五武功部二十，《佩文韵府》卷八十三之一作"妙"；《汉魏六朝百三名家集》卷十五汉李尤集作"䋃"。案，《说文·弦部》："䋃，急戾也。"段玉裁注："《类篇》曰：'弥笑切，精微也。'则为今之'妙'字，'妙'或作'䋃'是也。""䋃""妙""力"于义均通。《左传》卷五十五定公八年："颜高之弓六钧。"释义："三十斤为钧，六钧百八十斤。"故"力"为上。

〔8〕"颜高"，《佩文韵府》卷八十三之一作"弦高"。案，颜高，古勇士。《左传》卷五十五定公八年："公侵齐，门于阳州。士皆坐列，曰：'颜高之弓六钧。'皆取而传观之。"弦高为春秋时郑国商人，以牛犒劳秦军，化解了郑国被秦晋攻打的困境，事见《左传》卷十七僖公三十三年。

〔9〕"功"，本作"乃"，据《艺文类聚》卷六十军器部改；《初学记》卷二十二武部，《太平御览》卷三百四十七兵部七十八，《玉海》卷七十五礼仪，《汉魏六朝百三名家集》卷十五汉李尤集，《佩文斋咏物诗选》卷一百三十九弓类，《全后汉文》卷五十，《渊鉴类函》卷二百二十五武功部二十，《佩文韵府》卷八十三之一作"巧"。案，《战国策》卷二《西周》："楚有养由基者，善射，去柳叶百步而射之，百发百中。"与上文"力"相对，此处以"功""巧"为上。

〔10〕"由基"，《初学记》卷二十二武部，《汉魏六朝百三名家集》卷十五汉李尤集，《佩文斋咏物诗选》卷一百三十九弓类，《渊鉴类函》卷二百二十五武功部二十，《佩文韵府》卷八十三之一作"晋师"。案，"晋师"，疑涉上文"弦高"而讹，理由如下。（1）力称颜高，巧发由基。颜高以力著称，由基以射闻名，与铭文主题相合。

（2）弦高不涉及是否善射，晋师也不以善射著称。（3）颜高与晋师没有关系。

〔11〕"辨仪"，《艺文类聚》卷六十军器部，《全晋文》卷五十三作"详疑"。案，当作"辨仪"，与前文"乡射载礼"相应。"详疑"于义不通。辨仪：区分考辨礼仪。

39. 弩铭[1]

放[2]自近古，发意[3]所睹。前圣[4]制弓[5]，后世[6]建[7]弩。机牙发矢[8]，执破丑虏[9]。克获虽屡[10]，犹不可常[11]。忘战者危[12]，极武者伤[13]。（《艺文类聚》卷六十军器部"弩"）

［校注］

〔1〕《释名》卷七《释兵》："弩，怒也。有势怒也。其柄曰臂，似人臂也。钩弦者曰牙，似齿牙也。牙外曰郭，为牙之规郭也。下曰悬刀，其形然也。合名之曰机，言如机之巧也，亦言如门户之枢机，开阖有节也。"《说文·弓部》："弩，弓有臂也。"

〔2〕"放"，《北堂书钞》卷一百二十五武功部十三作"故"；《太平御览》卷三百四十八兵部七十九，《全后汉文》卷五十作"粤"。案，"粤"于义难通，且其他文献不见有"粤自近古"之说，疑作"爰"或"故"，引领下文。"爰自""故自"常搭配，如扬雄《交州箴》："爰自开辟，不羁不绊。"《汉书》卷二十一上《律历志上》："故自殷周，皆创业改制。"

〔3〕发意：起意。

〔4〕前圣：前代圣贤。《楚辞·离骚》："伏清白以死直兮，固前圣之所厚。"班固《东都赋》："夫大汉之开元也，奋布衣以登皇位，由数期而创万代。盖六籍所不能谈，前圣靡得言焉。"

〔5〕"弓"，《汉魏六朝百三名家集》卷十五汉李尤集作"方"。案，与后文"弩"相对，当作"弓"。

〔6〕后世：后代子孙。《史记》卷六《秦始皇本纪》："朕为始皇帝，后世以计数，二世三世至千万世，传之无穷。"

〔7〕"建"，《北堂书钞》卷一百二十五武功部十三，《太平御览》卷三百四十八兵部七十九，《玉海》卷一百五十兵制，《喻林》卷三十人事门，《说文解字义证》卷四十作"造"。案，"建""造"于义均可。

〔8〕发矢：发射箭矢。

〔9〕"执"，《说文解字义证》卷四十作"爰"。"执破丑虏"，《全后汉文》卷五十

作"执丑破虏"。案，与"破"搭配，"执"于义为上。"执破丑虏""执丑破虏"均可，指攻破抓获俘虏。《诗经》卷十八《大雅·常武》："铺敦淮濆，仍执丑虏。"郑玄笺："丑，众也。（中略）就执其众之降服者也。"《后汉书》卷四《孝和孝殇帝纪》："匈奴背叛，为害久远。赖祖宗之灵，师克有捷。丑虏破碎，遂扫厥庭。"

〔10〕"克"，本作"充"，据《太平御览》卷三百四十八兵部七十九，《汉魏六朝百三名家集》卷十五汉李尤集，《全后汉文》卷五十，《渊鉴类函》卷二百二十六武功部二十一改。案，《说文·儿部》："充，长也，高也。"《说文·克部》："克，肩也，象屋下刻木之形。"段玉裁注："相胜之意也。"与"获"相应，当作"克"。克获虽屡：战胜掳获虽然很多。《汉书》卷六《武帝纪》："（元朔六年）夏四月，卫青复将六将军绝幕，大克获。"

〔11〕犹不可常：但不可经常如此。

〔12〕忘战者危：忘记战备必然危险。《司马法》卷上《仁本第一》："故国虽大，好战必亡。天下虽安，忘战必危。"

〔13〕极武者伤：过度崇尚武力则会有毁损。

40. 弧矢铭[1]

弦木为弧[2]，剡木为矢[3]。弧矢协并，八极同纪[4]。（《艺文类聚》卷六十军器部"箭"）

[校注]

〔1〕《佩文韵府》卷二十三之十将篇名讹作"弧夫铭"。《说文·弓部》："弧，木弓也。"《说文·矢部》："矢，弓弩矢也。"

〔2〕弦木为弧：施弦于木做成弓。

〔3〕剡木为矢：斩削竹木做成箭矢。

〔4〕"弧矢协并"，《太平御览》卷三百五十兵部八十一作"大协并"。案，此处脱文，应为四言句。《初学记》卷二十二武部，《全后汉文》卷五十作"协并八极，四方同纪。"案，《周易》卷八《系辞下》："弦木为弧，剡木为矢。弧矢之利，以威天下。"铭疑作："弦木为弧，剡木为矢。弧矢之利，大威天下。……协并八极，匹方同纪。"

41. 铠铭

甲铠[1]之施，扞御[2]锋矢[3]。尚[4]其坚刚[5]，或用[6]犀兕[7]。内以存身，外不伤害。有似仁人，厥道广大。好德者宁，好战者危。专智[8]恃力[9]，君子不为。(《初学记》卷二十二武部"甲第六")

[校注]

〔1〕《释名》卷七《释兵》："铠，犹垲也。垲，坚重之言也。或谓之甲，似物孚甲以自御也。"《说文·金部》："铠，甲也。"段玉裁注："古曰甲，汉人曰铠，故汉人以'铠'释'甲'。""甲铠"，《北堂书钞》卷一百二十一武功部九作"金甲"。案，亦可。

〔2〕扞御：防御、抵抗。《左传》卷十五僖公二十四年："其怀柔天下也，犹惧有外侮；捍御侮者，莫如亲亲，故以亲屏周。"蔡邕《黄钺铭》："始受旄钺钲鼓之任，扞御三垂。"

〔3〕锋矢：刀剑箭矢。《史记》卷六十九《苏秦列传》："进如锋矢，战如雷霆，解如风雨。"

〔4〕"尚"，《玉海》卷一百五十一兵制作"肖"。案，《说文·肉部》："肖，骨肉相似也。""肖"于义难通。故当作"尚"，崇尚、注重义。

〔5〕坚刚：坚硬。《孔丛子》卷三《抗志》："齿坚刚卒尽相磨，舌柔顺终以不弊。"

〔6〕"用"，《玉海》卷一百五十一兵制作"有"。案，"有"于义亦通。

〔7〕犀兕：犀兕皮。《荀子》卷十《议兵篇》："楚人鲛革犀兕以为甲，坚如金石。"

〔8〕"智"，《玉海》卷一百五十一兵制作"崔"。案，《说文·山部》："崔，大高也。""崔"于义不通。与后文"力"对应，当作"智"。

〔9〕专智恃力：专擅仗恃智谋武力。

42. 盾铭[1]

吴旗鲁[2]殿[3]，戎兵特须[4]。犀竖木鸽，扞难卫躯[5]。(《北堂书钞》卷一百二十一武功部九"盾三十三")

[校注]

〔1〕篇名分歧有二。(1)"盾铭"。见《北堂书钞》卷一百二十一武功部九，《东

汉文纪》卷十四,《汉魏六朝百三名家集》卷十五汉李尤集,《说文解字义证》卷九,《全后汉文》卷五十,《渊鉴类函》卷二百二十八武功部二十三,《佩文韵府》卷五之二、卷七之三、卷七十一之二、卷九十五之六。(2)"楯铭"。见《太平御览》卷三百五十七兵部八十八,《玉海》卷一百五十一兵制,《通雅》卷三十五。案,《说文·盾部》:"盾,瞂也,所以扞身蔽目。"《说文·木部》:"楯,阑楯也。""楯"为"盾"异体字。清王先谦证补:"《后汉·袁绍传》注:'楯,今之旁排,即彭排。'"《释名》卷七《释兵》:"彭排,彭旁也,在旁排敌御攻也。""盾,遁也。跪其后避似隐遁也。大而平者曰吴魁,本出于吴,为魁帅者所持也。隆者曰须盾,本出于蜀,须所持也。或曰羌盾,言出于羌也。约胁而邹者曰陷虏,言可以陷破虏敌也,今谓之曰露见是也。狭而长者曰步盾,步兵所持,与刀相配者也。狭而短者曰子盾,车上所持者也。子,小称也。以络编版谓之木络,以犀皮作之曰犀盾,以木作之曰木盾,皆因所用为名也。"

〔2〕"鲁",《通雅》卷三十五作"橹"。案,"吴"指吴地,与之相应,当作"鲁",指鲁地。《方言》辑轩使者绝代语释别国方言第九:"盾,自关而东或谓之瞂,或谓之干,关西谓之盾。""大楯曰橹","橹"与"鲁"同音,且义与"瞂"相关,故讹。

〔3〕"瞂",《东汉文纪》卷十四,《渊鉴类函》卷二百二十八武功部二十三作"瞂";《玉海》卷一百五十一兵制作"瞂"。《太平御览》卷三百五十七兵部八十八脱"瞂"。案,《说文·盾部》:"瞂,盾也。""瞂""瞂"为书写差异。

〔4〕"须",《汉魏六朝百三名家集》卷十五汉李尤集,《佩文韵府》卷五之二、卷七之三、卷九十五之六作"颁"。案,《说文·页部》:"颁,大头也。"于义不通。"颁"为文部韵。"戎兵特须"之"须"与"扞难卫躯"之"躯"均为侯部韵,故当作"须",指须盾,见本篇注〔1〕。

〔5〕"犀竖木鸰,扞难卫躯",《东汉文纪》卷十四,《汉魏六朝百三名家集》卷十五汉李尤集,《说文解字义证》卷九,《渊鉴类函》卷二百二十八武功部二十三,《佩文韵府》七之三、卷七十一之二、卷九十五之六作"进则避刃,爰以卫躯。"案,"犀竖木鸰"仅见于《北堂书钞》,疑讲述瞂所用材质、尺寸及图样,见本篇注〔1〕。由"爰以卫躯"可见"扞难卫躯"为两句合并,可拆分为"所 以 扞难""爰以卫躯"。"进则避刃,爰以卫躯"之"进"可推当还有关于"退"之内容。疑铭文作"吴旗鲁瞂,戎兵特须。□□□□,犀竖木鸰。退则□□,所 以 扞难。进则避刃,爰以卫躯"。

43. 宝剑铭^[1]

五材^[2]并^[3]用，谁能去兵？龙渊^[4]耀^[5]奇，太阿^[6]飞名。陆断^[7]犀
兕^[8]，水截鲸鲵^[9]。善击之妙，齐契更嬴^[10]。缙绅^[11]咸服^[12]，翼宣^[13]
仪刑^[14]。岂徒振武^[15]，义合金声^[16]。（《北堂书钞》卷一百二十二武功部
一"剑三十四"，《东汉文纪》卷十四）

［校注］

〔1〕篇名分歧有二。（1）"宝剑铭"。见清王琦汇解《李长吉歌诗汇解》（清乾隆
宝笏楼刻本）卷三《送秦光禄北征》注，《北堂书钞》卷一百二十二武功部一，《东汉
文纪》卷十四，《汉魏六朝百三名家集》卷十五汉李尤集，《全后汉文》卷五十，《渊
鉴类函》卷二百二十三武功部十八，《佩文韵府》卷四之一、卷十六之八、卷三十七
之七。（2）"剑铭"。见《杜诗镜铨》卷十四、《杜诗详注》卷十六《故秘书少监武功
苏公源明》注，《说文解字义证》卷十二。案，《剑铭》为《宝剑铭》省称。《管子》
卷二十三《地数》："葛卢之山，发而出水，金从之，蚩尤受而制之，以为剑铠矛戟。"
《释名》卷七《释兵》："剑，检也。所以防检非常也。又言敛也，其在身拱时敛在臂
内也。其旁鼻曰镡。镡，寻也，带所贯寻也。其末曰锋，锋末之言也。"

〔2〕"五材"，《北堂书钞》卷一百二十二武功部一作"五行"。案，《尚书大传》
卷三："木、金、水、火、土谓之五材。"此五者又称五行，故有"材"作"行"之记
载。《周礼疏》卷三十九："或审曲面埶，以饬五材，以辨民器。"郑玄注："此五材，
金、木、皮、玉、土。"

〔3〕"并"，《全后汉文》卷五十作"竝"。案，"'并'《说文》作'竝'"。①《说
文·立部》："竝，併也。"

〔4〕龙渊：亦作"龙泉"，宝剑名。《战国策》卷二十六："龙渊大阿，皆陆断马
牛，水击鹄雁。"

〔5〕"耀"，《北堂书钞》卷一百二十二武功部一，《佩文韵府》卷四之一作
"曜"；《渊鉴类函》卷二百二十三武功部十八作"躍"。案，"耀"多用作动词，
"曜"多用作名词。② 《说文·足部》："躍，迅也。"与后文"飞名"相对，此处

"耀"为上。

〔6〕太阿：亦作"泰阿"，吴国干将所铸宝剑。《史记》卷六十九《苏秦列传》："韩卒之剑戟皆出于冥山，棠溪、墨阳、合赙、邓师、宛冯、龙渊、太阿，皆陆断牛马。"

〔7〕"断"，《杜诗镜铨》卷十四、《杜诗详注》卷十六《故秘书少监武功苏公源明》注作"劀"。案，《说文·首部》："劀，或从刀，专声。"段玉裁注："'劀'与刀部'劗'义相近。"《说文·刀部》："劗，断也。"段玉裁注："按首部，𩭿，断首也，亦截也。'劀'上同。"

〔8〕"兜"，《李长吉歌诗汇解》卷三《送秦光禄北征》注作"象"。案，"犀兜""犀象"于义均可，且文献中两者用例均较多。

〔9〕"鲵鲸"，《杜诗详注》卷十六《故秘书少监武功苏公源明》注，《李长吉歌诗汇解》卷三《送秦光禄北征》注，《北堂书钞》卷一百二十二武功部一作"鲸鲵"；《杜诗镜铨》卷十四《故秘书少监武功苏公源明》注作"鲸霓"。案，《说文·雨部》："霓，屈虹青赤或白色。""霓"乃同音而讹。"鲵鲸""鲸鲵"于义均可。考其用韵，"谁能去兵"之"兵"为阳部韵，"太阿飞名"之"名"为耕部韵，"鲵"为支部韵，"鲸"为阳部韵，故"鲵鲸"为上。

〔10〕此两句，仅见于《北堂书钞》卷一百二十二武功部一。齐契更赢：与善射之更赢如符契般相同。更赢，虚弓下鸟之善射者，见《战国策》卷十七："更赢与魏王处京台之下，仰见飞鸟。更赢谓魏王曰：'臣为王引弓虚发而下鸟。'魏王曰：'然则射可至此乎？'更赢曰：'可。'有间，雁从东方来，更赢以虚发而下之。魏王曰：'然则射可至此乎？'更赢曰：'此孽也。'王曰：'先生何以知之？'对曰：'其飞徐而鸣悲。飞徐者，故疮痛也；鸣悲者，久失群也。故疮未息，而惊心未去也。闻弦音，引而高飞，故疮陨也。'"

〔11〕"搢"，《汉魏六朝百三名家集》卷十五汉李尤集，《佩文韵府》卷十六之八作"搢"。案，"搢"通"缙"。① 缙绅：插笏于带间。古时仕宦者垂绅搢笏，因称士大夫为缙绅。

〔12〕咸服：均作为服饰一部分佩戴。

〔13〕翼宣：辅佐宣扬。汉潘勖《册魏公九锡文》："君翼宣风化，爰发四方。"

〔14〕"刑"，《说文解字义证》卷十二作"荆"。案，此当为书写差异。仪刑：效

---

① 王力主编《王力古汉语字典》，第385、938页。

法，法式。《诗经》卷十六《大雅·文王》："仪刑文王，万邦作孚。"

〔15〕振武：显扬武力。《国语》卷十二："君人者刑其名，成而后振武于外，是以内和而外威。"

〔16〕周霄熊撰，唐逢行珪注《鹖子》（明正统道藏本）卷下："钟，金声也，以合于义。故教义者击钟也。"《尚书大传》卷四："玉音金声，言宏杀之调也。"《孟子》卷十《万章下》："金声而玉振之也。金声也者，始条理也。玉振之也者，终条理也。"汉赵岐注："孔子集先圣之大道以成己之圣德者也。故能金声而玉振之。振，扬也，故如金声之有杀。振扬玉音，始终如一也。始条理者，金从革可治之使条理。终条理者，王终其声而不细也。含五德而不扰也。"《汉书》卷五十八《公孙弘卜式兒宽传》："金声而玉振之。"颜师古曰："言振扬德音如金玉之声也。"

44. 戟铭[1]

　　皷[2]戟之设，以戒[3]非常[4]。秉执操持，邪暴是防。须臾[5]之忿[6]，终日[7]为殃[8]。山陵之祸[9]，起[10]于豪芒[11]。（《太平御览》卷三百五十三兵部八十四"戟下"）

[校注]

〔1〕作者分歧有二。（1）李尤。见《文选》卷二十八、《六臣注文选》卷二十八《白头吟》注，《北堂书钞》卷一百二十四武功部十二，《太平御览》卷三百五十三兵部八十四，《玉海》卷一百五十一兵制，《续古文苑》卷十四，《全后汉文》卷五十，《渊鉴类函》卷二百二十四武功部十九。（2）李元。见《玉台新咏笺注》卷四鲍照《拟乐府白头吟》注，《文选理学权舆》卷二。案，《文选理学权舆》卷二："李元《戟铭》，疑亦李尤。"案，《戟铭》当属汉李尤。《释名》卷七《释兵》："戟，格也，旁有枝格也。戈句，矛戟也。戈，过也，所刺捔则决过，所钩引则制之，弗得过也。车戟曰常，长丈六尺，车上所持也。八尺曰寻，倍寻曰常，故称常也。手戟，手所持摘之戟也。"

〔2〕"皷"，《北堂书钞》卷一百二十四武功部十二，《全后汉文》卷五十，《渊鉴类函》卷二百二十四武功部十九作"鼓"；《续古文苑》卷十四作"枝"，并附："案'枝'旧误'鼓'，今改。"案，《正字通》卷七："'皷'，俗'鼓'字。"结合篇名及后文"秉执操持"，"皷""鼓"于义亦通，然"枝"为上。

〔3〕戒：戒备防御。

〔4〕非常：异于常态之事件，突发之祸患。《史记》卷七《项羽本纪》："故遣将守关者，备他盗之出入与非常也。"

〔5〕须臾：片刻、暂时。《荀子》卷一《劝学篇》："吾尝终日而思矣，不如须臾之所学也。"

〔6〕"忿"，《全后汉文》卷五十，《渊鉴类函》卷二百二十四武功部十九作"分"。案，《说文·心部》："忿，悁也。"《说文·八部》："分，别也。"故当作"忿"。忿，恨也、怒也。

〔7〕"日"，《续古文苑》卷十四作"身"。案，《论语》卷六："一朝之忿，忘其身，以及其亲。""终日""终身"于义均通，"终身"为上，指一生、一辈子。

〔8〕殃：殃咎。

〔9〕山陵之祸：如山陵般重大之灾祸。

〔10〕"起"，《文选》卷二十八、《六臣注文选》卷二十八《白头吟》注作"越"。案，当作"起"，"越"乃形近而讹。

〔11〕"豪"，《文选》卷二十八、《六臣注文选》卷二十八《白头吟》注，《玉台新咏笺注》卷四鲍照《拟乐府白头吟》注，《续古文苑》卷十四，《渊鉴类函》卷二百二十四武功部十九作"毫"。案，"豪""毫"二字同音，又同有指细长而尖锐的毛一义，实同一词。"毫"是为长毛义所造的分别字。① 豪芒：毫毛尖端，比喻极细微。《汉书》卷一百上《叙传上》："独撷意乎宇宙之外，锐思于豪芒之内。"颜师古注："豪芒之内，喻纤微也。"

45. 弹铭[1]

昔之造弹，起意弦木。以丸为矢，合竹为朴[2]。漆饰以露[3]，不[4]用筋角[5]。丸弹之利，以弋[6]凫鹜[7]。晋灵骄[8]悖，群臣是弹[9]。乐其如跃，趋[10]如避丸[11]。（《艺文类聚》卷六十军器部"弹"）

［校注］

〔1〕《佩文韵府》卷三十四之五将作者讹作"李元"，所引文句实属李尤《弹铭》。《说文·弓部》："弹，行丸也。"汉赵晔撰《吴越春秋》（明古今逸史本）勾践阴谋外传第九："弩生于弓，弓生于弹，弹起古之孝子。（中略）古者人民质朴，饥食鸟兽，

---

① 王力主编《王力古汉语字典》，第1313页。

渴饮雾露，死则裹以白茅，投于中野。孝子不忍见父母为禽兽所食，故作弹以守之，绝鸟兽之害。"

〔2〕"朴"，《佩文韵府》卷三十四之五作"扑"。案，"扑"通"朴"。凡器未成者，皆谓之朴。《说文·木部》："朴，木素也。"段玉裁注："素，犹质也。以木为质，未雕饰，如瓦器之坯然。"《尔雅》卷中郭璞注："皆治朴之名。"此处指以竹合起来作成弹之坯。

〔3〕"漆饰以霝"，《北堂书钞》卷一百二十四武功部十二作"漆雕饰治"；《太平御览》卷三百五十兵部八十一，《说文解字义证》卷四十，《全后汉文》卷五十作"漆饰胶治"。案，《说文·雨部》："霝，雨零也。""漆雕饰治""漆饰胶治"均指在素坯上文饰粘接牢固，于义均可。

〔4〕"不"，《北堂书钞》卷一百二十四武功部十二，《太平御览》卷三百五十兵部八十一，《说文解字义证》卷四十作"弗"。案，"不""弗"有否定义，均可。

〔5〕"筋角"，《太平御览》卷三百五十兵部八十一作"筋镞"；《说文解字义证》卷四十作"筋镞"。案，"筋镞""筋角"于义均通。"筋"为"筋"的俗字。《玉篇·竹部》："筋，俗筋字。"考其用韵，"合竹为朴"之"朴"，"不用筋角"之"角"，"镞"均为屋部韵。然"筋镞"连用不见于其他文献。"筋角"常连用。《周礼疏》卷四："皮毛筋角，入于玉府。"贾公彦疏："兽人所得禽兽，其中皮毛筋角，择取堪作器物者，送入于玉府，拟给百工饰作器物。"《管子》卷二十二《山至数》："皮革、筋角、羽毛、竹箭、器械财物，苟合于国器君用者，皆有矩券于上。"

〔6〕弋：《诗经》卷四《郑风·女曰鸡鸣》"弋凫与雁"，孔颖达疏"弋谓以绳系矢而射也"。

〔7〕凫鹜：鸭子。《尔雅》卷下："舒凫鹜。"郭璞注："鸭也。"邢昺疏引李巡曰："野曰凫，家曰鹜。"

〔8〕"骄"，《太平御览》卷三百五十兵部八十一作"娇"。案，《说文·马部》："骄，一曰野马。"段玉裁注："凡骄恣之义，当是由此引伸，旁义行而本义废矣。女部曰：'嬌，骄也。'心部曰：'愹，骄也。'皆旁义也。俗制'娇''憍'字。"《说文·女部》："嬌，骄也。"段玉裁注："'骄'俗本作'娇'。"

〔9〕《左传》卷二十一宣公二年："晋灵公不君，厚敛以雕墙。从台上弹人，而观其辟丸也。"

〔10〕"趋"，《太平御览》卷三百五十兵部八十一作"趍"。案，"趍"用作"趋"。如《淮南鸿烈》卷十五《兵略训》："猎者逐禽，车驰人趋，各尽其力。"

〔11〕"丸",《佩文韵府》卷九十五之六作"九"。案,上文"以丸为矢",故当作"丸","九"乃形近而讹。"避丸"又写作"辟丸"。趋如避丸:急促奔跑躲避弹丸。

46. 鼎铭[1]

五鼎[2]大和[3],滋味集具[4]。虽快其口,损之为务[5]。(《艺文类聚》卷七十三杂器物部"鼎")

[校注]

〔1〕《说文·鼎部》:"鼎,三足两耳,和五味之宝器也。昔禹收九牧之金,铸鼎荆山之下,入山林川泽,螭魅蝄蜽,莫能逢之,以协承天休。"也有四足者,如后母戊大方鼎。

〔2〕五鼎:元敖继公撰《仪礼集说》(清通志堂经解本)卷八:"五鼎,羊、豕、鱼、腊、肤。"《汉书》卷六十四上《严朱吾丘主父徐严终王贾列传上》:"偃曰:'臣结发游学四十余年,身不得遂,亲不以为子,昆弟不收,宾客弃我,我厄日久矣。丈夫生不五鼎食,死则五鼎亨耳!'"唐颜师古注引张晏曰:"五鼎食,牛、羊、豕、鱼、麋也。"

〔3〕"大",《渊鉴类函》卷三百八十三器物部二作"太"。案,"太"通"大"。大和:阴阳会合,冲和圆融,达到和之最高境界。

〔4〕"集",《类隽》卷二十器用类作"荒"。案,"荒"有大之义。《诗经》卷十九《周颂·天作》:"天作高山,大王荒之。"郑玄笺:"荒,大也。"《尚书》卷二《益稷》:"惟荒度土功。"孔安国传:"闻启泣声,不暇子名之,以大治度水土之功故。"然"荒具"合用为匆忙备办之义,多用于自谦。故"集"为上,会集。滋味集具:各种味道齐备。

〔5〕"虽快其口,损之为务":(美味)虽可让人嘴里感觉快乐享受,但适度减损,不奢糜浪费才是要务。

47. 樽铭[1]

樽设在堂[2],以俟俊乂[3]。三山[4]共承[5],雕琢错带[6]。(《艺文类聚》卷七十三杂器物部"樽")

［校注］

〔1〕《渊鉴类函》卷三百八十四器物部三作"尊铭"。案，《周礼》卷五《春官宗伯第三》："司尊彝，掌六尊六彝之位。（中略）六尊，谓牺尊、象尊、箸尊、壶尊、太尊、山尊……"《说文·酉部》："尊，酒器也。""尊"为本字，"樽"为后起字。

〔2〕樽设在堂：在堂中设置酒樽。

〔3〕"义"，《东汉文纪》卷十四作"义"。案，《说文·丿部》："义，芟艸也。"《说文·我部》："义，己之威义也。"段玉裁注："古者威仪字作'义'，今'仁义'字用之。""俊义"也写作"俊乂"。《尚书》卷五《说命下》："旁招俊乂，列于庶位。"以俟俊义：等待杰出贤能人才到来。《说文·人部》："俊，材千人也。"汉董仲舒撰《春秋繁露》（清武英殿聚珍版丛书本）卷八《爵国》："万人者曰英，千人者曰俊，百人者曰杰，十人者曰豪。"

〔4〕三山：神话传说中东海仙人所居住的三座神山。此处指尊之三足。

〔5〕共承：共同托举。

〔6〕雕琢错带：制作尊时所用之不同工艺手法。雕琢：刻镂琢磨。《尚书》卷三《禹贡》："锡贡磬错。"孔颖达疏："治玉石曰错。"《释名》卷五《释衣服》："带，蒂也，着于衣，如物之系蒂也。"

48. 杯铭[1]

小之为杯，大之为閞[2]。杯閞之用，无施不可[3]。以饮以享，慎斯得正。周公之美，骄[4]吝[5]为病[6]。（《艺文类聚》卷七十三杂器物部"杯"）

［校注］

〔1〕《说文·木部》："杯，㮯也。"段玉裁注："㮯，小桮也，析言之。此云桮，㮯也，浑言之。（中略）桮其通语也。古以桮盛羹，俗作'杯'。"

〔2〕"閞"，本作"闻"，据《方言笺疏》卷五，《汉魏六朝百三名家集》卷十五汉李尤集，清洪亮吉撰《比雅》（清粤雅堂丛书本）卷十，《广雅疏证》卷七下，《全后汉文》卷五十改。案，《说文·门部》："閞，大开也，大杯亦为閞。"段玉裁注："閞，桮也，其大者谓之閞。"《说文·耳部》："闻，知闻也。"故当作"閞"，"闻"乃形近而讹。"小之为杯，大之为閞"：小的称杯，大的称閞。

〔3〕"杯閞之用"，《白氏六帖事类集》卷四脱"閞"。案，承前文当有"閞"，构

成完整四言。"杯閜之用，无施不可"：杯閜用处大，用在任何地方均得当。

〔4〕骄：骄恣。

〔5〕宋蔡节撰《论语集说》卷四《泰伯第八》："使骄且吝。"宋蔡节注："吝，鄙啬也。"

〔6〕"以饮以享，慎斯得正。周公之美，骄吝为病"：用杯饮（歠也）、享（献也），谨慎虔诚为正道。周公礼乐嘉美，骄恣鄙啬为邪途。慎：谨、诚。

49. 盘铭[1]

或以承觞，或以受物[2]。既举[3]清觞[4]，又成[5]口实[6]。（《艺文类聚》卷七十三杂器物部"盘"）

[校注]

〔1〕《太平御览》卷七百五十八器物部三作"槃铭"。案，"槃"与"盘"为异体字。《说文·木部》："槃，承槃也。"段玉裁注："承槃者，承水器也。《内则》曰：'进盥，少者奉槃，长者奉水，请沃盥。'《左传》曰：'奉匜沃盥。'《特牲经》曰：'尸盥，匜水实于槃中。'古之盥手者，以匜沃水，以槃承之，故曰承槃。《内则注》曰：'槃，承盥水者。'吴语注曰：'槃，承盥器也。'"

〔2〕"或以承觞，或以受物"：要么承托觞觯，要么承受物件。

〔3〕"举"，《太平御览》卷七百五十八器物部三作"与"。案，《说文·手部》："举，对举也。"段玉裁注："从手，与声。"《说文·舁部》："与，党与也。"段玉裁注："'與'当作'与'。与，赐予也。从舁与，会意，共举而与之也。"故二者均通。

〔4〕清觞：美酒。扬雄《太官令箴》："群物百品，八珍清觞。以御宾客，以膳于王。"觞：酒器，实曰觞，虚曰觯。

〔5〕"成"，《白氏六帖事类集》卷四，《太平御览》卷七百五十八器物部三，明陈禹谟撰《骈志》（清文渊阁四库全书本）卷二十作"盛"。案，《释名》卷四《释言语》："成，盛也。"

〔6〕"实"，《太平御览》卷七百五十八器物部三作"食"。案，口实、口食均可指粮食。《周易正义》卷三："自求口实。"孔颖达疏："求其口中之实也。"

50. 盂铭[1]

饮无求辞，才以相娱[2]。荒沉[3]过差[4]，可不慎与[5]？（《文选》卷

四十三嵇康《与山巨源绝交书》注）

[校注]

〔1〕《玉海》卷八十九器用作"盂铭"。案，铭文"饮无求辞"，与饮食相关。《说文·皿部》："盂，饮器也。"《说文·子部》："孟，长也。"故当作"盂"，"孟"乃形近而讹。

〔2〕"饮无求辞，才以相娱"：饮酒不要推辞争执，才能相互娱乐高兴。

〔3〕荒沉：沉湎。《汉书》卷二十七下之下《五行志下之下》："颠覆厥德，荒沉于酒。"蔡邕《酒樽铭》："酒以成礼，弗继以淫。德将以荒，过则荒沉。"

〔4〕过差：过分，失度。宋玉《登徒子好色赋》："目欲其颜，心顾其义。扬诗守礼，终不过差，故足称也。"

〔5〕可不慎与：怎能不慎重。

51. 崟甗铭[1]

崟甗[2]令名[3]，甘旨[4]是盛[5]。埏埴[6]之巧，甄陶[7]所成[8]。食彼美珍[9]，思此鹿鸣[10]。（《广雅疏证》卷七下"释器"）

[校注]

〔1〕篇名分歧有三。（1）"安残铭"。见《方言笺疏》卷十三，《骈雅训纂》卷四上训纂八，《广雅疏证》卷七下。（2）"安哉铭"。见《纬略》卷四，《太平御览》卷七百六十器物部五，《东汉文纪》卷十四，《汉魏六朝百三名家集》卷十五汉李尤集，《正字通》卷十一，《骈雅训纂》卷四上训纂八，《蕉轩随录》卷九，《韵府拾遗》卷十一，《续通志》卷一百二十二器服略，《南漘楛语》卷六，《幼学堂诗文稿》诗稿卷十《立夏日偕王明经壎游余员外山庄历宝坊寺时孟昭方以病乞身不与拈山谷坐窗不邀令人瘦分韵得坐字不字仍邀孟昭同作》注，《全后汉文》卷五十，《茶香室丛钞》卷二十，《佩文韵府》卷四十八，《陶说》卷四说器上。（3）"陶器铭"。见《佩文韵府》卷一百二十八："李尤《陶器铭》：'埏埴之巧，甄陶所成。'"案，《方言笺疏》卷十三："'安残'与'崟甗'同。"《骈雅训纂》卷四上训纂八："安哉，食器也。"《南漘楛语》卷六："崟甗，李尤有《安哉铭》，解者谓是瓦器，余谓当作'甗'字，《广韵》：'崟、甗大盂。'"《纬略》卷四《安哉铭》文后："此不知何器，别无所著见，虽是陶

器，未审其形制也。"《汉魏六朝百三名家集》卷十五汉李尤集于《安哉铭》注"陶器"。故当作"盎盨铭"。《说文解字》"盂"下段玉裁注："《方言》：'盂，宋、楚、魏之间或谓之盌。'又曰：'盂谓之柯。'又曰：'盂谓之櫨。河济之间谓之盎盨。'"

〔2〕盎盨，本作"安残"，"安残"为脱"皿"所致，考证见注〔1〕

〔3〕令名：美好名称。《史记》卷六《秦始皇本纪》："阿房宫未成，成，欲更择令名名之。"

〔4〕甘旨：美味。潘岳《闲居赋》："董荼甘旨，蓼荽芬芳。"

〔5〕"盎盨令名，甘旨是盛"：盎盨名称美好，用来盛放美味佳肴。

〔6〕埏埴：用水和泥制作陶器。《老子》："埏埴以为器。"河上公注："埏，和也。埴，土也。和土以为饮食之器。"《盐铁论》卷一《通有第三》："铸金为锄，埏埴为器。"

〔7〕甄陶：烧制陶器。《盐铁论》卷一《力耕第二》："使治家养生必于农，则舜不甄陶，而伊尹不为庖。"

〔8〕"埏埴之巧，甄陶所成"：用水和泥制作陶坯，工艺巧妙，烧制成为陶器。

〔9〕美珍：美味珍贵之食物。

〔10〕鹿鸣：指《诗经》卷九《小雅·鹿鸣》。《诗序》："《鹿鸣》，燕群臣嘉宾也。""食彼美珍，思此鹿鸣"：食用美味佳肴，思虑招贤纳才，礼乐治国。

52. 豐侯铭[1]

豐[2]侯荒缪[3]，醉乱迷逸[4]。乃象其形，为禮[5]戒式[6]。后世传之，固无止[7]说[8]。（《太平御览》卷七百六十二器物部七"豐"）

[校注]

〔1〕清朱骏声撰《说文通训定声》豐部第一作"豐侯铭"。案，"铭"当作"铭"。豐侯：古代因喝酒而亡国之诸侯。乡射礼图其形于罚爵上，作为酒戒之用。汉崔骃《酒箴》："豐侯沉酒，荷罍负缶。自戮于世，图形戒后。"

〔2〕"豐"，本作"豊"，据《路史》卷十九后纪十《疏仡纪》注，明郭良翰辑《问奇类林》（明万历三十七年黄吉士等刻增修本）卷三十三戒嗜好，《东汉文纪》卷十四，《汉魏六朝百三名家集》卷十五汉李尤集，《骈雅训纂》卷四上训纂八，清陈逢衡撰《竹书纪年集证》（清嘉庆裛露轩刻本）卷二十七，《说文解字注》笫五篇上，清黄以周撰《礼书通故》（清光绪十九年刻黄氏试馆本）第四七《名物通故三》，《说文

解字义证》卷十四，清王筠撰《说文解字句读》（清刻本）卷五上，《全后汉文》卷五十，《说文通训定声》豐部第一，清朱彝尊撰《经义考》卷二百六十逸经改。案，《说文·豐部》：“豐，行礼之器也。”“豐，一曰《乡饮酒》有豐者。”段玉裁注：“阮谌曰：‘豐，国名也。坐酒亡国。’”

〔3〕“缪”，《说文解字注》第五篇上，《礼书通故》第四七《名物通故三》，《说文通训定声》豐部第一，清朱士端撰《强识编》（清同治元年刻本）第三《〈说文〉豐字考》作“谬”。案，“谬”通“缪”。荒缪：荒唐错误。

〔4〕“逸”，《骈雅训纂》卷四上训纂八，《礼书通故》第四七《名物通故三》，《说文通训定声》豐部第一作“迭”；《说文解字注》第五篇上作“叠”。案，“迭（yì）”通“逸”。《文选》卷十五张衡《思玄赋》“烂漫丽靡，藐以迭逷”李善注：“迭，过也。”“迷迭（dié）”“迷叠”，为一种香草。故当作“迷逸”“迷迭（yì）”。“叠”乃与“迭”声同而讹。醉乱迷逸：喝醉淫乱，迷失放纵。

〔5〕“禮”，本作“豊”，据《路史》卷十九后纪十《疏仡纪》注，《东汉文纪》卷十四，《汉魏六朝百三名家集》卷十五汉李尤集，《骈雅训纂》卷四上训纂八，《竹书纪年集证》卷二十七，《说文解字注》第五篇上，《礼书通故》第四七《名物通故三》，《说文解字义证》卷十四，《说文解字句读》卷五上，《全后汉文》卷五十，《说文通训定声》豐部第一，《佩文韵府》卷八十五之六、卷一百二之六，《经义考》卷二百六十逸经改。案，当作“禮”。“豊”为禮缺笔所致。

〔6〕“乃象其形，为禮戒式”：于是图其形于罚爵上，作为礼仪戒酒范式。晋葛洪撰《抱朴子内外篇》（四部丛刊景明本）卷二十四《酒诫》：“豐侯得罪，以戴尊衔杯。”

〔7〕“止”，《骈雅训纂》卷四上训纂八，《说文解字注》第五篇上，《礼书通故》第四七《名物通故三》，《说文通训定声》豐部第一，《经义考》卷二百六十逸经作“正”。案，“正说”“止说”可各自释义，未知孰是。

〔8〕“后世传之，固无止说”：后代传说豐侯饮酒亡国事，没有停止过。

53. 羹魁铭[1]

羊羹[2]不遍，驷马[3]长驱[4]。（《太平御览》卷七百五十八器物部三“魁”）

[校注]

〔1〕《说文·斗部》：“魁，羹斗也。”段玉裁注：“‘斗’当作‘枓’。古‘斗’、

'枓'通用。（中略）枓，勺也，抒羹之勺也。（中略）魁头大而柄长。毛诗传曰：'大斗长三尺是也。'"江苏徐州十里铺汉画像石墓出土魁 2 件。直口，扁圆唇，腹微鼓，圈足，口沿一侧附尖嘴长柄。口径 24 厘米，高 10 厘米，柄长 7.4 厘米。① 洛阳吉利区东汉墓（C9M445）出土陶器魁 1 件（M445∶48），敞口，尖唇，深弧腹，平底，矮圈足。口沿下有一周凹槽，腹上部有一龙首短柄。魁壁内部及凹槽施红彩。口径 22 厘米，高 9.7 厘米。②

〔2〕羊羹：用羊肉所做之羹。

〔3〕驷马：驾一车之四马。《老子》第六十二章："虽有拱璧，以先驷马，不如坐进此道。"

〔4〕长驱：迅速前进，毫无阻碍。曹植《白马篇》："长驱蹈匈奴，左顾凌鲜卑。""羊羹不遍，驷马长驱"典出《史记》卷三十八《宋微子世家》："华元之将战，杀羊以食士，其御羊羹不及，故怨。"意谓恩泽不普施，遂招致覆亡之祸。

54. 屏风铭[1]

舍[2] 则潜避[3]，用则设[4] 张[5]。立必端直，处必廉方[6]。雍[7] 阏[8] 风邪[9]，雾露是抗[10]。奉上蔽下，不[11] 失其常[12]。（《艺文类聚》卷六十九服饰部"屏风"）

［校注］

〔1〕《释名》卷六《释床帐》："屏风，言可以屏障风也。"《释名疏证补》卷六："王启原曰：'经典或言屏或言树，无言屏风者。'郑注《礼》则屡举'若今屏风'。屏风始见《燕丹子》：'八尺屏风可度而越。'盖秦蔑古法，不合古制，名之屏风，言其用耳。"

〔2〕"舍"，《初学记》卷二十五器物部作"捨"。案，《说文·手部》："捨，释也。"段玉裁注："释者，解也。按，经传多假'舍'为之。"《说文·人部》："舍，市居曰舍。"段玉裁注："'捨'、'舍'二字义相同。"

〔3〕"避"，《北堂书钞》卷一百三十二服饰部一，《太平御览》卷七百一服用部

---

① 江苏省文物管理委员会、南京博物院：《江苏徐州十里铺汉象石墓》，《考古》1966 年第 2 期。

② 洛阳市文物工作队：《洛阳吉利区东汉墓发掘简报》，《文物》2001 年第 10 期。

三，《事类备要》外集卷五十屏风门，《全后汉文》卷五十作"辟"；《初学记》卷二十五器物部，《事文类聚》续集卷十一居处部作"僻"。案，《说文·人部》："僻，辟也。"《说文·辟部》："辟，法也。"段玉裁注："又引伸之为辟除。（中略）或借为'僻'，或借为'避'。"《说文·辵部》："避，回也。"段玉裁注："经传多假'辟'为'避'。"

〔4〕"设"，《事类备要》外集卷五十屏风门作"误"。案，《说文·言部》："误，谬也。""设，施陈也。"与"张"相应，当作"设"，"误"乃形近而讹。

〔5〕"舍则潜避，用则设张"：不用时隐藏，使用时设置陈列。

〔6〕"立必端直，处必廉方"：屏风摆放陈列时平正不歪斜，居处方正。

〔7〕"雍"，《李义山诗集注》卷一上《屏风》注，《太平御览》卷七百一服用部三，《事类备要》外集卷五十屏风门作"壅"。案，《穀梁传》卷八僖公九年："毋雍泉。"唐陆德明撰《经典释文》（清抱经堂丛书本）卷二十二《春秋穀梁音义》："雍，塞也。""壅"与"雍"通。《周礼》卷九《秋官司寇第五》"壅氏"作"雍氏"。

〔8〕"阏"，《事类备要》外集卷五十屏风门作"遏"。案，《说文·门部》："阏，遮攤也"。段玉裁注："遮攤也。遮者，遏也。攤者，裹也。古书'壅遏'字多作'攤阏'。"故二者均可。雍阏：阻塞使不通。《汉书》卷五十三《景十三王传》："今臣雍阏不得闻，谗言之徒蜂生。"

〔9〕"邪"，本作"雅"，据《初学记》卷二十五器物部，《毛诗古音考》卷三，《东汉文纪》卷十四，《说文解字义证》卷十七，《全后汉文》卷五十，《渊鉴类函》卷三百七十六服饰部七改。案，《尔雅疏》卷一宋邢昺疏："雅，正也。"与下文"雾露"相对，当作"风邪"，使人患病之风寒。《后汉书》卷十上《皇后纪·马皇后纪》："帝尝幸苑囿离宫，后辄以风邪露雾为戒，辞意款备，多见详择。"

〔10〕"抗"，《北堂书钞》卷一百三十二服饰部一作"亢"。案，"亢"通"抗"。雾露是抗：抵御雾露霜寒。

〔11〕"不"，《太平御览》卷七百一服用部三作"无"。案，"无""不"于义均可。

〔12〕"奉上蔽下，不失其常"：侍奉君主上司，荫庇下属臣僚，不丧失其固有本性。

55. 匮匣铭[1]

国有都邑[2]，家有匣匮[3]。货贿[4]之用，我之利器[5]。（《太平御览》

卷七百一十三服用部十五"匮")

[校注]

〔1〕《说文解字义证》卷四十作"匮铭"。案，《说文·匚部》："匮，匣也。"
"匣，匮也。"故"匮匣铭""匮铭"于义均可，结合铭文，"匮匣铭"为上。元戴侗撰
《六书故》卷二十七："今通以藏器之大者为匮，次为匣，小为椟。"

〔2〕国有都邑：国家有都城和县邑。

〔3〕匣匮：大小不等收纳藏物之器具。《盐铁论》卷一《禁耕第五》："民人以垣
墙为藏闭，天子以四海为匣匮。"

〔4〕货贿：金玉与布帛，代指财物。《左传》卷二十文公十八年："贪于饮食，冒
于货贿。"

〔5〕利器：有效之用具。《晋书》卷五十二《阮种传》："良工之须利器，巧匠之
待绳墨也。"

56. 卧床铭[1]

体之所安，寝处[2]和欢[3]。夕惕[4]敬慎[5]，崇德远奸[6]。（《初学记》
卷二十五器物部"床第五"）

[校注]

〔1〕《纬略》卷四作"《床铭》"。《说文·木部》："床，安身之坐者。"《释名》
卷六《释床帐》："人所坐卧曰床。床，装也，所以自装载也。长狭而卑曰榻，言其体
榻然近地也，小者曰独坐，主人无二，独所坐也。"《释名疏证补》卷六："王启原曰：
'《一切经音义》四引《埤苍》：枰，榻也，谓独坐板，床也。'服虔《通俗文》则云：
'床三尺五曰榻，板独坐曰枰，八尺曰牀。'"从铭文"寝处""夕惕"可知当为八尺之
卧床。故作"卧床铭"更为准确，"床铭"为宽泛称呼。

〔2〕寝处：作息，坐卧。《孔子家语》卷一《五仪解》："夫寝处不时，饮食不节，
逸劳过度者，疾共杀之。"《左传》卷三十四襄公二十一年："然二子者譬于禽兽，臣
食其肉而寝处其皮矣。"

〔3〕"和"，《纬略》卷四作"之"。案，二者均通。《说文·口部》："和，相应
也。"《说文·欠部》："欢，喜乐也。""之"仅作连词，故"和"为上，构成并列词。

〔4〕夕惕：夜晚谨慎戒惧不懈怠。张华《答何劭》之二："负乘为我戒，夕惕坐

自惊。”

　　〔5〕“敬”，《北堂书钞》卷一百三十三服饰部二作“钦”。案，《汉书》卷六十二
《司马迁传》：“故司马氏世主天官，至于余乎，钦念哉”颜师古曰：“钦，敬也。”敬
慎：恭敬戒慎。

　　〔6〕崇德远奸：尊崇道德之人，远离奸佞。

57. 床几铭[1]

　　（1）虚左[2]致贤[3]，设坐[4]来賔[5]。筵床[6]对几[7]，盛养已陈[8]。
毂仁饮义[9]，枕典席文[10]。道可醉饱，何必清醇[11]。（《北堂书钞》卷一
百三十三服饰部二“几二十一”）

　　（2）几则索口[12]，贤知难求[13]。西伯善养，二老[14]来游[15]。（《北
堂书钞》卷一百三十二服饰部二“几二十一”）

[校注]

　　〔1〕篇名有分歧。第一段，《北堂书钞》卷一百三十三服饰部二，《东汉文纪》卷
十四，《汉魏六朝百三名家集》卷十五汉李尤集，《佩文斋咏物诗选》卷二百一十七坐
具类，《渊鉴类函》卷三百八十二器物部一，《佩文韵府》卷二十二之七、卷六十三之
八、卷八十之二均作“床几铭”。仅《全后汉文》卷五十作“几铭”。第二段，《北堂
书钞》卷一百三十三服饰部二作“床几铭”，《全后汉文》卷五十作“几铭”，且其依
据为《北堂书钞》一百三十三。铭文有“筵床对几，盛养已陈”，故当作“床几铭”。

　　〔2〕虚左：留尊位以待贤者。《史记》卷七十七《信陵君列传》：“公子从车骑，
虚左，自迎夷门侯生。”

　　〔3〕致贤：招致贤能之才。

　　〔4〕“坐”，《佩文韵府》八十之二作“座”。案，“坐”通“座”。

　　〔5〕“賔”，《东汉文纪》卷十四，《渊鉴类函》卷三百八十二器物部一，《佩文韵
府》卷二十二之七、卷六十三之八作“賓”。案，“賔”通“賓”。设坐来賔：设置座
位，招来宾客。傅毅《舞赋》：“陈茵席而设坐兮，溢金罍而列玉觞。”

　　〔6〕筵床：铺设席子之坐榻。《释名》卷六《释床帐》：“筵，衍也，舒而平之衍
衍然也。”

　　〔7〕对几：成对摆放之庪物之几。《释名》卷六《释床帐》：“几，庪也，所以庪
物也。”

　　〔8〕"已"，《东汉文纪》卷十四，《佩文斋咏物诗选》卷二百一十七坐具类作"巳"。案，当作"已"，"巳"乃形近而讹。盛养已陈：丰盛之物品已陈列到位。

　　〔9〕"饮"，《东汉文纪》卷十四，《佩文斋咏物诗选》卷二百一十七坐具类，《渊鉴类函》卷三百八十二器物部一，《佩文韵府》卷六十三之八作"饭"。案，《说文·食部》："饭，食也。"故"饮""饭"均可。毅仁饮义：以仁义作为饮食。

　　〔10〕枕典席文：以文章典制为枕席。

　　〔11〕"醇"，本作"醕"，据《东汉文纪》卷十四，《佩文斋咏物诗选》卷二百一十七坐具类，《渊鉴类函》卷三百八十二器物部一改。"醕"为"醇"异体字。"道可醉饱，何必清醇"：道既可让人沉醉饱足，又何必干净纯正之美酒？《后汉书》卷四十九《王充王符仲长统列传·仲长统传》："清醇之酎，败而不可饮。"

　　〔12〕几则索口：几筵之上小心谨慎出言，力求合乎求贤才之礼仪。三国王弼注，晋韩康伯注，唐孔颖达疏《周易正义》周易兼义下经夬传第五："震索索。"孔颖达疏："索索，心不安之貌。"

　　〔13〕贤知难求：贤能智慧之人难以求得。董仲舒《贤良策二》："至于殷纣，逆天暴物，杀戮贤知，残贼百姓。"《后汉书》卷十一《刘玄刘盆子列传·刘盆子传》："愿得退为庶人，更求贤知，唯诸君省察。"

　　〔14〕二老：长者二人，此处指伯夷、叔齐。《孟子》卷七《离娄上》："二老者，天下之大老也。"扬雄《解嘲》："昔三仁去而殷墟，二老归而周炽。"

　　〔15〕"游"，《佩文斋咏物诗选》卷二百一十七坐具类作"臻"。案，"游""臻"于义均可。然考其用韵，"贤知难求"之"求"，"二老来游"之"游"为幽部韵；"臻"为真部韵，故"游"为上。

58. 几铭[1]

　　黄帝轩辕[2]，恐事之有阙[3]，作舆[4]几[5]之法[6]。（《北堂书钞》卷一百三十三服饰部二"几二十一"）

[校注]

　　〔1〕《四书经注集证·孟子》卷二将作者讹作"李元"。《玉海》卷九十一器用："李尤《几铭》叙曰：'帝轩作舆几之法。'"清郝懿行撰《证俗文》（清光绪东路厅署刻本）卷三，《四书经注集证·孟子》卷二"李元（尤）《几铭序》：'黄帝轩辕作几。'"《太平御览》卷七百一十服用部十二"黄帝"前有"昔"。《汉艺文志考证》卷

六：“《皇王大纪》曰：‘黄帝作舆几之箴，以警宴安。’”《玉海》卷九十一器用：“轩帝舆几皆铭焉。”舆、几为两件物品。故《几铭》与《床几铭》仍分为两篇列出。

〔2〕《事物纪原》卷八，《太平御览》卷七百一十服用部十二，明王三聘辑《事物考》（明嘉靖四十二年刻本）卷七，《大戴礼记注补》卷六《武王践阼第五十九》“于几为铭焉”注“黄帝轩辕”后多“仁智”。《事类赋》卷十四服用部《几赋》“至于黄帝垂法”注“黄帝轩辕”后多“之智”。“黄帝轩辕”，《东汉文纪》卷十四，《汉魏六朝百三名家集》卷十五汉李尤集，《全后汉文》卷五十作“昔帝轩辕，仁智恭恕”。案，“之智”当是引用略写所致。仁智恭恕：仁爱多智，恭敬宽厚。案，“之”省略不影响文意。

〔3〕“阙”，本作“闻”，据《事物纪原》卷八，《太平御览》卷七百一十服用部十二改。“恐事之有阙”，《事物考》卷七，《大戴礼记注补》卷六《武王践阼第五十九》作“恐事有阙”。

〔4〕“舆”，《全后汉文》卷五十作“倚”。《太平御览》卷七百一十服用部十二脱“舆”字。案，当有“舆”字，《太平御览》卷七百一十服用部十二为传抄中脱误。《全后汉文》卷五十所据《北堂书钞》一百三十三作“舆”而不作“倚”，故当作“舆”。《太平御览》卷七百一十服用部十二李尤铭文叙中脱“舆”字，仅作“几”，后紧接张华《倚几铭》，《全后汉文》是否因此而讹？

〔5〕“几”，《大戴礼记注补》卷六《武王践阼第五十九》作“凡”。案，《说文·二部》：“凡，最括也。从二。二，偶也。”当作“几”，“凡”乃形近而讹。舆几：车舆与几案。刘勰《文心雕龙》卷三《铭箴》：“昔帝轩刻舆几以弼违，大禹勒笋簾而招谏。”

〔6〕综合各记载，该段为铭序无疑，所剩残句当作“昔黄帝轩辕，仁智恭恕。恐事之有阙，作舆几之法”。

59. 席铭[1]

施席接宾，士无愚贤[2]。直[3]时所有，何必羊[4]豚[5]。（《艺文类聚》卷六十九服饰部“荐蒲”）

[校注]

〔1〕《释名》卷六《释床帐》：“席，释也，可卷可释也。”《说文·巾部》：“席，籍也。《礼》：‘天子、诸侯席，有黼绣纯饰。’”徐铉注：“席以待宾客之礼，宾客非一

人，故从庶。"

〔2〕"愚"，本作"过"，据《初学记》卷二十五器物部，《汉魏六朝百三名家集》卷十五汉李尤集，《全后汉文》卷五十，《渊鉴类函》卷三百七十七服饰部八改。案，与"贤"相对，当作"愚"。"施席接宾，士无愚贤"：铺设席子接待礼遇宾客，不论贤能还是愚笨，来者为客。

〔3〕"直"，《初学记》卷二十五器物部，《东汉文纪》卷十四，《汉魏六朝百三名家集》卷十五汉李尤集，《正字通》卷十，《全后汉文》卷五十，《渊鉴类函》卷三百七十七服饰部八作"值"。案，"直"通"值"。

〔4〕"羊"，《初学记》卷二十五器物部作"芈"；《正字通》卷十作"芈"。案，《说文·羊部》："芈，羊鸣也。"《说文·丫部》："丫，羊角也，象形。"段玉裁注："知为羊角者，于芈字知之也。""芊"指草木茂盛或碧绿色，故"芊"当与"芈"形近而讹。当作"羊"，"芈"代指羊。

〔5〕"豚"，《初学记》卷二十五器物部，《东汉文纪》卷十四，《渊鉴类函》卷三百七十七服饰部八作"肫"。案，《说文·豚部》："豚，小豕也。"《说文·肉部》："肫，面颊也。"故当作"豚"。"直时所有，何必羊豚"：所设饮食应时令即可，不一定非得猪羊。

60. 镜铭[1]

铸铜为鉴，整饰[2]容颜[3]。修尔法服[4]，正尔衣冠[5]。（《艺文类聚》卷七十服饰部下"镜"）

[校注]

〔1〕《释名》卷四《释首饰》："镜，景也，言有光景也。"《说文·金部》："镜，景也。"段玉裁注："景者，光也。金有光可照物谓之镜。（中略）镜亦曰鉴。"

〔2〕"饰"，《北堂书钞》卷一百三十六服饰部三镜作"餙"；《全后汉文》卷五十作"饬"。案，"餙""饬"通"饰"。

〔3〕"铸铜为鉴，整饰容颜"：熔铸铜制为镜子，用来整理修饰容颜。

〔4〕"服"，《北堂书钞》卷一百三十六服饰部三，《全后汉文》卷五十作"则"。案，与后文"衣冠"相对，当作"法服"，指法制所定之服饰。汉孔安国撰《古文孝经》（清知不足斋丛书本）卿大夫章第四："非先王之法服不敢服。"班固《东都赋》："盛三雍之上仪，修衮龙之法服。"

〔5〕"修尔法服，正尔衣冠"：修饰法服，端正衣服和帽子。马文熙释"修尔法则，正尔衣冠"为"在镜前，不仅要正衣冠，还要整治完善你立身处事的准则"。①

61. 薰炉铭[1]

上似蓬莱[2]，吐气委蛇[3]。芳烟布寫[4]，化[5]冲紫[6]微[7]。（《北堂书钞》卷一百三十五服饰部四"香炉三十七"）

[校注]

〔1〕篇名分歧有六。(1)《熏爐铭》。见《佩文斋咏物诗选》卷二百五炉类。(2)《薰爐铭》。见《玉台新咏笺注》卷七简文帝《伤美人》注，《北堂书钞》卷一百三十五服饰部四，《东汉文纪》卷十四，《佩文韵府》卷六十四之一。(3)《薰鑪铭》。见《玉台新咏笺注》卷一《古诗》注，《韵府拾遗》卷十六、卷四十七。(4)《薰鑪铭》。《汉魏六朝百三名家集》卷十五汉李尤集。(5)《熏鑪铭》。见《全后汉文》卷五十。(6)《熏鑪铭》。见《渊鉴类函》卷三百八十服饰部十一。案，《说文·中部》："熏，火烟上出也。从中从黑。中黑，熏黑也。"《说文·艸部》："薰，香艸也。"故本当作"熏"，后通作"薰"。《说文·金部》："鑪，方鑪也。"《重修玉篇·缶部》："鑪，罍也。"故本当作"鑪"，后通作"爐"，"罍"指酒器，当是同音形近而讹。

〔2〕蓬莱：相传渤海中仙人居住之山。《山海经·海内北经》第十三："蓬莱山在海中。"晋郭璞传："上有仙人宫室，皆以金玉为之，鸟兽尽白，望之如云，在渤海中也。"《列子》卷五《汤问》："其中有五山焉。一曰岱舆，二曰员峤，三曰方壶，四曰瀛洲，五曰蓬莱。"

〔3〕"蛇"，《东汉文纪》卷十四作"虵"；《汉魏六朝百三名家集》卷十五汉李尤集，《全后汉文》卷五十作"虵"。案，《玉篇·虫部》："'虵'正作'蛇'。""虵"或为"虵"异体字。"上似蓬莱，吐气委蛇"：熏炉中烟雾缭绕上升，似蓬莱仙境。

〔4〕"寫"，《东汉文纪》卷十四，《汉魏六朝百三名家集》卷十五汉李尤集，《佩文斋咏物诗选》卷二百五炉类，《韵府拾遗》卷十六下平声、卷四十七，《渊鉴类函》卷三百八十服饰部十一作"绕"。案，《说文·宀部》："寫，置物也。"段玉裁注："按凡倾吐曰寫，故作字作画皆曰寫。俗作'瀉'者，'寫'之俗字。"《说文·糸部》："绕，缠也。"故二者于义均通。

---

〔5〕"化"，《东汉文纪》卷十四，《汉魏六朝百三名家集》卷十五汉李尤集，《佩文斋咏物诗选》卷二百五炉类，《渊鉴类函》卷三百八十服饰部十一作"遥"。案，与"冲紫微"相应，"遥"为上。

〔6〕"紫"，本作"柴"，据《东汉文纪》卷十四，《汉魏六朝百三名家集》卷十五汉李尤集，《佩文斋咏物诗选》卷二百五炉类，《韵府拾遗》卷十六下平声、卷四十七，《全后汉文》卷五十，《渊鉴类函》卷三百八十服饰部十一改。案，当作"紫"。紫微：紫微垣，为三垣的中垣，位于北天中央位置，称中宫，以北极为中枢。"柴"乃形近而讹。

〔7〕"化冲紫微"，《全后汉文》卷五十作"化白为香"。案，可能是版本不一，亦可能为传抄中脱讹所致，此处存疑。"芳烟布写，化冲紫微"：芳香烟雾散布缭绕，冲向遥远之紫微垣。

62. 金羊灯铭[1]

贤哲勉务[2]，惟[3]日不足[4]。金羊载耀[5]，作明[6]以续[7]。（《艺文类聚》卷八十火部"灯"）

[校注]

〔1〕《类隽》卷二十一器用类将作者讹作"李□元"。《书叙指南》卷八："华灯曰金羊灯。"金羊灯：金属制作的羊形灯具。

〔2〕"务"，《东汉文纪》卷十四作"修"；《类隽》卷二十一器用类作"移"。案，《说文·彡部》："修，饰也。"段玉裁注："修者，治也。引伸为凡治之称。"《说文·力部》："务，趣也。"段玉裁注："务者，言其促疾于事也。"故"修""务"于义均可。"移"于义难通。

〔3〕"惟"，《初学记》卷二十五器物部作"唯"。案，"唯"通"惟"。

〔4〕"贤哲勉务，惟日不足"：贤明睿哲、德智兼备之人勤勉修务，白天时间不够用。

〔5〕"耀"，《白氏六帖事类集》卷四，宋吕大临撰《考古图》（清文渊阁四库全书本）卷九，《类隽》卷二十一器用类作"辉"。案，《论衡》卷六《雷虚篇》："当雷之时，电光时见，大若火之耀。"曹植《求自试表》："萤烛末光，增辉日月。""辉""耀"均有光芒、光彩义，故均可。

〔6〕"明"，《类隽》卷二十一器用类作"名"。案，"明"光明义。《释名》卷四

《释言语》："名，明也，名实事使分明也。"故均可，"明"为上。

〔7〕"金羊载耀，作明以续"：金羊灯散发光亮，让黑夜光明以延续白日时间。

63. 箕铭[1]

神农殖[2]穀[3]，以养蒸[4]民[5]。箕主簸扬[6]，糠粃[7]乃陈[8]。（《太平御览》卷七百六十五器物部十"箕帚"）

[校注]

〔1〕《说文·箕部》："箕，簸也。"《重修广韵》卷一："箕，帚也。"唐释慧琳撰《一切经音义》（日本元文三年至延亨三年狮穀莲社刻本）卷五十："《世本》：'少康作箕帚也。'"

〔2〕"殖"，《东汉文纪》卷十四，《汉魏六朝百三名家集》卷十五汉李尤集，《说文解字义证》卷十三，《全后汉文》卷五十，《渊鉴类函》卷三百八十二器物部一作"植"。案，《说文·歹部》："殖，脂膏久殖也。"《玉篇·歹部》："殖，生也、种也。"《说文·木部》："植，户植也。"段玉裁注："植之引伸为凡植物、植立之植。"故二者均可。

〔3〕"穀"，本作"穀"。案，当作"穀"，总称粮食作物。《说文·本部》："穀，楮也。"《说文·禾部》："穀，百穀之总名也。"

〔4〕"蒸"，《渊鉴类函》卷三百八十二器物部一作"烝"。案，《说文·艸部》："蒸，析麻中干也。"《说文·火部》："烝，火气上行也。"段玉裁注："经典多假'蒸'为之者。"

〔5〕蒸民：众民、百姓。《列子》卷四《仲尼》："立我蒸民，莫匪尔极。"晋张湛注："蒸，众也。""神农殖穀，以养蒸民"：神农种植百谷，用以养育百姓。神农：中国上古传说中教人农耕，亲尝百草之人。

〔6〕"扬"，《佩文韵府》卷九十之四作"杨"。案，"杨"通"扬"。

〔7〕糠粃：谷皮和瘪谷。《管子》第十七《禁藏》："果蓏素食当十石，糠粃六畜当十石。"《后汉书》卷五《孝安帝纪》："虽有糜粥，糠粃相半。"

〔8〕"乃"，《东汉文纪》卷十四，《汉魏六朝百三名家集》卷十五汉李尤集，《说文解字义证》卷十三，《渊鉴类函》卷三百八十二器物部一，《佩文韵府》卷九十之四作"及"。案，《说文·又部》："及，逮也。"《说文·乃部》："乃，曳詞之难也，象气之出难也。"故当作"乃"。"箕主簸扬，糠粃乃陈"：箕之功用是簸扬，谷皮和瘪谷因簸扬显现并与谷分离。

64. 漏刻铭[1]

昔在先圣[2]，配天垂则[3]。仰鼇[4]七曜[5]，俯顺[6]坤德[7]。乃建日官[8]，俾立漏刻[9]。昏明[10]既序[11]，景曜[12]不忒[13]。唐[14]命羲和[15]，敬授人时[16]。悬象[17]著明[18]，序以崇熙[19]。季末不虔[20]，德衰于兹[21]。挈壶[22]失职[23]，刺流在诗[24]。圣哲[25]稽古[26]，帝则[27]是钦[28]。尺璧非宝，重此寸阴[29]。昧旦[30]丕显[31]，敬[32]听漏音。思我王度，如玉如金[33]。（《古文苑》卷十三）

［校注］

〔1〕篇名分歧有二。（1）"漏刻铭"。见《艺文类聚》卷六十八仪饰部，《初学记》卷二十五器物部，《古文苑》卷十三，《北堂书钞》卷一百三十仪饰部上，明贺复徵编《文章辨体汇选》（清文渊阁四库全书本补配清文津阁四库全书本）卷四百四十七，《东汉文纪》卷十四，明吴讷辑《文章辨体》（明天顺刻本）卷四十二箴铭，《御选唐诗》卷十三五言律苏味道《春日应制》注，《后汉书补注》卷十八《儒林列传》，清皮锡瑞撰《今文尚书考证》（清光绪刻师伏堂丛书本）卷一《尧典》注，清王鸣盛撰《蛾术编》（清道光二十一年世楷堂刻本）卷五说录《阎氏误信叶氏汉文无引毛诗序》，《四库全书考证》卷九十三《东汉文纪》卷十四，《后汉书集解》七十九下《儒林传下》，《骈字类编》卷二百二十八补遗人事门四，《全后汉文》卷五十，《渊鉴类函》卷三百六十九仪饰部三，《佩文韵府》卷四之九、卷七十七之三、卷一百二之二、卷一百二之六、卷一百二之八。（2）"漏铭"。见《艺文类聚》（清文渊阁四库全书本）卷六十八仪饰部。案，铭文有"俾立漏刻"，故"漏刻铭"为上。

〔2〕先圣：先贤圣人。班固《答宾戏》："皆及时君之门闱，究先圣之壶奥。"

〔3〕配天垂则：与天相比配，垂示法则。《中庸》："高明配天。"孔颖达疏："言圣人功业高明，配偶于天，与天同功，能覆物也。"《汉书》卷九十七下《外戚列传下》："垂则列妾，使有法焉。"颜师古注："言垂法于后宫，使皆遵行也。"

〔4〕"鼇"，《艺文类聚》卷六十八仪饰部，《北堂书钞》卷一百三一仪饰部上，《文章辨体汇选》卷四百四十七，《东汉文纪》卷十四，《御选唐诗》卷十三五言律苏味道《春日应制》注，《全后汉文》卷五十，《渊鉴类函》卷三百六十九仪饰部三，《佩文韵府》卷四之九、卷七十七之三、卷一百二之二作"鼇"。案，"鼇"与"鼇"

为异体字。

〔5〕七曜：中国古称日、月及金、木、水、火、土五星为"七曜"。

〔6〕"顺"，《北堂书钞》卷一百三十仪饰部上作"从"。案，《重修玉篇·页部》："顺，从也。""顺""从"均可。

〔7〕"坤"，《佩文韵府》卷七十七之三、卷一百二之二作"神"。案，与"七曜"相对，"坤德"为上，指地德。"仰蠡七曜，俯顺坤德"：向上模拟日月运行规则，在下顺应地理环境。

〔8〕"乃"，《文章辨体汇选》卷四百四十七，《东汉文纪》卷十四作"力"。案，当作"乃"，句首发语词。"力"乃形近而讹，于义不通。乃建日官：于是设置掌天象历数之官。《左传》卷七桓公十七年："天子有日官，诸侯有日御。"杜预注："日官、日御，典历数者。"杨伯峻注："天子日官盖即太史，职掌天象。"《后汉书》卷五十九《张衡列传》："曩滞日官，今又原之。"李贤注："日官，史官也。"王先谦《集解》："是再为太史令也。"

〔9〕漏刻：古代定时器具。以铜壶盛水，底穿一孔，壶中竖立一支有刻度的箭，水渐漏则箭上刻度就逐渐变化，以此计算时间。共有一百刻，分昼夜。夏至通常昼漏六十刻，夜漏四十刻，冬至则相反，春秋二分昼夜各五十刻。

〔10〕昏明：黑暗与光明。《列子》卷五《汤问》："将旦昧爽之交，日夕昏明之际，北面而察之，淡淡焉若有物存。"

〔11〕序：序次。

〔12〕景曜：景星光芒。《文选》卷四十八扬雄《剧秦美新》："甘露嘉醴，景曜浸潭之瑞潜。"李善注："景曜，景星有光曜也。"此处指日月星辰之运行。

〔13〕不忒：不出差错。《周易》卷二《需传》："日月不过而四时不忒。"

〔14〕唐：唐尧，帝号，帝喾次子。初封于陶，又封于唐，故有天下之号为陶唐氏，其号曰尧，史称为"唐尧"。在位百年，有德政，后让位于舜。

〔15〕羲和：唐虞时掌历法之官羲氏、和氏。

〔16〕敬授人时：郑重其事将历法授予百姓，使其掌握时令变化，不误农事。后指皇帝向天下颁发历书，使天下遵行，不违农时，以求丰收。或作"敬授民时"。《尚书》卷一《尧典》："乃命羲和，钦若昊天，历象日月星辰，敬授人时。"

〔17〕悬象：天象，多指日月星辰。《周易》卷七《系辞上》作"县象"。班固《典引》："悬象暗而恒文乖，彝伦斁而旧章缺。"

〔18〕著明：显明。《周易》卷七《系辞上》："县象著明，莫大乎日月。"

〔19〕"序",《初学记》卷二十五器物部,《全后汉文》卷五十,《渊鉴类函》卷
三百六十九仪饰部三作"帝"。案,"序""帝"于义均通。序以崇熙:时序得以理顺。
"帝以崇熙"指帝王之业得以兴盛。

〔20〕季末不虔:末世、衰世不敬。《盐铁论》卷二《忧边》:"周之季末,天子微
弱,诸侯力政。"李尤《函谷关赋》:"季末荒成。"

〔21〕德衰于兹:此方面之道德术业衰败。

〔22〕挈壶:古代掌漏刻之官。《周礼》卷七:"挈壶氏,下士六人,史二人,徒
十有二人。"

〔23〕"职",《艺文类聚》卷六十八仪饰部,《初学记》卷二十五器物部,《玉海》
卷十一律历,《全后汉文》卷五十,《渊鉴类函》卷三百六十九仪饰部三作"节"。案,
"职""节"于义均通。《诗序》:"《东方未明》,刺无节也。朝廷兴居无节,号令不
时,挈壶氏不能掌其职焉。"

〔24〕"刺",《后汉书补注》卷十八《儒林列传下》作"同"。案,当作"刺",
怨刺。"挈壶失职,刺流在诗":掌漏刻之官失职,怨刺在诗中有所反应。

〔25〕圣哲:才德修养达到最高境界之圣贤。《左传》卷十九上文公六年:"是以
并建圣哲,树之风声。"

〔26〕稽古:考察古事。

〔27〕帝则:天帝或天子所定法则。《后汉书》卷三十七《桓荣丁鸿列传》:"穆穆
帝则,拥经以从。"

〔28〕钦:钦敬。

〔29〕"尺璧非宝,重此寸阴":极其珍贵之宝璧与一寸光阴相较,亦不足珍贵。
尺璧:直径一尺大之璧,极言大而且珍贵。春秋战国辛钘撰《文子》(明子汇本)上
《道原》:"故圣人不贵尺之璧,而贵寸之阴,时难得而易失。"曹丕《典论·论文》:
"古人贱尺璧而重寸阴,惧乎时之过矣。"

〔30〕昧旦:天将明未明之时。《诗经》卷四《郑风·女曰鸡鸣》:"女曰鸡鸣,士
曰昧旦。"

〔31〕丕显:明显。

〔32〕"敬",《佩文韵府》卷二十七之四作"欲"。案,二者均可,然"敬"为上。

〔33〕"思我王度,如玉如金":我王者之德行器度,像金玉般珍贵纯美。《左传》
卷四十五昭公十二年:"思我王度,式如玉,式如金。"

65. 权衡铭[1]

夫审轻重[2]，莫若权衡[3]。〔欲〕正是非[4]，其唯贤明[5]。（《太平御览》卷八百三十资产部十"秤"）

[校注]

〔1〕《庄子》外篇《胠箧第十》："为之权衡以称之。"郭璞注："权，称锤。衡，称衡也。"1987 年春垓下遗址出土二件汉末铁权，圆馒状，径 8 厘米，重 0.25 公斤。①

〔2〕审轻重：分别轻与重。

〔3〕莫若权衡：没有什么比得上权衡。

〔4〕"欲"，原缺，据《东汉文纪》卷十四，《汉魏六朝百三名家集》卷十五汉李尤集补。"欲正是非"，《全后汉文》卷五十作"正是正非"。案，前文"夫审轻重"为发语词＋动词＋宾语，故"欲正是非"构成四言对仗句式。

〔5〕"欲正是非，其唯贤明"：想辨明是非，唯独兼才德、明义理之人才行。

66. 鞫城铭[1]

员[2]鞫[3]方墙，傲[4]象阴阳[5]。法月衡对[6]，二六[7]相当[8]。建长立平[9]，其列有常[10]。不以亲疏，不有阿私[11]。端心平意，莫怨其非[12]。鞫[13]政由然，况乎执机[14]。（《艺文类聚》卷五十四刑法部"刑法"）

[校注]

〔1〕篇名分歧有四。（1）"鞫城铭"。见《玉台新咏笺注》卷一《古诗为焦仲卿妻作》注，《艺文类聚》卷五十四刑法部，《东汉文纪》卷十四，《汉魏六朝百三名家集》卷十五汉李尤集，《渊鉴类函》卷一百四十九政术部二十八，《佩文韵府》卷九十之八、卷九十五之一。（2）"鞫室铭"。见《文选》卷十一、《六臣注文选》卷十一何晏《景福殿赋》注，《乐书》卷一百八十六乐图论，《玉海》卷一百六十一宫室，《文献通考》卷一百四十七乐考二十，《说文解字义证》卷八，《汉书疏证》卷三十五《外

---

① 黄立水：《垓下遗址出土一批汉代铁器》，《考古》1993 年第 1 期。

戚传》，《文选理学权舆》卷二，《佩文韵府》卷九十之八、卷九十五之一。（3）"鞫城铭"。见《全后汉文》卷五十。（4）"鞠域铭"。见《佩文韵府》卷五之二。案，《说文·革部》："鞠，蹋鞠也。"《说文·卒部》："鞫，穷治罪人也。"段玉裁注："鞠者，俗'鞫'字，讹作'鞠'。"故当作"鞫"，"鞠"乃形近而讹。"鞫城铭""鞫室铭"说法不同，均可。《汉纪》卷五《前汉孝惠皇帝纪》："吕后乃断戚夫人手足，去眼熏耳，饮以喑药，使居鞠室中，名曰人豕。"《汉书》卷五十五《卫青霍去病传》："而去病尚穿域蹹鞠也。"服虔曰："穿地作鞠室也。"颜师古曰："鞠以皮为之，实以毛，蹋蹹而戏也。"《六臣注文选》卷十一何晏《景福殿赋》"其西则有左城右平，讲肄之场。二六对陈，殿翼相当"注："《七略》曰：'蹋鞠者，传曰黄帝所作，王者宫中必左城而右平。城，犹国也，言有国当治之也。蹋鞠亦有治国之象，左城而右平。'侯权《景福殿赋》曰：'乃造彼鞠室，讲肄习武也。'贾逵《国语注》曰：'肄，习也。'二六，盖鞠室之数而室有一人也。（中略）济曰：'二六对阵，十二人也。'"

〔2〕"员"，《文选》卷十一、《六臣注文选》卷十一何晏《景福殿赋》注，《玉海》卷一百六十一宫室，《东汉文纪》卷十四，《汉魏六朝百三名家集》卷十五汉李尤集，《汉书疏证》卷三十五《外戚传》作"圆"；《说文解字义证》卷八作'圜'。案，"员""圆"通"圜"。

〔3〕"鞠"，《全后汉文》卷五十作"鞫"。案，见上文注〔1〕。

〔4〕"倣"，《文选》卷十一，《六臣注文选》卷十一何晏《景福殿赋》注，《乐书》卷一百八十六乐图论，《玉海》卷一百六十一宫室，《文献通考》卷一百四十七乐考二十，《汉书疏证》卷三十五《外戚传》作"放"；《东汉文纪》卷十四作"倣"。案，"放"通"倣"。《说文·人部》："倣，倨也。""倣，相似也。""倣"与"倣"形近而讹。

〔5〕"员鞠方墙，倣象阴阳"：蹋鞠场地圆形，四周围以方墙，效仿天圆地方。

〔6〕"衝"，本作"衡"，据《文选》卷十一、《六臣注文选》卷十一何晏《景福殿赋》注，《乐书》卷一百八十六乐图论，《玉海》卷一百六十一宫室，《文献通考》卷一百四十七乐考二十，《说文解字义证》卷八，《汉书疏证》卷三十五《外戚传》，《全后汉文》卷五十改。案，扬雄《太玄经》卷九《棿》："故首者，天性也。冲对，其正也。"诸葛亮《便宜十六策·教令》（清刻诸葛武侯全书本）："此五行之阵，辗转相生，冲对相胜。相生为救，相胜为战。相生为助，相胜为敌。"故当作"衝对"，"衡"形近而讹。法月衝对：半月一半之球门正对。①

---

① 帅培业：《"鞠城"考释》，《中华文化论坛》2011年第4期。

〔7〕"六"，《玉海》卷一百六十一宫室作"丈"。案，《六臣注文选》卷十一何晏《景福殿赋》注："二六，盖鞠室之数而室有一人也。（中略）二六对陈十二人也。"故当作"六"，"丈"讹。江苏高淳固城东汉晚期墓葬画像砖有蹴鞠图。① 西安尤家庄六十七号汉墓出土蹴鞠俑两个。②

〔8〕二六相当：双方各六人，旗鼓相当。

〔9〕建长立平：建立长期、公平之裁判及游戏规则。

〔10〕其列有常：有一定之常规。

〔11〕"不以亲疏，不有阿私"：不因为关系亲疏而偏袒、徇私。

〔12〕"端心平意，莫怨其非"：端正放平心意，则没有谁埋怨裁判不公正。

〔13〕"鞠"，《全后汉文》卷五十作"鞠"。案，见上文注〔1〕。

〔14〕"鞠政由然，况乎执机"：判决鞠球成绩尚且如此，何况执掌国家机要工作（更应公平、端正）。

67. 围棋铭[1]

诗人幽忆[2]，感物[3]则思。志之空闲[4]，玩弄游意[5]。局[6]为宪矩[7]，棋法阴阳[8]。道[9]为经纬[10]，方错列张[11]。（《艺文类聚》卷七十四巧艺部"围棋"）

［校注］

〔1〕《方言》辑轩使者绝代语释别国方言第五："围棋谓之弈，自关而东齐鲁之间皆谓之弈。"晋张华撰《博物志》（清指海本）逸文："尧造围棋，教丹朱，丹朱善之。"

〔2〕幽忆：思想感情敏锐细腻，深藏心中。

〔3〕感物：因外物而触发情感。曹植《赠白马王彪诗》："感物伤我怀，抚心长太息。"

〔4〕志之空闲：专注于空闲时间。

〔5〕"意"，本作"竟"，据《汉魏六朝百三名家集》卷十五汉李尤集，《佩文斋咏物诗选》卷二百八棋类改。案，"思""意"为之部韵，"竟"为阳部韵，用韵上，

"意" 为上。"竟" 从文义上亦不通，故当作 "意"，"竟" 乃形近而讹。玩弄游意：赏玩研习，让思虑心意放松。《论衡》卷二十九《案书篇》："刘子政玩弄左氏，童仆妻子，皆呻吟之。"蔡邕《陈政要七事疏》："陛下即位之初，先涉经术，听政余日，观省篇章，聊以游意，当代博奕。"

〔6〕局：棋盘。

〔7〕宪矩：法式、典范。曹植《制命宗圣侯孔羡奉家祀碑》："王教既备，群小遄沮，鲁道以兴，永作宪矩。"

〔8〕棋法阴阳：棋子设置效法阴阳。

〔9〕道：棋子所行之道。

〔10〕经纬：横线与竖线。

〔11〕方错列张：四方错开，陈列排布。

68. 壶筹铭[1]

投壶筹礼[2]，揖叙先后[3]。通风月数[4]，分为五部[5]。（《太平御览》卷七百五十三工艺部十 "投壶"）

[校注]

〔1〕作者分歧有三。（1）李尤。见明郭元鸿辑《壶史》（明钞本）卷一，《渊鉴类函》卷三百三十巧艺部七。（2）晋李尤。见《太平御览》卷七百五十三工艺部十，清丁晏撰《投壶考原》（清皇清经解续编本）赋文第三。（3）晋李充。见《全晋文》卷五十三。案，据文献从先原则，当为汉李尤。

〔2〕投壶筹礼：投壶矢礼仪。《礼记》卷十九："筹，室中五扶，堂上七扶，庭中九扶。"郑玄注："筹，矢也。"

〔3〕揖叙先后：讲究宾主礼让先后。

〔4〕通风月数：融会贯通风、月之数。《壶史》卷一："司射进度壶，间以二矢半反位，设中东面，执八筹兴。""投壶法十二筹，以象十二月之数。"

〔5〕"五"，本作 "王"，据《壶史》卷一改；《投壶考原》赋文第三作 "主"。案，《礼记》卷十九："司射、庭长及冠士立者，皆属宾党；乐人及使者、童子，皆属主党。"《壶史》卷一："宾党于右，主党于左。"《渊鉴类函》卷三百三十巧艺部七："投壶仪节，诗歌五终。一终为一节，先歌一节以听，再歌一节始投，循歌声之终鼓声之始而发矢。宾主迭发，一矢四节，尽四矢乃卒，投数算。"故当作 "五"。分为五

部：分成五部分进行。

69. 博铭[1]

夫无用心，博[2]弈[3]犹贤。方平处下，有不邪偏[4]。（《太平御览》卷七百五十四工艺部十一"博"）

[校注]

〔1〕篇名分歧有二。（1）"博铭"。见《玉海》卷六十艺文，《全晋文》卷五十三。（2）"博铭"。见《太平御览》卷七百五十四工艺部十一，《韵府拾遗》卷二十四。案，"博"是"博"的异体字。 作者分歧有二。（1）李尤。见《太平御览》卷七百五十四工艺部十一，《玉海》卷六十艺文，《韵府拾遗》卷二十四。（2）李充。见《全晋文》卷五十三。案，据文献从先原则，将其归在李尤名下。

〔2〕博：六博，局戏。《孔子家语》卷一《五仪解》："君子不博，为其兼行恶道故也。"

〔3〕弈：围棋也。

〔4〕"方平处下，有不邪偏"：方正平直处于下位，没有邪佞偏颇。

70. 舟楫铭

舟楫[1]之利，譬犹舆马[2]。载[3]重歷远[4]，以济天下。相风视波[5]，穷究川野[6]。安审惧慎[7]，终无不可[8]。（《艺文类聚》卷七十一舟车部"舟"）

[校注]

〔1〕"楫"，《太平御览》卷七百七十舟部三作"檝"。案，《说文·木部》："楫，所以擢舟也。"《说文解字义证》卷十七："檝，舟旁拨水者，短曰檝，长曰棹。"《说文通训定声》临部第三："'楫'，舟擢也，从木咠声，字亦作'檝'。"舟楫：船与桨。

〔2〕譬犹舆马：譬如车马。

〔3〕"载"，《初学记》卷二十五器物部，《北堂书钞》卷一百三十七舟部上，《佩文斋咏物诗选》卷一百二十七舟类，《全后汉文》卷五十，《渊鉴类函》卷三百八十六舟部作"辇"。案，《说文·车部》："载，乘也。"段玉裁注："引申为凡载物之称。"

《说文·车部》：“辇，挽车也。”但“辇”亦有载重之义，如《左传》卷九庄公十二年：“南宫万以乘车辇其母。”“辇”更多用于车负重，“载”则可兼指舟、车。

〔5〕“歷”，《太平御览》卷七百七十舟部三，《东汉文纪》卷十四，《佩文斋咏物诗选》卷一百二十七舟类作“歴”。案，异体字。载重歷远：负重远行。

〔6〕相风视波：观测风向和波浪。

〔7〕穷究川野：深入到达河流原野。

〔8〕安审惧慎：无论安全还是危险均需周密、谨慎。

〔9〕终无不可：最终没有什么不可以。

71. 天軿车铭[1]

奚氏[2]本造[3]，后裔[4]饰雍[5]。轮以代步[6]，軿[7]以蔽容[8]。轮軿并合，出入周通[9]。追仁赴义，惟礼是恭[10]。（《艺文类聚》卷七十一舟车部“车”）

［校注］

〔1〕篇名分歧有二。（1）“天軿车铭”。见《艺文类聚》卷七十一舟车部，《东汉文纪》卷十四，《汉魏六朝百三名家集》卷十五汉李尤集，《佩文斋咏物诗选》卷一百二十八车类，《全后汉文》卷五十，《渊鉴类函》卷三百八十七车部，《佩文韵府》卷二之二、卷十六之十一、卷三十四之一、卷四十九之四、卷一百四之一。（2）“輶车铭”。见《释名疏证补》卷七《释车第二十四》，《太平御览》卷七百七十五车部四。案，《墨子》卷十五《杂守》：“以輶车，轮辐广十尺，辕长丈，为三辐，广六尺，为板箱，长与辕等，高四尺。”《释名》卷七《释车》：“輶车，輶，遥也，遥远也。四向远望之车也。”“軿车，軿，屏也。四面屏蔽，妇人所乘牛车也。輶軿之形同，有邸曰輶，无邸曰軿。”《说文·軿部》：“輶，小车也。”《汉书》卷九十一《货殖传》“輶车百乘”颜师古注：“輶车，轻小之车也。”《说文·车部》：“軿，輶軿也。”《说文通训定声》鼎部第十七：“輶、軿皆衣车，前后皆蔽曰輶，前有蔽曰軿。《字林》：‘軿车有衣蔽，无后辕。’”周天游辑注《八家后汉书辑注·谢承后汉书》卷六《许庆传》：“许庆家贫，为郡都邮。乘牛车，乡里号曰‘輶车都邮’。”故二名均可，就现存内容看，“天軿车铭”更贴切。《佩文韵府》卷六十三之八：“李尤《小车铭》：‘追仁赴义，惟礼是恭。’”《佩文韵府》卷六十六之四：“李尤《车铭》：‘轮以代步，軿以蔽容。’”案，此两小句属《天軿车铭》（《輶车铭》）。

　　〔2〕奚氏：奚仲。《世本·作篇》："奚仲作车。"《说文·车部》："车，舆轮之总
名，夏后时奚仲所造。"《重修玉篇·车部》："车，夏时奚仲造车，谓车工也。"

　　〔3〕本造：开始制造。

　　〔4〕"裔"，《佩文韵府》卷二之二作"以"。案，当作"裔"。

　　〔5〕"饰"，《佩文斋咏物诗选》卷一百二十八车类作"餙"。案，《说文·巾部》：
"饰，馭也。（中略）一曰襐饰。""饰"与"餙"为异体字。后裔饰雍：后代装饰使之
雍容华贵。

　　〔6〕轮以代步：车轮代替步行。

　　〔7〕"軿"，本作"屏"，据《佩文斋咏物诗选》卷一百二十八车类改。案，前言
"轮以代步"，后文"轮軿并合"，衣车前有蔽曰軿，故"屏"当作"軿"。

　　〔8〕"蔽"，本作"从"，据《释名疏证补》卷七《释车第二十四》，《东汉文纪》
卷十四，明徐元太撰《喻林》（清文渊阁四库全书本）卷三十三人事门，《汉魏六朝百
三名家集》卷十五汉李尤集，《佩文斋咏物诗选》卷一百二十八车类，《全后汉文》卷
五十，《渊鉴类函》卷三百八十七车部，《佩文韵府》卷二之二改。案，见本篇注
〔1〕，当作"蔽"。軿以蔽容：车衣用来遮蔽乘车者容颜。

　　〔9〕"周通"，《太平御览》卷七百七十五车部四作"道同"。案，道同，志趣相
投。周通，四面畅达。故"周通"为上。

　　〔10〕"追仁赴义，惟礼是恭"：追求奔赴仁义，应恭敬遵守礼仪。

72. 小车铭[1]

　　员[2]盖[3]象天，方舆[4]则地[5]。轮法阴阳[6]，动不相离[7]。軨之嘛
嘘[8]，疏达开通[9]。两辋[10]障[11]邪，尊卑是从[12]。锐轵[13]之用，信义所
同[14]。（《艺文类聚》卷七十一舟车部"车"）

［校注］

　　〔1〕篇名分歧有二。（1）"小车铭"。见《后汉书》志第二十九舆服上，《文选笺
证》卷三《东京赋》，清方世举笺注《韩昌黎诗集编年笺注》（清乾隆卢见曾雅雨堂刻
本）卷四，《艺文类聚》卷七十一舟车部，《初学记》卷二十五器物部，《北堂书钞》
卷一百四十一车部下，《太平御览》卷七百七十三车部二，《玉海》卷七十九车服，
《锦绣万花谷》续集卷八，《古文苑》卷十三，《文献通考》卷一百一十六王礼考十一，
元薛景石撰《梓人遗制》（明永乐大典本），《东汉文纪》卷十四，《山堂肆考》卷一百

八十器用，《文章辨体》卷四十二箴铭，《说文解字注》第十四篇上，《通雅》卷三十五，清李贻德撰《春秋左氏传贾服注辑述》（清同治五年朱兰刻本）卷十九．清沈钦韩撰《春秋左氏传补注》（清功顺堂丛书本）卷十一，《佩文斋咏物诗选》卷一百二十八车类，《后汉书集解》舆服志上，《续汉志集解》舆服志上，《纯常子枝语》卷三十七，《全后汉文》卷五十，《渊鉴类函》卷三百八十七车部，《佩文韵府》卷四之十。（2）"车铭"。见《事类备要》外集卷五十九器物门，《汉魏六朝百三名家集》卷十五汉李尤集，《佩文韵府》卷二十一之四、卷四十一、卷六十八之二、卷九十五之六。案，"车铭"为"小车铭"省称。从内容上分析，《天軿车铭》《小车铭》没有重复描述部分，且《小车铭》具体写车各个部件，《天軿车铭》叙述车之历史及相关用度、礼仪。从韵部分析，二篇均为东部韵。综上，则《天軿车铭》《辎车铭》《小车铭》《车铭》疑为同一篇铭文。鉴于《艺文类聚》分属两篇，铭文也不完整，且《小车铭》云"两辐障邪"，辐车与軿车有别，故仍分为两篇。

〔2〕"员"，《初学记》卷二十五器物部，《北堂书钞》卷一百四十一车部下，《锦绣万花谷》续集卷八，《古文苑》卷十三，《梓人遗制》，《东汉文纪》卷十四，《山堂肆考》卷一百八十器用，《文章辨体》卷四十二箴铭，《纯常子枝语》卷三一七，《汉魏六朝百三名家集》卷十五汉李尤集，《全后汉文》卷五十作"圆"；《太平御览》卷七百七十三车部二作"盆"。案，"员"通"圆"，"盆"于义不通。

〔3〕"盖"，《汉魏六朝百三名家集》卷十五汉李尤集作"葢"。案，二者为异体字。

〔4〕"舆"，《古文苑》卷十三，《文章辨体》卷四十二箴铭，《汉魏六朝百三名家集》卷十五汉李尤集，《全后汉文》卷五十作"軫"。案，《说文·车部》："舆，车舆也。"段玉裁注："轼较軫轵軨皆舆事也。"《说文·车部》："軫，车后横木也。"段玉裁注："木部，横，阑木也。《舆人》注曰：軫，舆后横者也。《方言》曰：軫谓之枕。《秦风》：小戎俴收。《传》曰：收，軫也。近戴先生曰：'舆下之材，合而成方，通名軫，故曰軫之方也，以象地也。郑注专以舆后横木为軫，以輢式之所尌三面材为軓，又以軓为任正者，如其说宜记于《舆人》，今《辀人》为之，殆非也。舆人为式、较、轵、軹、軫、輢、軓。辀人为辀、衡、轴、伏兔。《记》不言辀、軓、衡、伏兔之度。辀軓，舆掩版耳。衡围准乎轴。伏兔，取节于辀。当兔，省文互见。'桐城姚氏鼐曰：'《记》曰軫之方以象地。盖軫方六尺六寸。《记》曰参分车广，以其一为隧。盖以二尺二寸为舆后。其前广如軫，而深四尺四寸。以设立木焉。是为收。'毛公曰：'收，軫也。谓舆深四尺四寸收于軫矣，非谓軫名收也。'玉裁按，似姚氏之说为完。合舆下三面之材，与后横木而正方，故谓之軫，亦谓之收。軫从㐱，密致之言也。《中庸》：

'振河海而不泄。'注曰：'振犹收也。'以'振'与'轸'同音而得其义，故曰犹。郑未尝不谓合四面为轸矣。六分车广，以一为轸围。輢轼所敷之围亦在其中矣。浑言之，四面曰轸。析言之，輢轼所敷曰軓，輢后曰轸。又析言之，轼前曰軓。许言车后横木，可知车后非无植者衡者以接于輢。或其制庳于轼耳，不独有合于三面材者也。"故总言之为"舆"，析言之车后横木为"轸"。

〔5〕"则"，《北堂书钞》卷一百四十一车部下作"象"；《锦绣万花谷》续集卷八，《山堂肆考》卷一百八十器用，《事类备要》外集卷五十九器物门作"法"。案，"象""法"与前后文重复，故"则"为上。"员盖象天，方舆则地"：圆形车盖效法天，方形车舆效法地。

〔6〕轮法阴阳：车轮效法阴阳。阴阳：古代指宇宙间贯通物质和人事的两大对立面，指天地间化生万物的二气。《周易》卷七《系辞上》："阴阳不测之谓神。"

〔7〕动不相离：运动中亦不离阴阳之循环往复变化。

〔8〕"輶之嗛嘘"，本作"合之嗛嘘"，据《玉海》卷七十九车服，《古文苑》卷十三，《文献通考》卷一百一十六王礼考十一，《说文解字注》第十四篇上，《春秋左氏传贾服注辑述》卷十九，《后汉书》志第二十九舆服上，《后汉书集解》舆服志上改。《春秋左氏传补注》第十一作"輶之嗛嘘"。《后汉书集解》舆服志上又一处作"之嗛嘘輶"。案，《尚书大传》卷二："未命为士，车不得有飞輶。"郑玄注："如今窗车也。"本文言及车各个部分盖、舆、轮、辐、锐轵。"輶"同"黔"，《说文·黑部》："黔，黎也。从黑今声。秦谓民为黔首，谓黑色也。""輶""黔"当是与"輶"形近而讹，故当作"輶"。輶之嗛嘘：车窗开合。

〔9〕"疏"，《古文苑》卷十三作"疏"；《春秋左氏传贾服注辑述》卷十九作"疎"。"疏达开通"，《太平御览》卷七百七十三车部二脱"达""开"两字，作"疏通"。案，"疎""疏""疏"为异体字。疏达开通：豁亮，敞亮，通达。

〔10〕"辐"，《佩文韵府》卷九十五之六作"锱"。案，《说文·车部》："辐，輨车前，衣车后也。"《说文·金部》："锱，六铢也。"故当作"辐"，"锱"乃音同而讹。

〔11〕"障"，《初学记》卷二十五器物部作"鄣"。案，"障""鄣"二者为异体字。"两辐障邪"，《太平御览》卷七百七十三车部二脱"邪"，作"两辐彰"，"彰"音同形近而讹。

〔12〕《太平御览》卷七百七十三车部二脱"是"。"两辐障邪，尊卑是从"：前后车辐阻隔邪佞，尊卑有别。

〔13〕"锐軏",《初学记》卷二十五器物部作"軏锐",《太平御览》卷七百七十三车部二脱"軏"。案,锐軏,车辕前端和车衡相连接的插销。顺序颠倒不影响文义,当为四言句。

〔14〕"锐軏之用,信义所同":锐、軏之作用,如同信用道义,当止则止,当发则发,果断确定。刘向《新序》卷七《节士》:"信之于人,重矣,犹舆之锐軏也。"

73. 鞍铭[1]

駈[2]骛驰逐[3],腾跃[4]覆被[5]。虽其捷习[6],亦有颠沛[7]。井赢其瓶,罔不斯败[8]。(《初学记》卷二十二武部"鞍第七")

[校注]

〔1〕篇名分歧有三。(1)"鞍铭"。见《初学记》卷二十二武部,《太平御览》卷三百五十八兵部八十九,《玉海》卷一百五十一兵制,《东汉文纪》卷十四,《汉魏六朝百三名家集》卷十五汉李尤集,《全后汉文》卷五十,《渊鉴类函》卷二百二十九武功部二十四,《佩文韵府》卷九十之六。(2)"马鞍铭"。见《文选》卷十四、《六臣注文选》卷十四颜延之《赭白马赋》注,《文选理学权舆》卷二。(3)"辔铭"。见《佩文韵府》卷六十六之六。案,"鞍铭"为"马鞍铭"省称,《佩文韵府》所引文句实属《鞍铭》,"辔铭"误。《说文·革部》:"鞍,马鞁具也。"

〔2〕"駈",《太平御览》卷三百五十八兵部八十九,《全后汉文》卷五十作"驱"。案,"駈"同"驱"。

〔3〕駈骛驰逐:疾驰追逐。《史记》卷六十五《孙子吴起列传》:"忌数与齐诸公子驰逐重射。"

〔4〕"跃",《文选》卷十四、《六臣注文选》卷十四颜延之《赭白马赋》注作"踊"。案,《说文·足部》:"踊,跳也。""跃,迅也。"《说文·马部》:"腾,传也。"段玉裁注:"引伸为驰也,为跃也。"二者于义均可,"跃"为上。腾跃:上冲跳跃。《庄子》内篇《逍遥游第一》:"我腾跃而上,不过数仞而下。"枚乘《七发》:"阳鱼腾跃,奋翼振鳞。"

〔5〕"被",《太平御览》卷三百五十八兵部八十九作"跇";《文选》卷十四颜延之《赭白马赋》注作"践"。案,《说文·足部》:"践,履也。"《说文·履部》:"履,足所依也。"段玉裁注:"引伸之训践,如'君子所履是也'。"故与"駈骛驰逐"均为动词相对,"腾跃履践"于义亦通。

〔6〕捷习：敏疾勤勉练习。

〔7〕颠沛：偃仆倾倒。

〔8〕"井赢其瓶，罔不斯败"：井绳缠绕汲水瓶，没有不覆败的。《周易正义》周易兼义下经夬传第五："汔至，亦未繘井，赢其瓶，凶。"孔颖达疏："汲水未出而覆，喻修德未成而止，所以致凶也。"

74. 辔铭[1]

辔衔[2]在手，急缓必时[3]。赏罚在心[4]，中和是思。马知良御[5]，进取道理[6]。人知善政[7]，令行禁止[8]。(《初学记》卷二十二武部"辔第八")

[校注]

〔1〕《释名》卷七《释车》："辔，咈也，牵引咈庚以制马也。"《说文·丝部》："辔，马辔也。"

〔2〕"衔"，本作"御"，据《太平御览》卷三百五十八兵部八十九，《玉海》卷一百五十一兵制，《东汉文纪》卷十四，《汉魏六朝百三名家集》卷十五汉李尤集，《渊鉴类函》卷二百二十九武功部二十四，《佩文韵府》卷三十、卷四十四之二改。案，《说文·金部》（段注本）："衔，马勒口中也。衔者，所以行马者也。"段玉裁注："革部曰：'勒，马头络衔也。'络谓络其头。衔，谓关其口，统谓之勒。其在口中者谓之衔。（中略）衔以铁为之，故其字从金。"《说文·彳部》："御，使马也。"故当作"衔"，"御"形近意类而讹。辔衔：控制马匹之缰绳和衔勒。

〔3〕急缓必时：严宽与松紧适时。《列子》卷五《汤问》："推于御也，齐辑乎辔衔之际，而急缓乎唇吻之和，正度乎胸臆之中，而执节乎掌握之间。"

〔4〕赏罚在心：奖赏与惩罚了然于心。

〔5〕"御"，《东汉文纪》卷十四，《汉魏六朝百三名家集》卷十五汉李尤集，《渊鉴类函》卷二百二十九武功部二十四作"衔"。案，与下句"善政"相应，当作"良御"。

〔6〕"理"，本作"里"，据《汉魏六朝百三名家集》卷十五汉李尤集改。案，《说文·里部》："里，居也。"《说文·玉部》："理，治玉也。"段玉裁注："戴先生《孟子字义疏证》曰：'理者，察之而几微必区以别之名也。'"故当作"理"，与"令行禁止"相对。《管子》卷一《立政》："令则行，禁则止。宪之所及，俗之所被。如百体之从心，政之所期也。""进取道理"可释为"进则取，道则理"，指前进则选取

正确方向，行进之道察微明了。

〔7〕善政：良善之政策法令。《孟子》卷三《公孙丑上》："其故家遗俗，流风善政，犹有存者。"

〔8〕令行禁止：有令即行，有禁则止，法令或纪律严正。《韩非子》卷十八《八经》："君执柄以处势，故令行禁止。"《汉书》卷四十九《爱盎鼂错传》："今陛下人民之众，威武之重，德惠之厚，令行禁止之势，万万于五伯。"

75. 马箠铭[1]

御者[2]箠策[3]，示有威怒[4]。东野之败，督责过度[5]。（《初学记》卷二十二武部"鞭第九"）

[校注]

〔1〕篇名分歧有二。（1）"马箠铭"。见《初学记》卷二十二武部，《太平御览》卷三百五十九兵部九十，《玉海》卷一百五十一兵制，《东汉文纪》卷十四，《汉魏六朝百三名家集》卷十五汉李尤集，《说文解字义证》卷十三，《全后汉文》卷五十，《渊鉴类函》卷二百二十九武功部二十四"鞭五"，《佩文韵府》卷六十六之五、卷一百之五。（2）"马鞭箠铭"。见《初学记》卷二十二武部，《渊鉴类函》卷二百二十九武功部二十四"鞭三·曹赋"下。二书仅载篇名不载文句，且《初学记》二名。案，《说文·竹部》："箠，所以击马也。"《说文·革部》："鞭，殴也。"段玉裁注："皆谓鞭所以殴人之物，以之殴人，亦曰鞭。经典之鞭皆施于人，不谓施于马。（中略）所以击马曰箠，以箠击马曰敇，本皆有正名，不曰鞭也。击马之箠用竹，殴人之鞭用革，故其字亦从竹、从革不同。自唐以下，'殴'变为'欧'，与'驱'同音，谓鞭为捶马之物。"枚乘《梁王菟园赋》："左挟弹焉，右执鞭焉。"汉时驱马之物即可称鞭。"鞭""箠"意义同，故当作"马箠铭"或"马鞭铭"，"鞭"疑为"箠"之注文窜入。

〔2〕御者：驾驭车马之人。《仪礼》卷十三《既夕礼第十三》："御者执策，立于马后。"

〔3〕箠策：使用箠策御马。"箠""棰"为异体字。《淮南鸿烈》卷一《原道训》："棰策繁用者，非致远之术也。"王符《潜夫论》卷五《衰制》："夫法令者，人君之衔辔棰策也；而民者，君之舆马也。"

〔4〕威怒：威严、盛怒。《吕氏春秋》卷十七《审分览》："因用威怒，有司必诽

怨矣。"

〔5〕"东野之败，督责过度"：东野稷马败在于其在马力衰竭之际仍苛责不止。《庄子》外篇《达生第十九》："东野稷以御见庄公，进退中绳，左右旋中规。庄公以为文弗过也，使之钩百而反。颜阖遇之，入见曰：'稷之马将败。'公密而不应。少焉，果败而反。公曰：'子何以知之?'曰：'其马力竭矣，而犹求焉，故曰败。'"

76. 钟簴铭[1]

周因殷礼[2]，损益可知[3]。汉因于周[4]，犹若重规[5]。人因[6]秦器，事有可施。鸿钟怒簴[7]，物得其宜[8]。声扬远闻[9]，文耀委迤[10]。（《艺文类聚》卷四十四乐部四"筍簴"）

[校注]

〔1〕宋陈祥道撰《礼书》（元至正七年福州路儒学刻明修本）卷一百一十七："典庸器祭祀，帅其属而设筍簴。""簴"亦作"虡"。《释名》卷七《释乐器》："所以悬鼓者，横曰簨（中略）纵曰虡。虡，举也，在旁举簨也。"钟簴：支撑钟之柱架。

〔2〕周因殷礼：周代因袭商代礼乐制度。

〔3〕损益可知：可得知有减与增。《汉书》卷二十二《礼乐志》："王者必因前王之礼，顺时施宜。有所损益，即民之心。稍稍制作，至太平而大备。"

〔4〕汉因于周：汉代（礼乐）因袭于周。

〔5〕"犹"，《乐书》卷一百二十五乐图论作"由"。案，当作"犹"，与"若"同义。《后汉书集解》三十六《郑范陈张列传》："官本'由'作'犹'，字通用也。"故均可。犹若重规：前后相合，后喻指两代帝王功德相继。《晋书》卷二十二："今我圣皇，焜耀前晖，奕世重规，明照九畿。"

〔6〕"因"，《汉魏六朝百三名家集》卷十五汉李尤集作"曰"。案，当作"因"，因袭之义。

〔7〕"簴"，《玉海》卷一百九音乐，《渊鉴类函》卷一百九十一乐部八，《说文解字义证》卷十四，《佩文韵府》卷三十六之三作"虡"。案，"虡"为"簴"之异体字。鸿钟怒簴：巨钟搭配气势宏大之钟簴。扬雄《羽猎赋》："撞鸿钟，建九旒。"

〔8〕物得其宜：钟簴各部分、材质恰到好处，宜于钟声远播。

〔9〕声扬远闻：钟声发扬，很远都能听见。

〔10〕文耀委迤：簴饰光彩夺目，绚烂多变。

77. 琴铭[1]

琴之在音[2]，盪涤[3]邪心[4]。虽有[5]正性，其感亦深[6]。存[7]雅却郑[8]，浮侈[9]是禁。条畅[10]和正[11]，乐而不淫[12]。（《艺文类聚》卷四十四乐部四"琴"）

[校注]

〔1〕明张大命辑《太古正音琴经》（明万历刻后印本）卷十，清胡世安撰《操缦录·乐统博稽》（清顺治刻秀岩集本）卷六，《全晋文》卷一百三十七，《渊鉴类函》卷一百八十八乐部五归为戴逵《琴赞》。明陈邦俊辑《广谐史》（明万历四十三年沈应魁刻本）卷十《焦尾生传》："李尤为之铭曰：'至人托玩，导德宣情。徽音虚远，感物悟灵。存雅却郑，浮侈是禁。条畅和正，乐而不滥。'"案，"至人托玩，导德宣情。徽音虚远，感物悟灵"实为戴逵《琴赞》，后面四小句为李尤《琴铭》。

〔2〕"音"，《北堂书钞》卷一百九乐部九作"御"。案，"音""御"于义均可。考其用韵："琴之在音"之"音"为侵部韵，"荡涤邪心"之"心"为侵部韵，"虽有正性"之"性"为耕部韵，"其感亦深"之"深"为侵部韵，"存雅却郑"之"郑"为耕部韵，"浮侈是禁"之"禁"为侵部韵，"乐而不淫"之"淫"为侵部韵，"御"为鱼部韵，故"音"为上。

〔3〕"盪"，《初学记》卷十六乐部下，《北堂书钞》卷一百九乐部九，明林有麟辑《青莲舫琴雅》（明万历刻本）卷四，《汉魏六朝百三名家集》卷十五汉李尤集，《操缦录·乐统博稽》卷六，《渊鉴类函》卷一百八十八乐部五作"蕩"。案，"蕩""盪"之假借。盪涤：洗涤。《史记》卷二十四《乐书》："天子躬于明堂临观，而万民咸荡涤邪秽，斟酌饱满，以饰厥性。"

〔4〕邪心：邪恶心思、念头。《韩非子》卷六《解老》："有欲甚则邪心胜，邪心胜则事经绝。"《汉书》卷三十六《楚元王传》："何则忠于为国，无邪心也。"

〔5〕"有"，《青莲舫琴雅》卷四作"存"。案，"有""存"于义均可。

〔6〕"虽有正性，其感亦深"：只有端正本性，其感触才深刻。

〔7〕"存"，《佩文韵府》卷三十四之二作"斿"。案，"斿"又与"游"同。《汉书》卷二十二《礼乐志》："泛泛滇滇从高斿。""游"有玩物适情之意。《礼记》卷十《少仪》："士依于德，游于艺。"与后文"却"相对，当作"存"。

〔8〕存雅却郑：保存雅乐，节制摒退郑卫等乐歌。

〔9〕浮侈：浮华奢侈。王符《潜夫论》卷三《浮侈》："今天下浮侈离本，僭侈过上，亦已甚矣。"

〔10〕"畅"，《全后汉文》卷五十作"畼"。案，《说文·田部》："畼，不生也。"段玉裁注："今之'畅'盖即此字之隶变。"条畅：通畅、舒畅。《文心雕龙》卷五《书记》："详总书体，本在尽言，言以散郁陶，托风采，故宜条畅以任气，优柔以怿怀；文明从容，亦心声之献酬也。"

〔11〕"正"，《佩文韵府》卷八十二之四作"止"。案，《说文·口部》："和，相应也。"《说文·正部》："正，是也。"《说文·止部》："止，下基也。"《礼记》卷三十八《乐记》："今夫古乐，进旅退旅，和正以广。"郑玄注："和正以广，无奸声也。"故当作"正"，"止"为形近缺笔而讹。和正：乐音和平中正。

〔12〕"淫"，《青莲舫琴雅》卷四，《太古正音琴经》卷十，《类隽》卷二十四乐器类，《渊鉴类函》卷一百八十八乐部五作"滛"。案，"滛"是"淫"之异体字。乐而不淫：欢乐不是没有节制的，不放纵过分。《论语》卷二《八佾》："子曰：'《关雎》乐而不淫，哀而不伤。'"

78. 笛铭[1]

刿削良[2]斡[3]，三[4]孔修[5]长。出自西凉[6]，流离浩荡[7]。（《北堂书钞》卷一百一十一乐部七"笛十九"）

[校注]

〔1〕《北堂书钞》卷一百一十一乐部七将作者讹作"李九"。《说文解字注》第五篇上："李善曰：'羌笛长于古笛，有三孔，大小异。'"

〔2〕"良"，本作"凉"，据《白氏六帖事类集》卷十八"削良斡，三孔修长"改。《初学记》卷十六乐部下，《说文解字义证》卷十三，《说文解字句读》卷五上，《全后汉文》卷五十，《渊鉴类函》卷一百九十乐部七作"长"。案，"凉斡""凉斡"于义不通，故当作"良"，"凉"乃同音而讹，"长"为涉后文而讹。

〔3〕"斡"，本作"斡"，据《初学记》卷十六乐部下，《类隽》卷二十四乐器类，《说文解字义证》卷十三，《全后汉文》卷五十，《渊鉴类函》卷一百九十乐部七改；《说文解字句读》卷五上作"斡"。案，《说文·斗部》："斡，蠡柄也。"段玉裁注："或作'斡'字。"《说文·木部》："斡，筑墙端木也。"段玉裁注："'斡'俗作

'幹'。"《列子》卷五《汤问》："乃以燕角之弧，朔蓬之簳射之。"《文选》卷四张衡《南都赋》："其竹则篁笼箽簜，篠簳箛楉。"李善注："簳，小竹也。"故当作"簳"，"簳""幹""幹"形近而讹。

〔4〕"三"，《全后汉文》卷五十作"二"。案，羌笛三孔，当作"三"。

〔5〕"修"，本作"條"，据《说文解字句读》卷五上，《全后汉文》卷五十改。《初学记》卷十六乐部下，《说文解字义证》卷十三，《渊鉴类函》卷一百九十乐部七作"脩"。案，《说文·木部》："条，小枝也。"《说文·彡部》："修，饰也。"《说文·肉部》："脩，脯也。"段玉裁注："经传多假'脩'为'修'治字。"故当作"修""脩"。

〔6〕"西凉"，《东汉文纪》卷十四作"西南"；《汉魏六朝百三名家集》卷十五汉李尤集作"卤南"。案，三孔羌笛古时流行于塞外，故当作"西凉"，指古凉州一带。

〔7〕流离浩荡：笛声宛转悠扬。全四句，《全后汉文》卷五十作"剡削长幹，二孔修长。□□□□，出自西凉。流离浩荡，壮士抑扬"；《初学记》卷十六乐部下，《类隽》卷二十四乐器类，《渊鉴类函》卷一百九十乐部七作"剡削长幹，三孔條长。流离浩荡，壮士抑扬"。《北堂书钞》卷一百一十一乐部七文句为残句，且是押韵句的摘录，疑中间有阙文，为："剡削良簳，三孔修长。□□□□，出自西凉。□□□□，流离浩荡。□□□□，壮士抑扬。"写作顺序为：制笛取材及形制→材料产地→成笛音色→笛声功效。

79. 书案铭

居则致乐[1]，承颜接宾[2]。承奉[3]奏记[4]，通达谒刺[5]。尊上答下[6]，道合仁义。（《太平御览》卷七百一十服用部十二"案"）

[校注]

〔1〕居则致乐：居处则招致欢乐。

〔2〕"宾"，《东汉文纪》卷十四，《汉魏六朝百三名家集》卷十五汉李尤集，《全后汉文》卷五十，《渊鉴类函》卷三百八十二器物部一作"賓"。案，"宾"同"賓"。承颜接宾：顺承欢颜，接遇宾客。

〔3〕"奉"，本作"卷"，据《东汉文纪》卷四十七《祭义》，《汉魏六朝百三名家集》卷十五汉李尤集，《全后汉文》卷五十，《渊鉴类函》卷三百八十二器物部一改。案，《说文·収部》："奉，承也。"段玉裁注："手部曰：'承，奉也、受也。'"《说文·

卩部》："卷,膝曲也。"故"奉"为上。承奉:承接奉行。《后汉书》卷四《孝和孝殇帝纪》:"出入九年,二千石曾不承奉,恣心从好,司隶刺史讫无纠察。"

〔4〕奏记:臣向君奏呈文书。《汉书》卷八十三《薛宣朱博传》:"文学儒吏,时有奏记称说云云。"

〔5〕"谒",《东汉文纪》卷四十七《祭义》,《汉魏六朝百三名家集》卷十五汉李尤集,《渊鉴类函》卷三百八十二器物部一作"诏"。案,《说文·言部》:"谒,白也。"段玉裁注:"谒者,若后人书刺,自言爵里姓名,并列所白事。"《说文·言部》"诰"段玉裁注:"秦造'诏'字,惟天子独称之。"故当作"谒"。通达谒刺:通报送达拜见所用名片。汉应劭《愆礼》(明万历两京遗编本)第三《公车徵士豫章徐孺子》:"孺子无有谒刺,事讫便去。"

〔6〕尊上答下:尊重长上,答复下属。《礼记》卷四十七《祭义》:"致鬼神,以尊上也。"

80. 经栿铭[1]

瞻之在前,忽焉在后。进新习故[2],不舍于口[3]。子在川上,逝者如斯。及年广学[4],无问不知[5]。(《艺文类聚》卷五十五杂文部一"经典")

[校注]

〔1〕篇名分歧有三。(1)"经襦铭"。见《艺文类聚》(清文渊阁四库全书本)卷五十五杂文部一。(2)"经栿铭"。见《东汉文纪》卷十四,《汉魏六朝百三名家集》卷十五汉李尤集,《全后汉文》卷五十,《渊鉴类函》卷一百九十二文学部一,《樗庄诗文稿》文稿卷八铭赞。(3)"栿铭"。见《论语旁证》卷九《颜渊喟然叹曰章》:"忽然在后(中略)汉李尤《兰台集〈栿铭〉》,刘峻《世说新语》注引《典略》戴良语,陶宏景《真诰·稽神枢》皆述文作'忽焉',今作'然',盖字误。"案,《礼记》卷三十五《少仪》:"剑则启椟,盖袭之,加夫襦与剑焉。"郑玄注:"夫襦,剑衣也,加剑于衣上。"《说文·木部》:"栿,曲木也。"王勇认为:"'经栿'一词《辞海》《辞源》均不载,大概作为文物失传已久,故对其形制、用途诸说不一。《雅游漫录》释曰:'为看书翻纸之器。用手翻页,恐污纸面,故爱书人必备,用象牙或竹制成。'《天禄识余》释曰:'汉李尤《经栿铭》曰:"瞻之在前,忽焉在后。进新习故,不舍于口。"按,曲木曰栿,有屈栿之象,想可横经于上而读之。'笔者滞日期间,闻知日本史学界泰斗川潄一马氏藏有一柄奈良时代(公元七一〇—七八四)的经栿:这柄经

梛为竹制，头呈半圆形，尾部带鹿皮纽，竹质与皮纽与正仓院奈良遗品相近。背面有二十字朱漆署名'从五位上守右卫士督兼行中宫亮下道朝臣真备'。"① 清唐仲冕撰《陶山文录》（清道光二年刻本）卷十杂文《诎揶揄文》："惟经梛书楄之与傪，粗通典籍。"清俞樾撰《春在堂诗编》（清光绪二十五年刻春在堂全书本）壬戌编《花阴补读图为朱久香前辈兰题》："名山旧业何时修，经梛书楄半零落。"汉杜笃有《书楄赋》。故当作"经梛铭"，"梛铭"乃省称，"褩"乃声同形近而讹。

〔2〕进新习故：吸纳新知识，温习旧知识。

〔3〕不舍于口：不停地诵读。

〔4〕及年广学：经年广博学问。

〔5〕无问不知：没有学问不知道。

81. 笔铭[1]

笔之强志[2]，庶事分别[3]。七术[4]虽众，犹可解说[5]。口无择言[6]，驷不及舌[7]。笔之过[8]误[9]，愆尤不灭[10]。（《艺文类聚》卷五十八杂文部四"笔"）

[校注]

〔1〕《礼记》卷一《曲礼上》："史载笔，士载言。"郑玄注："笔，谓书具之属。"《释名》卷六《释书契》："笔，述也，述事而书之也。"《尔雅》卷中："不律谓之笔。"郭璞注："蜀人呼笔为不律也。"《说文·聿部》："秦谓之笔。"《西京杂记》卷一："天子笔管，以错宝为跗。毛皆以秋兔之毫。官师路扈为之以杂宝为匣，厕以玉璧翠羽，皆值百金。"《文房四谱》卷一《笔谱上》："古之笔，不论以竹以毛以木，但能染墨成字，即呼之为笔也。昔蒙恬之作秦笔也，柘木为管，以鹿毛为柱，羊毛为被，所以苍毫，非谓兔毫竹管也。"

〔2〕强志：记忆功能强劲。《荀子》卷十五《解蔽篇》："博闻强志，不合王制，君子贱之。"

〔3〕庶事分别：诸事得以区别。

〔4〕"七"，《墨池编》卷六作"士"。案，《韩非子》卷九《内储说上·七术》："主之所用也七术，所察也六微。七术：一曰众端参观，二曰必罚明威，三曰信赏尽

---

① 王勇：《角笔及角笔文献》，《杭州大学学报》1988 年第 2 期。

能，四曰一听责下，五曰疑诏诡使，六曰挟知而问，七曰倒言反事。"《礼记》卷十三《王制》："乐正之官，依顺此古昔先王之道，则《诗》《书》《礼》《乐》之等，教之造成此士术者，是道路之名，《诗》《书》《礼》《乐》是先王之道路谓之术。"故"七术""士术"于义均通。

〔5〕犹可解说：尚可解释说明。

〔6〕"口无择言"，本作"投足择言"，据《初学记》卷二十一文部，《北堂书钞》卷一百四艺文部十，《文房四谱》卷二笔谱下，《墨池编》卷六，《东汉文纪》卷十四，《汉魏六朝百三名家集》卷十五汉李尤集，《六艺之一录》卷三百七，《渊鉴类函》卷二百四文学部十三改。案，结合下文"驷不及舌"，"口无择言"为上。

〔7〕"口无择言，驷不及舌"：口不择言（说话不经思虑）所造成失误之快，快马都追不上。

〔8〕"过"，《北堂书钞》卷一百四艺文部十作"选"。案，《说文·辵部》："选，遣也。一曰择也。"《说文·辵部》："过，度也。"段玉裁注："引伸为有过之过。"故当作"过"，"选"乃形近而讹。

〔9〕"误"，《初学记》卷二十一文部作"悮"。案，"悮"通"误"。《周书》卷三十七《寇俊传》："恶木之阴，不可暂息。盗泉之水，无容悮饮。"

〔10〕"笔之过误，愆尤不灭"：笔记载错误，使得过失不会磨灭。

82. 砚铭[1]

书契[2]既造[3]，研[4]墨乃陈[5]。烟石附笔[6]，以流[7]以申[8]。篇籍[9]永垂，纪志功勋[10]。（《东汉文纪》卷十四）

[校注]

〔1〕篇名分歧有五。（1）"砚铭"。见《初学记》卷二十一文部，《文房四谱》卷三砚谱二，《六艺之一录》卷一百三十，宋高似孙撰《砚笺》（清楝亭藏书十二种本）卷四，《锦绣万花谷》后集卷二十九。（2）"墨铭"。见《文房四谱》卷五墨谱四，《墨池编》卷六，《六艺之一录》卷三百一十。（3）"墨砚铭"。见《事物纪原》卷八，《七修类稿》卷四十七事物类，《汉魏六朝百三名家集》卷十五汉李尤集，《陈检讨四六》卷三序《陈悬圃文集序》注，《韵府拾遗》卷十一，《佩文韵府》卷九十三之二、卷一百之一、卷一百二之三。（4）"墨研铭"。见《初学记》卷二十一文部，《东汉文纪》卷十四，《渊鉴类函》卷二百五文学部十四。（5）"研墨铭"。见《太平御览》卷

六百五文部二十一,《全后汉文》卷五十。案,《说文·石部》:"研,礦也。""砚,石滑也。"段玉裁注:"《江赋》曰:'绿苔鬖髳乎研上。'李注:'研与砚同。'按,字之本义谓石滑不涩。今人研墨者曰砚,其引伸之义也。"从现存文献看,写墨的内容居多,铭文有"研墨乃陈"。山东临沂金雀山第 11 号汉墓出土的漆盒石砚包括砚石、研石、砚盒三部分,研石用来压住墨丸研磨,可知砚、研为两种不同作用的实物。① 河南巩义市新华小区的东汉中后期墓有松果状墨球出土。② 甘肃永昌水泉子汉墓有墨块出土。③ 故当作"研墨铭""砚墨铭""墨砚铭","砚铭""墨铭"为省称。

〔2〕书契:文字。《周易》卷八《系辞下》:"古结绳而治,后世圣人易之以书契。"

〔3〕"造",《文房四谱》卷五墨谱四,《墨池编》卷六作"远";《六艺之一录》卷三百一十作"还"。案,《说文·辵部》:"造,就也。""还,复也。""远,辽也。"故当作"造"。"远""还"形近而讹。

〔4〕"研",《初学记》卷二十一文部,《砚笺》卷四,《文房四谱》卷五墨谱四,《锦绣万花谷》后集卷二十九,《七修类稿》卷四十七事物类,《汉魏六朝百三名家集》卷十五汉李尤集,《六艺之一录》卷一百三十、卷三百八,《佩文韵府》卷九十三之二、卷一百之一作"砚"。案,见本篇注〔1〕。

〔5〕研墨乃陈:研墨于是产生。

〔6〕"附笔",《太平御览》卷六百五文部二十一,《全后汉文》卷五十作"相附"。案,二者于义均可。《证俗文》卷七:"魏晋间以黍烧烟,和松煤为之。唐初高丽岁贡松烟墨。宋熙宁间,张遇供御墨,始用油烟入麝,谓之龙剂。"制墨方法可参看《墨经》等文献。

〔7〕"以流",《太平御览》卷六百五文部二十一作"笔疏";《全后汉文》卷五十作"笔疏"。案,《玉篇·疋部》:"疏,稀也。"《说文·疋部》字作"疏"。笔疏指章疏奏议,章疏奏议并不主要用来记载功勋。《论衡》卷十三《超奇篇》:"长生死后,州郡遭忧,无举奏之吏,以故事结不解,征诣相属,文轨不尊,笔疏不续也。"故当作"以流"。

〔8〕"申",《文房四谱》卷五墨谱四,《墨池编》卷六,《六艺之一录》卷三百

① 胡继高:《一件有特色的西汉漆盒石砚》,《文物》1984 年第 11 期。
② 郑州市文物考古保护所、咸阳市文物考古研究所:《河南巩义市新华小区汉墓发掘简报》,《华夏考古》2001 年第 4 期。
③ 甘肃省文物考古研究所:《甘肃永昌水泉子汉墓发掘简报》,《文物》2009 年第 10 期。

八作"伸"。案，《说文·人部》："伸，屈伸。"段玉裁注："宋毛晃曰：'古惟申字，后加立人以别之。'""烟石附笔，以流以申"：烟石所作之墨附着于笔，文字得以书写流传。

〔9〕篇籍：典籍。《汉书》卷三十《艺文志》："大收篇籍，广开献书之路。"

〔10〕"志"，《砚笺》卷四，《文房四谱》卷三砚谱二，《六艺之一录》卷一百三十、卷三百八作"誌"。案，"'誌'是'志'之后起分别字"①。纪志功勋：记载传承功绩勋劳。

83. 读书枕铭[1]

听政理事[2]，怠[3]则览书[4]。倾倚偃息[5]，随体兴居[6]。寤心起意，猶[7]愈宴娱[8]。（《艺文类聚》卷五十五杂文部一"读书"）

［校注］

〔1〕读书枕：用于读书，缓解疲劳之枕头。

〔2〕听政理事：听取政论，治理事务。《礼记》卷二十九《玉藻》："君日出而视之，退适路寝听政。"

〔3〕怠：倦怠。

〔4〕览书：阅览书籍。

〔5〕倾倚偃息：倚靠休养歇息。

〔6〕随体兴居：根据身体情况起居。《抱朴子》内篇卷五《至理》："食饮有度，兴居有节。"

〔7〕"猶"，本作"由"，据《全后汉文》卷五十，《渊鉴类函》卷一百九十四文学部三改。案，《说文·系部》："'由'或'繇'字。""繇，随从也。"繇，段玉裁注："诗书'繇'作'猷'，假借字。《小雅》：'匪大犹是经。'《大雅》：'远犹辰告。'《传》皆曰：'犹，道也。'《书·大诰》：'猷尔多邦。'猷亦道也。"《说文·犬部》"犹"下段玉裁注："《魏风》毛传'猷，可也。''可'之义与庶几相近，'庶几'与今语'猶'者相近也。《释诂》又曰：'猷，道也。以与'由'音同。'"故本当作"猶"，"猶"同"猷"，"猷"假借为"繇"，"繇"即"由"。

〔8〕"寤心起意，由愈宴娱"：觉悟心思，兴起意念，较宴会娱乐更让人快乐。

---

① 王力主编《王力古汉语字典》，第 1297 页。

84. 金马书刀铭^{〔1〕}

巧冶錬^{〔2〕}刚^{〔3〕}，金讬于刑^{〔4〕}。贡^{〔5〕}文错镂^{〔6〕}，兼勒工名^{〔7〕}。淬以清流^{〔8〕}，砺以越石^{〔9〕}。（《汉魏六朝百三名家集》卷十五汉李尤集）

[校注]

〔1〕《太平御览》卷三百四十六兵器部七十七将作者讹作"李元"。《释名》卷七《释兵》："书刀，给书、简札有所刊削之刀也。""汉代书刀中最讲究的一种叫'金马书刀'，汉书父翁传：'买蜀物书刀。'晋灼注'旧时蜀郡工官作金马削刀者，以佩刀形，金错其拊（柄）。这是说在书刀柄上还有用金丝嵌成花纹。'"①"成都天回山汉墓出土金错刀，环鎏金，刀身一面金丝花纹，多只飞凤。一面铭文'光和七年广汉工官□□□服者尊，长保子孙宜侯王□宜□'，长18.5，宽1.5，在棺内发现。曾庸认为此即金马书刀。罗振玉《贞松堂集古遗文》中收录一刀，一面是马形，一面是铭文'永元十□年广汉郡工官，卅涷书刀，工冯武。'"② 金马书刀：采用错金工艺制作之马形书刀。

〔2〕"錬"，《艺文类聚》卷六十军器部，《东汉文纪》卷十四，《渊鉴类函》卷二百二十五武功部二十作"煉"；《北堂书钞》卷一百二十三武功部十一，《太平御览》卷三百四十六兵器部七十七作"練"。案，《说文·金部》："錬，冶金也。"段玉裁注："錬，治缯也。煉，治金也。"《说文·火部》："煉，铄治金也。"《说文·糸部》："練，涷缯也。"故"煉""錬"可，"練"音同形近而讹。

〔3〕"刚"，《北堂书钞》卷一百二十三武功部十一作"剄"。案，"剄"为"刚"异体字。

〔4〕"金马讬形"，本作"金讬于刑"，据《白氏六帖事类集》卷四，《初学记》卷二十二武部，《北堂书钞》卷一百二十三武功部十一，《太平御览》卷三百四十六兵器部七十七，《玉海》卷一百五十一兵制，《事类备要》外集卷五十七刀剑门，《锦绣万花谷》后集卷三十，《东汉文纪》卷十四，《山堂肆考》卷一百七十八器用，《汉书补注》循吏传第五十九注，《全后汉文》卷五十，清张澍撰《蜀典》（清道光武威张氏安怀堂刻本）卷八，《渊鉴类函》卷二百二十五武功部二十改。案，结合篇名，当作

---

① 曾庸：《汉代的金马书刀》，《考古》1959年第7期。
② 陆锡兴：《论汉代的环首刀》，《南方文物》2013年第4期。

"金马讹形"，意谓作成金马形状。"巧冶鍊刚，金马讹形"：巧妙冶炼锻造钢铁，采用错金工艺制成马形书刀。

〔5〕"贡"，《太平御览》卷三百四十六兵器部七十七，《汉书补注》循吏传第五十九注，《渊鉴类函》卷二百二十五武功部二十作"黄"。案，二者于义均通。贡文：上贡之纹饰。黄文：黄色纹饰。

〔6〕错镂：错、镂均为制作工艺名。

〔7〕兼勒工名：另外在器物上刻写制造者名字。

〔8〕淬以清流：以清澈流水给锻制中之书刀淬火。淬：一种工件热处理方法，将工件加热到某一高温，再用水、油或空气使其急速冷却，让工件表面硬化。

〔9〕"石"，《初学记》卷二十二武部，《北堂书钞》卷一百二十三武功部十一，《说文解字义证》卷二十八，《全后汉文》卷五十，《蜀典》卷八，《渊鉴类函》卷二百二十五武功部二十作"砥"。案，《说文·厂部》："厎，柔石也。"段玉裁注："精者曰砥。（中略）'厎'者，'砥'之正字，后人乃谓'砥'为正字。"二者于义均通，"石"混言之，"砥"析言之。砺以越石：以越地出产之精良磨刀石打磨。

85. 冠帻铭[1]

冠为元服[2]，帻为首服[3]。君子敬慎[4]，自强不忒[5]。（《初学记》卷二十六器物部"冠第一"）

[校注]

〔1〕《释名》卷四《释首饰》："冠，贯也，所以贯韬发也。""帻，迹也，下齐眉迹然也。兑上小下大兑兑然也。或曰：'耿耿折其后也。'或曰：'兑帻，形似帻也。贱者所著曰兑发，作之裁裹发也。'或曰：'牛心形似之也。'"《说文·冖部》："冠，絭也，所以絭发，弁冕之总名也。从冂从元，元亦声。冠有法制，从寸，古丸切。[注]徐锴曰：'取其在首，故从元。'"《说文·巾部》："帻，发有巾曰帻。"段玉裁注："《独断》曰：'帻，古者卑贱执事不冠者之所服也。'汉以后服之，其制曰详。"

〔2〕《汉书》卷七《昭帝纪》："四年春正月丁亥，帝加元服，见于高庙。"

〔3〕"服"，《全后汉文》卷五十作"饰"。案，首服指冠饰。《周礼》卷二《天官冢宰下》："追师，掌王后之首服。"二者于义均可。"服""饰""忒"，职部韵；从用字不重复上考虑，"饰"为上。

〔4〕敬慎：恭敬谨慎。

〔5〕自强不戢：奋发图强无过错。

86. 文履铭^[1]

文以表德，质以体仁^[2]。乃制兹履^[3]，文质斌斌^[4]。允显明哲^[5]，卑以牧身^[6]。步此坦^[7]道，绝彼埃尘^[8]。（《北堂书钞》卷一百三十六服饰部三"屦八十一"）

[校注]

〔1〕篇名分歧有三。（1）"文履铭"。见《初学记》卷二十六器物部，《北堂书钞》卷一百三十六服饰部三，《玉海》卷八十六器用，明胡应麟撰《少室山房笔丛》（明万历刻本）甲部《丹铅新录》八，《东汉文纪》卷十四，《汉魏六朝百三名家集》卷十五汉李尤集，《韵府拾遗》卷十一，《全后汉文》卷五十，《渊鉴类函》卷三百七十五服饰部六。（2）"文屦铭"。见《诗经胡传》卷三《南山》。（3）"履铭"。见《佩文韵府》卷四十六之三。案，《说文·履部》："履，足所依也。"段玉裁注："古曰'屦'，今曰'履'。"《说文·履部》："屦，履也。"段玉裁注："晋蔡谟曰：'今时所谓履者，自汉以前皆名屦。'""履铭"为"文履铭"省称。文履：有纹饰的鞋。

〔2〕"文以表德，质以体仁"，本作"以表德，以体仁"，据《全后汉文》卷五十改。案，当如《全后汉文》所载，构成完整四言句式。"文以表德，质以体仁"：文饰、材质均包涵、彰显仁义道德。《周易正义》周易兼义上经乾传第一："君子体仁，足以长人。"孔颖达疏："言君子之人，体包仁道，泛爱施生，足以尊长于人也。"

〔3〕"履"，《诗经胡传》卷三《南山》作"屦"。案，见本篇注〔1〕。

〔4〕"斌斌"，《初学记》卷二十六器物部，《东汉文纪》卷十四，《汉魏六朝百三名家集》卷十五汉李尤集，《渊鉴类函》卷三百七十五服饰部六，《佩文韵府》卷三十四之六作"武"。案，当是"斌"缺"文"致讹成"武"，本当作"斌"。《少室山房笔丛》甲部《丹铅新录》八作"彬"。案，《说文·人部》："彬，古文'份'。"段玉裁注："俗'份'作'斌'，取文武相半意。"文质斌斌：文质兼备。《史记》卷一百二十一《儒林列传》："自此以来，则公卿大夫士吏斌斌多文学之士矣。"

〔5〕允显明哲：信实恭勤显示明智，深明事理。

〔6〕卑以牧身：以谦卑态度修养持守自身。语出《周易》卷二《泰》："谦谦君子，卑以自牧也。"王弼注："牧，养也。"高亨注："余谓牧犹守也，卑以自牧谓以谦卑自守也。"

〔7〕"坦"，《初学记》卷二十六器物部，《少室山房笔丛》甲部《丹铅新录》八，《东汉文纪》卷十四，《汉魏六朝百三名家集》卷十五汉李尤集，《渊鉴类函》卷三百七十五服饰部六作"堤"。案，《说文·土部》："坦，安也。""堤，滞也。"故当作"坦"。

〔8〕"步此坦道，绝彼埃尘"：踏上平坦大道，隔绝灰尘埃土。喻指人走正道，邪恶庸俗等不沾身。

87. 错佩刀铭[1]

佩之有错，抑武扬文[2]。岂为丽好，将戒有[3]身[4]。（《艺文类聚》卷六十军器部"刀"）

[校注]

〔1〕篇名分歧有二。（1）"错佩刀铭"。见《艺文类聚》卷六十军器部，《初学记》卷二十二武部，《北堂书钞》卷一百二十三武功部十一，《太平御览》卷三百四十六兵部七十七，《玉海》卷一百五十一兵制，《东汉文纪》卷十四，《汉魏六朝百三名家集》卷十五汉李尤集，《韵府拾遗》卷十一，《全后汉文》卷五十，《渊鉴类函》卷二百二十五武功部二十，《佩文韵府》卷三十七之七、卷四十九之二。（2）"佩错刀铭"。见《古文苑》卷十三王粲《刀铭》注。案，《说文·金部》："错，金涂也。"段玉裁注："谓以金措其上也。"《释名》卷七《释兵》："佩刀，在佩旁之刀也。或曰容刀。有刀形而无刃，备仪容而已。"《东观汉记》卷八列传三："（邓）遵破诸羌，诏赐遵金刚鲜卑绲带一具，虎贲鞶囊一，金错刀五十，辟把刀、墨再屈环横刀、金错屈尺八佩刀各一，金蛪尤辟兵钩一。"《后汉书》志第三十舆服下："汉承秦制，用而弗改，故加之以双印佩刀之饰。"错佩刀指采用错涂工艺制作之佩刀，故篇名"错佩刀铭"为上。《太平御览》卷三百四十六兵部七十七将作者讹作"李元"。

〔2〕"佩之有错，抑武扬文"：佩刀有错饰，意在抑制武力，宣扬文教。《后汉书》志第三十舆服下："古者君臣佩玉，尊卑有度；上有韍，贵贱有殊。佩，所以章德，服之衷也。韍，所以执事，礼之共也。（中略）韍佩既废，秦乃以采组连结于璲，光明章表，转相结受，故谓之绶。汉承秦制，用而弗改，故加之以双印佩刀之饰。"

〔3〕"有"，《初学记》卷二十二武部，《北堂书钞》卷一百二十三武功部十一，《太平御览》卷三百四十六兵部七十七，《东汉文纪》卷十四，《汉魏六朝百三名家集》卷十五汉李尤集，《韵府拾遗》卷十一，《全后汉文》卷五十，《渊鉴类函》卷二百二十

五武功部二十，《佩文韵府》卷四十九之二作"其"。案，《老子》第十三章："吾所以有大患者为吾有身。""有身"于义亦通。

〔4〕"岂为丽好，将戒有身"：哪里是为美丽好看呢，其目的是戒勉佩刀之人修为其身。

88. 駮具错剑铭[1]

宝剑在躬[2]，实为威仪[3]。（《北堂书钞》卷一百二十二武功部一"剑三十四"）

〔校注〕

〔1〕《北堂书钞》篇名作"骇具错剑铭"。案，《七家后汉书·谢承后汉书》卷一："帝幸其府，留饮十日，赐骇犀玉具剑。"《七家后汉书·谢承后汉书》卷二："赐奉钱十万，骇犀方具剑。"《东观汉记》卷二十一："光武赐陈导骇犀剑。"《东观汉记校注·陈遵》已证"'陈导'为'陈遵'之讹"。"玉具剑"有省称为"具剑"例，《后汉书》卷十七《冯岑贾列传·冯异传》"赐以乘舆、七尺具剑"注："具，谓以宝玉装饰之，《东观记》作玉具剑。"明钱希言撰《剑荚》（明陈订谟翠幄草堂刻本）卷五守府篇："魏太子丕造百辟瑶剑（中略）饰以文玉，表以通犀。（中略）魏文帝赋《大墙上蒿行》：'骇犀标首，玉琢中央，帝王所服，辟除凶殃。'"所引《大墙上蒿行》中"骇犀"《北堂书钞》卷一百二十二武功部一作"骏犀"；《古诗纪》卷二十二魏第二，明陆时雍撰《古诗镜》（清文渊阁四库全书本）卷四魏第一，《汉魏六朝百三名家集》卷二十五魏文帝集，《采菽堂古诗选》卷五，清王闿运撰《八代诗选》卷十五汉至晋杂言第一作"駮犀"。《北堂书钞》卷一百二十二武功部一："《东观汉记》云：'陈遵破凶奴，诏赐骇犀剑。'今案陈俞本及聚珍本姚辑本《东观记》皆作'駮犀'，惟《御览》三百四十二引作'骇犀'。"《东观汉记》卷十三："赐駮犀具剑、佩刀、紫艾绶、玉玦各一。""駮犀"即"通犀"，《汉书》卷九十六下《西域传第六十六下》："自是之后，明珠、文甲、通犀、翠羽之珍盈于后宫。"颜师古注引如淳曰："文甲即瑇瑁也。通犀，中央色白通两头。"故"骇具错剑"当作"駮具错剑"，为"駮犀玉具金错剑"省称。

〔2〕宝剑在躬：宝剑佩带在身。

〔3〕威仪：庄严之容止仪态。《诗经》卷二《邶风·柏舟》："威仪棣棣，不可选也。"

89. 麈尾铭[1]

执[2]成德柄[3]，言为训辞[4]。鉴彼逸傲[5]，念兹在兹[6]。（《北堂书钞》卷一百三十四服饰部三"麈尾二十五"）

[校注]

〔1〕篇名分歧有二。（1）"麈尾铭"。见清吴兆宜撰《徐孝穆集笺注》卷五《麈尾铭》注，《汉魏六朝百三名家集》卷十五汉李尤集，《全后汉文》卷五十，《渊鉴类函》卷三百七十九服饰部十，《佩文韵府》卷四之五、卷八十三之四。（2）"麈尾铭"。见《北堂书钞》卷一百三十四服饰部三，《东汉文纪》卷十四。案，"麈"为书写缺笔所致。《说文·鹿部》："麈，麋属。"宋陆佃撰《埤雅》（明成化刻嘉靖重修本）卷三释兽："麈，兽似鹿而大，其尾辟麈。（中略）《名苑》曰：'鹿之大者曰麈，群鹿随之，皆视麈所往，麈尾所转为准。于文主鹿为麈而古之谈者挥焉。'"

〔2〕"执"，《徐孝穆集笺注》卷五《麈尾铭》注作"挥"。案，《说文·手部》："执，裂也。"段玉裁注："《易》：'执谦。'"《周易》卷八《系辞下》："谦，德之柄也。"《说文·手部》："挥，奋也。""执"，谦虚、谦逊义。故当作"执"。

〔3〕执成德柄：谦恭为道德之柄。语本《周易》卷八《系辞下》："谦，德之柄也。"孔颖达疏："言为德之时以谦为用，若行德不用谦，则德不施用。是谦为德之柄，犹斧刃以柯柄为用也。"高亨注："谦虚始能执德。"

〔4〕言为训辞：语言为教训之辞。《左传》卷十三僖公七年："君若绥之以德，加之以训辞，而帅诸侯以讨郑，郑将覆亡之不暇，岂敢不惧？"宋林尧叟注："齐君若以德而抚绥郑国，加以教训之辞，责其逃盟之罪。"《史记》卷一百二十一《儒林列传》："文章尔雅，训辞深厚，恩施甚美。"

〔5〕鉴彼逸傲：鉴戒那些暇逸倨傲之人与事。

〔6〕"在"，《汉魏六朝百三名家集》卷十五汉李尤集作"末"。案，《尚书》卷二《大禹谟》："帝念哉！念兹在兹，释兹在兹。名言兹在兹，允出兹在兹，惟帝念功。"此为大禹、舜帝谈论皋陶时的对话。故当作"在"。念兹在兹：念念不忘，时刻铭记。

90. 灵寿杖铭[1]

亭亭[2]奇干[3]，寔[4]曰灵寿[5]。甘泉润根[6]，清露流茎[7]。乃制为杖，扶危定倾^[8]。既凭其实，亦贵其名^[9]。（《艺文类聚》卷六十九服饰部"杖"）

［校注］

〔1〕篇名分歧有二。（1）"灵寿杖铭"。见清吴兆宜撰《庾开府集笺注》卷一《竹杖赋》注，《白氏六帖事类集》卷四，《艺文类聚》卷六十九服饰部上，《北堂书钞》卷一百三十三服饰部二，《东汉文纪》卷十四，《汉魏六朝百三名家集》卷十五汉李尤集，《卮林》卷九，《佩文斋广群芳谱》卷八十木谱，《全后汉文》卷五十，《渊鉴类函》卷三百七十八服饰部九，《佩文韵府》卷十三之六、卷二十三之六。（2）"杖铭"。见《事类备要》外集卷五十屏风门几杖门。案，"杖铭"为省称，全称"灵寿杖铭"。晋郭璞撰《山海经传》（四部丛刊景明成化本）海内经第十八"灵寿实华"注："灵寿，木名也，似竹有枝节。"《汉书》卷八十一《匡张孔马传》："赐太师灵寿杖。"孟康曰："扶老杖也。"服虔曰："灵寿，木命。"颜师古曰："木似竹，有枝节，长不过八九尺，围三四寸，自然有合杖制，不须削治也。"考汉代被赐灵寿杖者有太师孔光、黄香，可见灵寿杖之赐是莫大之荣耀。

〔2〕亭亭：高耸直立貌。何劭《游仙诗》："青青陵上松，亭亭高山柏。"李善注："亭亭，高貌。"

〔3〕"幹"，《佩文斋广群芳谱》卷八十木谱，《事类备要》外集卷五十屏风门几杖门作"榦"。案，《说文·木部》："榦，筑墙端木也。"段玉裁注："'榦'俗作'幹'"。

〔4〕"寔"，《全后汉文》卷五十，《渊鉴类函》卷三百七十八服饰部九作"实"。案，《说文·宀部》："实，富也。""寔，正也。"段玉裁注："古多有以'实'为'寔'者。（中略）'实''寔'音义皆殊，由赵魏之间'实''寔'同声，故相假借耳。"故本当作"寔"。

〔5〕"寔曰灵寿"，《北堂书钞》卷一百三十三服饰部二作"实日寿灵"。案，《汉书》卷八十一《匡张孔马传》："国之将兴，尊师而重傅。其令太师毋朝，十日一赐餐。赐太师灵寿杖。"故当作"曰。""日"乃形近而讹。

〔6〕甘泉润根：滋味甜美之泉水润泽根部。

〔7〕清露流茎：洁净之露水流洗茎干。张衡《西京赋》："立修茎之仙掌，承云表之清露。"

〔8〕扶危定倾：扶持危殆，安定倾覆。后喻指匡救危急倾覆之国势，此处用其本义。

〔9〕"既凭其实，亦贵其名"：既依靠杖之实体，又以其美名为荣。

91. 印铭[1]

赤绂在[2]服[3]，非印不明[4]。荣传[5]符节[6]，非印不行[7]。龟钮犊鼻[8]，用尔作程[9]。（《初学记》卷二十六器物部"印第三"）

[校注]

〔1〕《释名》卷六《释书契》："印，信也，所以封物为信验也。亦言因也，封物相因付也。"《说文·印部》："印，执政所持信也。"汉卫宏撰《汉官旧仪》（清武英殿聚珍版丛书本）补遗："诸侯王黄金玺橐驼钮，文曰玺；列侯黄金龟纽，文曰章；御史大夫金印紫绶，文曰章；中二千石银印龟纽，文曰章；千石至四百石皆铜印，文曰印。"

〔2〕"在"，《类隽》卷十七衣服类作"枉"。案，"枉"于义亦通，强调印之重要性。

〔3〕"服"，《汉魏六朝百三名家集》卷十五汉李尤集作"报"；《佩文斋咏物诗选》卷一百五十九，《渊鉴类函》卷三百六十八仪饰部二作"躬"。案，"在服"有在职义，如蔡邕《太傅祠前铭》："爰初在服，皇嘉其声。""在躬"于义亦通，《礼记》卷三十五《少仪》："衣服在躬而不知其名为罔。""在报"则不通，当是"报"与"服"形近而讹。

〔4〕"赤绂在服，非印不明"：大夫之服穿在身，没有印不能表明身份。郑玄注《易纬乾凿度》卷上："赤绂者，赐大夫之服也。"

〔5〕荣传：古代通行凭证所用之木制符信。《后汉书》志第二十五百官二："若外人以事当入，本官长史为封荣传。其有官位，出入令御者言其官。"

〔6〕符节：古代出入城门关卡所用凭证。用竹、木、玉、铜等制成，刻上文字，分成两半，各取其一，使用时相合以为凭。后指朝廷派遣使者或调兵时所用凭证。《周礼》卷四《地官司徒下·掌节》："门关用符节，货贿用玺节。"

〔7〕非印不行：没有加盖印章不得使用、通行。

〔8〕"犊"，《类隽》卷十七衣服类作"积"。案，《说文·牛部》："犊，牛子也。"《说文·禾部》："积，聚也。"故当作"犊"。龟钮犊鼻：印纽提系为龟、牛鼻形。

〔9〕作程：作为准则、典范。蔡邕《陈太丘碑文》："含光醇德，为士作程。"李善注："毛苌诗传曰：'程，法也。'"

三 歌

李尤歌现存《九曲歌》《武功歌》二篇。

1. 九曲歌[1]

（1）年岁晚暮日已[2]斜，安得壮士翻[3]日车。（《北堂书钞》卷一百四十九天部一）

（2）肥骨[4]消灭随尘去。（《文选》卷二十八陆机《挽歌》注）

[校注]

〔1〕篇名分歧有四。（1）"九歌"。见《北堂书钞》卷一百四十九天部一。（2）"九曲歌"。见《玉台新咏笺注》卷一徐干《室思》注，《编珠》卷一、卷二，《杜工部草堂诗笺》卷三十三《瞿唐两崖》注，《玉川子诗集注》卷四《叹昨日》，《艺文类聚》卷一天部上，《记纂渊海》卷一百一十六人情部之一，《事类赋》卷一天部，《天中记》卷一，《古诗纪》卷十三汉第三、卷十七汉第七，《尧山堂外纪》卷十六朝，《古乐苑》卷三十二杂曲歌辞，《汉魏六朝百三名家集》卷十五汉李尤集，《采菽堂古诗选》卷四，《柳亭诗话》卷十，《骈字类编》卷三十一时令门十，《佩文韵府》卷六十六之七。（3）"九曲诗"。见《海录碎事》卷八上圣贤人事部中。（4）诗。见《杜诗详注》卷二《杜位宅守岁》注。案，文体划分标准不同，导致"九曲歌"'九曲诗'两称，"九歌""诗"则为省称。 作者分歧有四。（1）李尤。见《文选》卷二十八陆机《挽歌》注，《北堂书钞》卷一百四十九天部一，《事类赋》卷一天部，《天中记》卷一。（2）季尤。见《太平御览》卷四天部四。（3）李充。见《文选理学权舆》卷二。（4）李兀。见《骈字类编》卷六天地门六。案，当作李尤。

〔2〕"已"，《杜诗详注》卷二《杜位宅守岁》注，《太平御览》卷四天部四作"巳"。案，当作"已"，"巳"乃形近而讹。

〔3〕"翻"，《玉川子诗集注》卷四《叹昨日》，《古诗纪》卷十七汉第七，《尧山堂外纪》卷十六朝，《采菽堂古诗选》卷四作"挽"。案，《说文·羽部》："翻，飞也。"《说文·车部》："軓，引之也。"段玉裁注："俗作'挽'。"故二者于义均通。

〔4〕肥骨：躯体。

2. 武功歌[1]

（1）身非金石，名俱灭焉。[2]（《文选》卷三十七曹植《求自试表》注）

（2）清埃飞，连日月。[3]（《文选》卷二十一谢瞻《张子房诗》注）

（3）恩普洽，威令行。[4]（《文选》卷五十九沈约《齐故安陆昭王碑文》注）

（4）鸣金鼓，马模起，士激怒。[5]（《北堂书钞》卷一百二十一武功部九"金钲二十五"）

[校注]

〔1〕作者分歧有五。（1）李尤。见《文选》卷二十一谢瞻《张子房诗》注、卷五十九沈约《齐故安陆昭王碑文》注。（2）李充。见《文选理学权舆》卷二。（3）李宏。《文选》卷三十七曹植《求自试表》注。（4）李已。见《玉台新咏笺注》卷五柳恽《起夜来》注。（5）李克。见《北堂书钞》卷一百二十一武功部九。案，《文选旁证》卷三十《求自试表》注："李宏《武功歌》曰：陈校'宏'改'尤'是也，各本皆误。"

〔2〕"身非金石，名俱灭焉"：（人）躯体不能长生不老，名声亦会伴随生命之终结而漫灭。《古诗十九首·回车驾言迈》："人生非金石，岂能长寿考？"

〔3〕"清埃飞，连日月"：清尘飞扬，上连日月。

〔4〕"恩普洽，威令行"：恩德广泛施行，政令得以执行。《管子》卷一《牧民》："不明鬼神，则陋民不悟；不祗山川，则威令不闻。"汉贾谊《新书》卷三《威不信》："而特扪然数百里，而威令不信。"

〔5〕"鸣金鼓，马模起，士激怒"：鸣金击鼓，战马统一行动，士兵斗志昂扬。

第六章　李尤作品分析与评价

一　题材内容

李尤身仕五朝，涉猎广泛，博采众长，兼容并蓄，作品题材广泛，在继承中开创。李尤作品对前人作品有所继承，在名称、内容、题材等方面有沿袭。后代人亦多有学习李尤者，同名、同类作品层出不穷。见表5。

表5　李尤作品题材承变表

李尤作品类别及数量		李尤前同名同类作品	李尤后同名同类作品
1. 政论仪礼	政事论7	此类作品自古有之，针对不同政事篇名不一样。	
	书（谏太子废立）1	汉张良、来历等《谏废太子》	唐李泌《谏废太子》
	怀戎颂1	《汉书·艺文志》杂四夷及兵赋	明张居崃《曾中丞平戎颂》
	和帝哀策1	汉崔瑗、苏顺《和帝诔》	王、后葬时一般有哀策
	辞祝1	殷商卜祝，汉阙名《卜占病者祝》	汉蔡邕，晋傅玄、应硕《祝祖文》及后代各种祷祝文
2. 都邑山河	都邑n	都邑铭	汉扬雄《蜀都赋》，傅毅《洛都赋》，班固《两都赋》	汉张衡《二京赋》，刘桢《鲁都赋》，徐干《齐都赋》，三国魏应瑒《魏都赋》，刘劭《赵都赋》《许都赋》《洛都赋》，晋王廙《洛都赋》，何桢《许都赋》，庾阐《扬都赋》，文立《蜀都赋》，左思《齐都赋》《三都赋》，曹毗《魏都赋》《杨都赋》，后魏高允《代都赋》，阳固《北都赋》《南都赋》，隋王贞《江都赋》，宋夏侯弼《吴都赋》

续表

李尤作品类别及数量			李尤前同名同类作品	李尤后同名同类作品
2. 都邑山河	山川 1+n	□山铭	汉司马相如《梓桐山赋》，杜笃《首阳山赋》，班固《终南山赋》，《汉书·艺文志》"杂山陵水泡云气雨旱赋"中之山陵赋	晋王珣《虎丘山铭》，傅玄《华岳铭》，孙绰《太平山铭》，湛方生《灵秀山铭》，支遁《天台山铭》，支昙谛《灵鸟山铭》，梁简文帝《明月山铭》《秀林山铭》，后魏郑道昭、北齐郑述祖《天柱山铭》，后周庾信《玉帐山铭》《吹台山铭》《望美人山铭》《至仁山铭》《明月山铭》《梁东宫行雨山铭》，唐《明皇华山铭》，李白《天门山铭》，柳宗元《涂山铭》，陆龟蒙《马当山铭》，清《大岯山铭》，汉刘桢《黎阳山赋》；三国魏阮籍、明李濂《首阳山赋》，晋王彪之、支昙谛《卢山赋》，郭璞《巫咸山赋》，戴逵《山赞》，刘柔妻王氏《启母涂山颂》，宋谢灵运《罗浮山赋》，梁吴均《八公山赋》，后周唐瑾《华岳颂》，唐宋之问《松山颂》，宋唐士耻《芝山颂》，薛季宣《雁荡山赋》《盒山颂》，元胡助《西岘山赋》，清谈迁《万岁山赋》
		洛铭	/	汉应玚《灵河赋》，晋成公绥《大河赋》，郭璞《江赋》；顾恺之《湘川赋》，隋杜台卿《淮赋》，唐皮日休《汴河铭》，谢偓《明河赋》，张环《秋河赋》，卢肇《天河赋》，元李祁、聂炳、明周光镐、刘咸、薛瑄《黄河赋》，俞安期《河赋》，清项樟《浚河颂》。
3. 城池关津	城池2	京师城铭	周阙名《佳城铭》（亡佚）	晋阙名《建邺城铭》，南朝宋鲍照《芜城赋》，唐李观《古受降城铭》，王棨《水城赋》，吕令问《云中古城赋》，刘禹锡《山阳城赋》，吕温《古东周城赋》，戎昱《澧州新城颂》，宋魏了翁《潼川府新城铭》，苏轼《昆阳城赋》，宋庠《夫人城赋》，吕南公《方池铭》

李尤作品类别及数量		李尤前同名同类作品	李尤后同名同类作品
3. 城池关津	城池 2 鸿池陂铭	/	晋张载《鸿池陂铭》《蒙汜池赋》，三国魏阙名《郑陂颂》，南朝陈江总《芳林园天渊池铭》，宋王禹偁《剑池铭》，吕南公《方池铭》，欧阳守道《涌云池铭》，明程文德《南雍东庑石池铭》，顾璘《遼池铭》，李濂《瑶池颂》
	关津 3 函谷关赋、铭	/	晋江统、唐阎伯玙、元王沂《函谷关赋》，唐独孤及《古函谷关铭》，明李濂《雁门关赋》，李元畅《小函谷关赋》，晋张载《剑阁铭》，唐王棨《武关赋》，李德裕《剑门铭》，皮日休《蓝田关铭》，贾至《虎牢关铭》，张翌《潼关赋》，宋胡旦《武关铭》，李埴《鱼复扞关铭》，元郝经、明徐有贞《居庸关铭》，明欧大任《秦关铭》，王祎《昱岭关铭》，夏言《玉峡关铭》《虹梯关铭》，释真可《赵州关颂》，清袁翼《梅关铭》
	孟津铭	/	汉蔡邕《汉津赋》，清周篆《剑津赋》
4. 宫观苑囿	平乐观赋、铭	汉枚皋、东方朔《平乐观赋》，扬雄《东观箴》	汉崔瑗《东观箴》，晋张协《玄武馆铭》，潘尼《东武馆赋》，梁陶弘景《茅山曲林馆铭》，后周王褒《馆铭》，元李懋、刘闻、扬扬、曾策《茧馆赋》，杨维桢《弘文馆赋》，明汤显祖《匡山馆赋》，清彭蕴章《嶙峋馆铭》《碧云馆铭》
	长乐观赋	/	
	东观赋、铭	/	
	高安馆铭	/	

续表

李尤作品类别及数量		李尤前同名同类作品	李尤后同名同类作品
4. 宫观苑囿	宫观（不排除有《长乐观铭》《明堂赋》《太学赋》《高安馆赋》《永安宫赋》《云台赋》）15	德阳殿赋、铭	/	梁萧统《殿赋》，汉王延寿《鲁灵光殿赋》，三国魏夏侯惠、韦诞《景福殿赋》，宋孝武帝刘骏、江夏王刘义恭、何尚之《华林清暑殿赋》，南朝陈徐陵、沈炯《太极殿铭》，唐李华《含元殿赋》，王勃《乾元殿赋》，宋刘攽《鸿庆宫三圣殿赋》，王仲言《慈宁殿赋》，元王宗哲《清宁殿赋》，陶安《大成殿赋》，明沈自邠《雕肃殿赋》，王宏《昭阳殿赋》，陈光《文德殿赋》，徐显卿《皇极殿赋》，清尤侗《桂香殿赋》
		辟雍赋、铭	汉班固《东都赋·辟雍诗》	唐王履贞，元欧阳玄、王沂、杨宗瑞、赵篔翁《辟雍赋》，晋王沈、南朝陈徐伯阳《辟雍颂》
		明堂铭	汉班固《东都赋·明堂诗》	唐李白、任华、王諲、于邵、刘允济、宋刘敝、范仲淹、罗椅、元祝蕃、邵宪祖《明堂赋》，宋虞通之、宋祁《明堂颂》
		永安宫铭	汉刘歆、王褒《甘泉宫颂》，桓谭《集灵宫赋》	三国魏卞兰、杨修、缪袭《许昌宫赋》，北齐邢劭《新宫赋》，前秦段业《龟兹宫赋》，唐贾登《上阳宫赋》，杜牧《阿房宫赋》，黄滔《馆娃宫赋》，孙樵《大明宫赋》，王勃《九成宫颂》，阙名《望春宫赋》，张昌龄《翠微宫颂》，李治《玉华宫赋》，宋陈襄《咸阳宫赋》，范成大、王阮《馆娃宫赋》，宋祁《景灵宫颂》《太一新宫颂》，宋刘跂、元《宣房宫赋》，元杨维桢《蒿宫赋》《未央宫赋》，耶律铸《龙和宫赋》，明王祖嫡《寿宫颂》，严嵩《万寿宫颂》，汪仲鲁、汪睿《广寒宫赋》，黄佐《乾清宫赋》，张光孝《唐宫赋》，清谈迁《故宫赋》，汪由敦《建福宫箴》
		太学铭	/	宋刘泾《太学颂》，三国魏曹植《学宫颂》，元汪克宽《泮宫赋》，明黄景夔《泮池铭》
		云台铭	/	元萧应麟、明唐肃《云台赋》
		阙铭	/	晋傅玄《阙赋》，汉繁钦《建章凤阙赋》，梁陆倕《石阙铭》，众多墓阙铭

续表

李尤作品类别及数量			李尤前同名同类作品	李尤后同名同类作品
4. 宫观苑囿	苑囿1	上林苑铭	汉枚乘《梁王菟园赋》，扬雄《上林苑箴》	汉马融《广成苑赋》，后魏高允《鹿苑铭》，高闾《鹿苑颂》，唐徐元弼《灵囿赋》，元胡助《秀野园赋》，清高士奇、王鸿绪、王钺、徐乾学、尤桐、张英、张玉书《南苑赋》，乔光烈《沙苑赋》
	城门12	城门铭	/	唐符载《新广双城门颂》《蕲州新城门颂》，张敬元《宣州东城门颂》
5. 居处器物	建筑9	堂铭	/	清冯询《堂铭》，南朝陈江总《云堂赋》，唐李翱《舒州新堂铭》，宋包恢《远观堂铭》，陈宓《复堂铭》，明程文德《崇化堂铭》，顾璘《全懿堂铭》，李濂《雪霁草堂铭》《五美堂铭》
		室铭	/	宋赵湘《室箴》，唐刘禹锡《陋室铭》，宋宋右仁《石室铭》，杨万里《书室铭》，元马祖常《居室铭》
		楹铭	周武王《楹铭》	宋黄庭坚《楹铭》，晋傅玄《栋铭》
		牖铭	周武王《牖铭》《牖书》	宋吕南公、黄庭坚，明张时彻，清汪绂《牖铭》
		阶铭	/	唐樊晦《阶赋》
		门铭	周武王《门书》	晋挚虞、唐卢仝、罗衮，宋吕夷简、王令、薛季宣，明姚绶《门铭》
		户铭	周武王《户铭》《户书》	宋吕南公、黄庭坚，明张时彻，清张履祥《户铭》
		井铭	周武王《书井》，汉阙名《溢城井铭》	唐柳宗元，明李濂、李梦阳、姚绶《井铭》；晋王彪之、郭璞、孙楚、江逌，梁江淹，唐吕令则、高无际《井赋》；宋孔宁子《井颂》；晋庾儵，唐李冑、史宏《冰井赋》；唐傅咸《神泉赋》，宋何基《潜夫井铭》，居简《张公井铭》，李石《大成井铭》《葛仙井铭》，苏洵《老翁井铭》
		灶铭	/	晋挚虞《灶屋铭》，明李东阳《烧丹灶赋》，清吴汝纶《烟筒铭》

续表

李尤作品类别及数量		李尤前同名同类作品	李尤后同名同类作品
5. 居处器物	武功 12	武库铭	/	晋挚虞《武库铭》，潘尼《武库赋》
		钲铭	/	梁萧衍《金镈赋》
		鼓铭	/	宋朱熹、朱元晦《鼓铭》《鼓赋》
		良弓铭	周武王《弓铭》	晋稽含、宋黄庭坚、田锡《弓铭》
		弩铭	/	清朱彝尊《弩铭》，三国吴朱异《赋弩》
		弧矢铭	周武王《矢栝铭》	晋江统《弧矢铭》，清彭蕴章《矢铭》，梁萧统《弓矢赞》
		铠铭	/	唐孙樵《潼关甲铭》
		盾铭	/	/
		宝剑铭（宝剑亦作佩饰）	周武王《剑铭》《书剑》《书锋》，汉冯衍《刀阳铭》《刀阴铭》，阙名《宝剑铭》，王莽《剑铭》，崔骃《刀剑铭》	汉士孙瑞、三国魏曹丕、晋傅玄、管涔王，宋黄庭坚、司马光、田锡、薛季宣，明王袆、王廷相、郑以伟、李濂，清蓝鼎元《剑铭》；清徐旭旦、张大受《宝剑赋》，梁江淹《铜剑赞》，唐达奚珣《剑赋》，元虞集《古剑赋》，金王喆《剑颂》，汉王粲、后周庾信、明李濂《刀铭》，曹丕《露陌刀铭》，曹植《宝刀赋》《宝刀铭》，三国蜀张飞《刁斗铭》《铁刀铭》，晋裴邈《文身剑铭》《文身刀铭》，张载《匕首铭》，张协《泰阿剑铭》《文身刀铭》《把刀铭》《露拍刀铭》《长铗铭》《短铗铭》，赫连勃勃《大夏龙雀刀铭》，明唐肃《刃铭》，汪道昆《汪元蠡匕首铭》
		戟铭	周武王《矛铭》	晋张协《手戟铭》，宋黄庭坚《矛铭》
		弹铭	上古阙名《弹歌》	晋夏侯湛《缴弹赋》
		武功歌	/	明俞允文《武功颂》
	饮馔（除日常实用，部分器物用于礼仪）8	鼎铭	春秋宋正考父、卫孔悝，汉成帝《鼎铭》，阙名《食鼎铭》	梁周舍，宋崔敦礼，明王袆、郑以伟《鼎铭》；晋郭璞《鼎赞》，唐赵良器《鼎赋》，梁德裕《宝鼎赋》
		樽铭	汉崔骃《樽铭》，冯衍《爵铭》	唐元结《樽铭》，汉蔡邕《酒樽铭》，唐阙名《象樽赋》，李程、裴度《黄目樽赋》，李君房《白兽樽赋》，宋何偃《常满樽铭》，黄庭坚《瘿尊铭》

李尤作品类别及数量		李尤前同名同类作品	李尤后同名同类作品
5. 居处器物	饮馔（除日常实用，部分器物用于礼仪）8	杯铭	周武王《觞铭》《觞豆铭》，汉冯衍《杯铭》	明郑以伟《杯铭》，宋李廌《芝杯铭》，明费元禄《柏杯铭》，梁陆倕《蠡杯铭》，明解缙《紫霞杯赞》，田汝成《玛瑙杯铭》，汪道昆《荷叶犀杯铭》《犀蒌杯铭》，清熊文举《叶杯铭》，明李濂《觞铭》《卮铭》
		盘铭	商汤《盘铭》	汉蔡邕、宋黄庭坚、明唐肃、张懋修、清蔡衍鎤《盘铭》，后魏文成帝《黄金合盘铭》，晋殷仲堪《酒盘铭》
		盂铭	/	宋田锡、明张瀚《盂铭》，唐张说《素盘盂铭》，宋王十朋《菖蒲盂铭》，明李濂《茶盂铭》《唾盂铭》，清凌廷堪《水盂铭》《黏盂铭》，朱彝尊《铜水盂铭》
		盌盏铭	/	明靳学颜《水晶盏赋》，唐欧阳詹《陶器铭》，清王夫之《高柄碗赞》，汉应场、王粲、徐幹、曹丕、曹植《车渠椀赋》，晋三沈《车渠椀赋》，晋潘尼《琉璃碗赋》《珸珺碗赋》，隋江总《玛脑碗赋》，明徐渭《碗铭》
		豐侯铭	/	/
		羹魁铭	/	宋薛季宣《食器铭》，清吴汝纶《箸铭》《米甕铭》
	果实 1	果赋	战国屈原《橘颂》，汉司马相如《梨赋》，王充《果赋》	晋郭太仪、陆机《果赋》，汉王逸《荔支赋》，三国魏曹植《橘赋》，锺会《蒲萄赋》，三国吴阙名《柑颂》，晋荀勖《蒲萄赋》，应贞《安石榴赋》《蒲桃赋》，庾儵《安石榴赋》，傅玄《安石榴赋》《李赋》《桃赋》《橘赋》《枣赋》《蒲桃赋》《桑椹赋》，夏侯湛《安石榴赋》《石榴赋》，张载、张协、潘尼、范坚、羊氏《安石榴赋》，潘岳《橘赋》《河阳庭前安石榴赋》，胡济《黄甘赋》，殷允、陈玢《石榴赋》，周祗《枇杷赋》，宋宗炳《甘颂》，何承天《木瓜赋》，谢惠连《甘赋》《橘赋》，伍辑之《园桃赋》，王叔之《甘橘赞》，颜测《山石榴赋》，梁吴均《橘赋》，后梁宣帝《樱桃赋》，南朝陈后主《枣赋》，陈琼《栗赋》，隋胡安道《黄甘赋》

李尤作品类别及数量			李尤前同名同类作品	李尤后同名同类作品
5. 居处器物	起居9	屏风铭	汉黄香《屏风铭》，羊胜、刘安、东方朔《屏风赋》	宋薛季宣，明周瑛、王廷相、李濂、王袆《屏铭》；晋黄士度《屏风颂》，曹毗《屏风诗》，宋苏轼《师子屏风赞》，元黄玠《纸屏风铭》，明赵时春《屏风赋》
		匮匣铭	/	汉张衡、胡广《绶笥铭》，明王袆《匮铭》《笥铭》，屈大均《黑漆匣铭》，魏元枢《拜匣铭》，李濂《箧铭》
		卧床铭	/	宋薛季宣，明顾璘、李濂、李贤、张时彻《床铭》；元虞集《方床㳉》，清蔡衍鎤《床箴》，明王袆《榻铭》
		床几铭	黄帝（托名）《巾几铭》，周武王《几书》，汉邹阳《几赋》	明张凤翼《虬几赞》；唐权德舆、刘禹锡，宋陈尧佐、晏殊、黄庭坚、田锡、王迈，元虞集，明何景明、李濂、蒲秉权、王恕、张时彻，清全之俊、彭蕴章、汪绂、张贞《几铭》；晋张华《倚几铭》，苏彦《隐几铭》，明吕坤《几席铭》，清蔡衍鎤《几箴》
		几铭		
		席铭	周武王《席铭》《席四端铭》，汉冯衍《席前右铭》《席后右铭》	晋张华《席前左端铭》《席前右端铭》，晋傅玄，明王袆、顾璘、李濂、王廷相、张时彻《席铭》，三国吴张纯《赋席》，晋王鉴《竹簟赋》，唐孙逖、阙名《席赋》，明王慎中《蓆颂》，清魏元枢《蒲席铭》，宋黄庭坚《席端四铭》
		镜铭	周武王《鉴铭》《镜铭》	汉阙名，晋傅玄，梁简文帝，南汉后主刘鋹，宋王十朋、陈著、程俱、刘蔽、王迈、元黄玠、耶律铸、明吕坤、王袆、顾璘、何景明、唐顺之、陶汝鼎、童佩、杨慎、李濂，清方浚颐、胡苏云、钱大昕、屈大均、万寿祺、汪绂、吴汝纶《镜铭》；晋傅咸、孙盛，后周庚信、梁刘缓《镜赋》；晋李颙《镜论》，隋江总《方镜铭》，宋赵鼎臣《新镜铭》；宋黄庭坚，明王廷相、张肃《鉴铭》，清徐旭旦《镜囊铭》《千里镜铭》

李尤作品类别及数量		李尤前同名同类作品	李尤后同名同类作品
5. 居处器物	起居9	薰炉铭	汉刘向《薰炉铭》	梁元帝、宋王十朋，明李濂、张时彻《香炉铭》；梁萧统《铜博山香炉铭》，南朝傅绰《博山香炉赋》，明陈继儒《木香炉铭》，清李佐贤《香炉赞》
		金羊灯铭	汉冯商、刘歆《灯赋》	三国魏嵇康，晋傅玄，宋王十朋，明何景明、钱福、张时彻《灯铭》；晋支昙谛、隋江总《灯赞》，南北朝江淹、后周庾信、唐冯真素《灯赋》，梁萧衍《列灯赋》，晋夏侯湛《缸灯赋》，殷巨《鲸鱼灯赋》，孙惠《百枝灯赋》，范坚《蜡灯赋》，清梁同书《雁足灯铭》
	劳作3	箕铭	/	明方孝孺、李濂、童佩，清路德《帚铭》；王慎中《笤帚颂》，清纪昀《撢帚铭》，明唐肃《筐铭》
		杵铭	/	/
		臼铭	/	明李濂《药臼铭》
	计量3	权衡铭	上古阙名《嘉量铭》，汉王莽《权石铭》《铜权铭》	明张蒲《衡铭》，唐徐寅、宋言、阙名《衡赋》，明萧子鹏《铨衡赋》，王祎《尺铭》，张时彻《天平铭》三首，后周阙名《铜升铭》《玉升铭》
		漏刻铭	汉崔骃《刻漏铭》	晋孙绰、梁元帝、陆倕、后周王褒、明朱灏《漏刻铭》，晋陆机《漏刻赋》，唐颜舒、清揆叙《刻漏赋》，唐窦羣《漏赋》，宋苏轼《徐州莲华漏铭》，明宋濂《沙漏铭》、李濂《壶漏铭》
		斛铭	汉刘歆《斛铭》	宋胡宿《斛铭》，明郑晓《斗斛铭》
	竞技4	鞠城铭	汉枚皋《蹴鞠赋》，《汉书·艺文志》兵家蹴鞠二十五篇	宋李冲元《鞠城铭》，刘克庄《田舍即事·蹴鞠》，丁晋公《蹴鞠诗》，明王世贞《蹴鞠》
		围棋铭	汉刘向《围棋赋》	晋蔡洪、清王夫之《围棋铭》，清朱让栩《棋铭》；汉马融、王粲，晋曹摅、蔡洪、刘恢，梁萧衍、后梁宣帝，唐傅梦求，元胡助《围棋赋》；清李佐贤《围棋赞》；汉蔡邕、丁廙、王粲、曹丕，晋夏侯淳《弹棋赋》，明李濂《奕铭》，宋陈仁子《棋匣铭》

续表

李尤作品类别及数量		李尤前同名同类作品	李尤后同名同类作品
	壶筹铭	/	汉王粲、三国魏邯郸淳、晋傅玄《投壶赋》，明何景明《壶铭》
竞技4	博铭	/	汉马融《樗蒲赋》，明常伦《博赋》，后魏薛孝通《博谱》，汉边绍《塞赋》，三国魏王朗《塞势》，明祝允明《樗蒲铭》
	舟楫铭	黄帝（托名）《舆铭（箴）》	元吴澄，明顾璘、郭之奇、姚绶《舟铭》；宋王叔之《舟赞》，唐常晖《舟赋》《大舟赋》，宋王十朋《肩舆铭》
舟车6	天軿车铭	周武王《书车》，汉冯衍《车铭》，傅毅、崔骃《车左铭》《车右铭》《车后铭》	三国吴华核、梁甄玄成《车赋》，明顾璘、清胡苏云、方孝孺《车铭》，明李濂《车左铭》《车右铭》，唐张彦振《指南车赋》，元杨维桢《记里车赋》《飞车赋》、庄文昭《蒲轮车赋》
	小车铭		
	鞍铭	/	清胡苏云《鞍铭》、路德《马鞍铭》，汉曹丕、陈琳、王粲《玛瑙勒赋》，晋王沈《马脑勒赋》
	辔铭	/	
	马箠铭	周武王《箠铭》	
5. 居处器物	钟簴铭	夏禹《簨簴铭》，汉贾谊《簴赋》	汉王粲《钟簴铭》；后魏温子升，南朝江总，宋叶适、欧阳守道、田锡，元刘将孙、王逢、王礼，明王直，清金堡、黎元宽《钟铭》
乐器3	琴铭	汉阙名《琴铭》，傅毅《琴赋》、刘向《雅琴赋》，枚乘《笙赋》，王褒《洞箫赋》，刘玄《簧赋》	明王祎、王廷相《琴铭》，汉蔡邕、三国魏嵇康、三国吴闵鸿、晋傅玄、成公绥、孙楚、南朝陈陆瑜《琴赋》，晋王珣、殷仲堪、戴逵、宋谢惠连、唐李白《琴赞》，汉侯瑾、阮瑀、晋贾彬、顾恺之、陈窈、梁萧衍、南朝陈顾野王《筝赋》，汉蔡邕《铜籥铭》，三国魏杜挚、晋孙楚《笳赋》，晋王廙、夏侯淳、潘岳、南朝陈顾野王《笙赋》，晋曹毗、杨方、孙琼、宋临川王刘义庆《箜篌赋》，宋苏轼《文与可琴铭》，明王道昆《查八十琵琶铭》，陈继儒《琴匣铭》
	笛铭	战国宋玉《笛赋》	汉马融《长笛赋》，阙名《玉管铭》，清凌廷堪《笛铭》，南朝陈傅绛、唐阙名《笛赋》，晋伏滔《长笛赋》

李尤作品类别及数量			李尤前同名同类作品	李尤后同名同类作品
5. 居处器物	文具6	书案铭	汉杜笃《书擩赋》	梁简文帝、明李濂《书案铭》,宋王十朋、薛季宣《书几铭》,明张邦奇《书柜左铭》《书柜右铭》《镇书铁尺铭》《界方铭》《印色池铭》、徐渭《书棂铭》、李濂、清蔡衍鎤《书几箴》
		经桄铭	/	南北朝宋谢灵运、宋苏颂、清陈鳣《书帙铭》
		笔铭	周武王《笔铭》《笔书》	三国魏傅巽、傅玄,晋王隐,宋田锡、王迈、王十朋、薛季宣,元胡助、王礼,明顾璘、何景明、李东阳、李贤、王世贞、张时彻、邹智,清纪昀、徐旭旦、王夫之、陈燿、金之俊、魏元枢《笔铭》;汉蔡邕、晋傅玄《笔赋》,晋成公绥《故笔赋》,晋傅咸《纸赋》,梁吴均《笔格赋》;宋王十朋《墨铭》《笔池铭》《纸铭》,清徐旭旦《檀木镇纸铭》《墨赞》,宋薛季宣、明王廷相、清王夫之《墨铭》,清方浚颐《笔匣铭》、凌廷堪《墨匣铭》
		砚铭	周武王《书砚》	汉王粲、繁钦,宋陈宓、崔敦礼、苏轼、廖行之、田锡、王十朋、孙仲益、黄庭坚、徐铉、张侃、郑刚中、薛季宣,明姚绶、何景明、何良俊、柯潜、李时勉、李贤、王廷相,清王夫之《砚铭》;汉繁钦《砚颂》,晋傅玄、宋吴淑《砚赋》,明李濂、清胡苏云《砚箴》,明张邦奇、赵时春《砚赞》,赵鼎臣《砚池铭》,明吕坤《砚池箴》《墨箴》《文房三友铭》《图书匣铭》《界尺铭》,元刘将孙《缉熙砚匣铭》,清李兆洛《砖砚匣铭》;明吴沛,宋王十朋、刘玉《砚(研)匣铭》;元王礼,明吕坤、陈继儒,清朱彝尊《图书匣铭》,清张邦奇《图书匣赞》,清蓝鼎元《巨砚铭》,明吕坤《文房三友铭》
		读书枕铭	汉刘向《芳松枕赋》,崔骃《六安枕铭》,崔瑗《柏枕铭》	汉蔡邕《警枕铭》;唐罗衮,宋蔡襄、田锡、薛季宣,明何景明、许宗鲁、王祎、李濂、王廷相、张时彻,清蔡衍鎤、陆燿《枕铭》;汉张纮《瑰材枕赋》《瑰材枕箴》,晋张望《枕赋》,晋孙惠《楠榴枕赋》,汴承之《无患枕赞》,苏彦《楠榴枕铭》《柏杌铭》
		金马书刀铭	周《六韬·书刀铭》	/

李尤作品类别及数量			李尤前同名同类作品	李尤后同名同类作品
5. 居处器物	服用6	冠帻铭	周武王《冠铭》《书冠》《带铭》《衣铭》	晋傅玄、宋王令、王应麟、薛季宣，明顾璘、李濂、徐元太、张时彻、王袆《冠铭》；汉徐幹、唐赵良器、阙名《冠赋》，晋傅玄《衣铭》《裳铭》《被铭》，傅咸《犀钩铭》，成公绥《蔽髻铭》
		文履铭	周武王《履屦铭》《书履》，汉崔骃《冬至袜铭》	晋傅玄、宋王令、黄庭坚，明顾璘、李濂、王袆、张时彻《履铭》；唐赵良器《履赋》，明王慎中《草履颂》
		错佩刀铭	/	/
		骹具错剑铭	/	/
		麈尾铭	/	晋王导、南朝陈徐陵《麈尾铭》；唐陈子昂、陆龟蒙、宋梅尧臣《麈尾赋》；晋许询《黑麈尾铭》《白麈尾铭》，清王夫之《拂子铭》，宋张悦《瑇瑁麈尾铭》，南朝陈顾野王《拂尘筬赋》
		灵寿杖铭	周武王《杖铭》《杖书》，汉刘向《杖铭》《麒麟角杖赋》，冯衍、崔瑗《杖铭》，崔骃《杖颂》	晋刘柔妻王劭之，明童冀、郑真《灵寿杖铭》；汉王粲《灵寿杖颂》；晋傅玄、殷允、张华，唐罗衮、陈莹中，宋蔡襄、黄庭坚、田锡、王令、张九成，明李濂、邵宝、唐时升、文德翼、张凤翼、张时彻，清王夫之、陈梦雷、陈作霖、陈祚明、范尔梅、方东树、杭世骏、弘晓、李骥、李兆洛、梁同书、彭蕴章、钱谦益、吴汝纶、杨椿、袁枚、朱彝尊《杖铭》；晋应贞《杖箴》《朱杖铭》，傅咸、苏彦《邛竹杖铭》，晋张华、清蔡衍鎤《杖箴》，晋张翰《杖赋》，卞范之《杖赞》，梁简文帝《锡杖铭》，后周庾信《竹杖赋》《邛竹杖赋》，隋冯植《竹杖铭》，明刘基《奎上人耘杖铭》
	约信2	笿（符）契铭	/	/
		印铭	/	晋傅玄、明王袆《印铭》，唐赵良器《印赋》，汉胡广《印衣铭》，清李佐贤《古印赞》，蔡衍鎤《印章箴》，宋王十朋《印斗铭》，元戴表元《朱漆印匣铭》，清彭蕴章、钱泰吉《印匣铭》

续表

李尤作品类别及数量		李尤前同名同类作品	李尤后同名同类作品
5. 居处器物	著铭	/	晋傅玄《著赋》，唐唐子玉《神著赋》
	占卜 2 龟铭	上古阙名、汉阙名《龟祝》	唐卢仝《龟铭》，晋郭璞《龟赞》；晋李颙、孙惠、郭璞，清黎景义《龟赋》；元顾瑛《灵龟铭》；汉曹植，明梁潜、杨士奇《神龟赋》；晋陆机《灵龟赋》，明姚广孝、胡广、金幼孜、郑赐《神龟颂》，晋潘尼《鳖赋》，陆机《鳖赋》，晋庾阐、唐于邵《著龟论》
6. 其他	综合类 2 七叹、七命不排除二者为同一篇	汉枚乘《七发》，傅毅《七激》，崔骃《七依》	汉王粲《七释》，徐幹《七喻》，三国魏曹植《七忿》，卞兰《七牧》，晋应贞《七华》，成公绥《七唱》，孙毓《七诱》，傅玄《七谟》，梁萧统《七契》，萧子范《七诱》，阙名《七召》，隋吴氏《七矜》，柴子大《七折》，卫洪《七开》，孔炜《七引》
	抒情言志 2 九曲歌，笔者所辑赋 1、2，散句	/	晋傅玄、明费元禄《九曲歌》，汉王逸《九思》，宋张委《九慭》，薛季宣《九奋》，明王祎《九诵》，王廷相《九述》
总计	/	题材 101	创新：44（43.6%） 未被继承：7（15.9%）

备注：因对历代特别是唐以后作品未全面系统阅读，故统计不是绝对全面精确；李尤后同名同类作品按相关性大小排序。同一篇名多个不同时代作者均创作则排列作者名，最后列篇名。n 代表篇数不详；/代表没有。

由上可见，李尤作品题材共 101 个小项，其中首创 44 项，创新率为 43.6%，且首创题材有 7 个（15.9%）小项在其后未见同名创作。

1. 题材继承方面，李尤有如下特点

（1）继承对象的时间跨度大。从上可见，李尤作品题材承自商汤、周、汉，尤以周、汉居多。

对周武王的继承最为突出。建筑（楹、牖、户、门、井）、武功（弓、矢、剑、矛）、起居（几、席、镜）、舟车（车、篦）、文具（笔、砚）、服用（冠、履、杖）等题材，承袭周武王写作系列铭文的传统，并将一类题材创作对象扩大化，让系列更庞大、多样（具体在创新部分列出）。周

武王对同一对象，如牖、户、剑、笔、冠、履、杖，用铭、书分别进行创作，此点影响李尤对同一对象，如函谷关、平乐观、东观、德阳殿、辟雍，用赋、铭分别创作。对周特别是周武王的继承与发展，可见李尤向往周代，特别是周武王一统天下、德合诸侯、礼治天下、任用贤良、人才荟萃、政治蒸蒸日上的美好时代。李尤希望自己的时代能再现甚至超越周的强盛。

生在东汉的李尤继承汉代较多实乃情理之中，如都邑山河、宫观、乐器、文具等题材及七体等体裁。其《屏风铭》延续了黄香、羊胜、刘安、东方朔《屏风赋》；枚皋《蹴鞠赋》亡佚，李尤《鞠城铭》存，二者题材相关，一写具体项目，一写活动场地及规则，枚皋《蹴鞠赋》虽亡佚，但以此我们仍能窥见汉代蹴鞠之盛；乐器类题材（钟簴、琴、笛）延续了贾谊《簴赋》、枚乘《笙赋》、王褒《洞箫赋》、刘向《雅琴赋》、刘玄《簧赋》、傅毅《琴赋》等，开创性不是很大。李尤《钟簴铭》在贾谊《簴赋》描摹钟簴形制、规模的基础上，突出了钟簴礼乐上的用意及历史传承。李尤《琴铭》政治教化意味直白："琴之在音，荡涤邪心。虽有正性，其感亦深。存雅却郑，浮侈是禁。条畅和正，乐而不淫。"此与王褒《洞箫赋》"赖蒙圣化，从容中道，乐不淫兮。条畅洞达，中节操兮"一脉相承。李尤《笛铭》延续了此前乐器赋作对乐器形制、产地、音色描写的惯例。

马融《长笛赋》："昔庖羲作琴，神农造瑟，女娲制簧，暴辛为埙。倕之和钟，叔之离磬，或铄金砻石，华睆切错，丸挺雕琢，刻镂钻笮。穷妙极巧，旷以日月，然后成器，其音如彼。唯笛因其天姿，不变其材，伐而吹之，其声如此。盖亦简易之义，贤人之业也。若然，六器者，犹以二皇圣哲魠益，况笛生乎大汉，而学者不识，其可以裨助盛美，忽而不赞。"所言"六器"包括琴、瑟、簧、埙、和钟、离磬，李尤已作《钟簴铭》《琴铭》《笛铭》，是否有《瑟铭》《簧铭》《埙铭》？

李尤对汉代创作题材多有继承，共同构建了汉代文学在此类题材上创作的繁盛。但因袭模拟成份较多，这是李尤无法摆脱时代局限的体现。

（2）继承的文体多样化。对铭（《楹铭》《牖铭》）、箴（《舆箴》）、诗（《东都赋·辟雍诗》《东都赋·明堂诗》）、书（《书车》《笔书》《书砚》《书冠》）、辞祝（卜祝、《卜占病者祝》《龟祝》）、赋（《蜀都赋》《洛都赋》）、颂（《甘泉宫颂》）、论（政事论）、歌（《弹歌》）等均有继承，可以说是集众体之所善。

（3）李尤将前代创作中器物为体、教化为用的传统继承并发扬。如周武王《席铭》："安乐必敬，无行可悔。"《鉴铭》："见尔前，虑尔后。"《杖铭》："恶乎危？于忿疐。恶乎失道？于嗜欲。恶乎相忘？于富贵。"《履铭》："慎之劳，劳则富。"均是，除器物实用功能外，更倾向于承载教化、训诫，器物为体，教化为用。李尤作品，特别是铭文亦是如此，尤以器物铭为最。略示例："虽快其口，损之为务"（《鼎铭》），"荒沉过差，可不慎与"（《盂铭》），"夕惕敬慎，崇德远奸"（《卧床铭》），"方平处下，有不邪偏"（《博铭》）。

2. 题材创新方面，李尤有如下特点

（1）某些系列或单个题材首创。关津（鸿池陂、函谷关）、劳作之具（箕、杵、臼）、约信用具（符契、印）等首次作为文学创作题材。李尤身为朝臣，尽力政事，有政论文创作，又将小民生活劳作日常纳入文学表现视域，并将其上升至道德教化高度，巨细兼备。此类题材首创与李尤时代强军备、重诚信、重民本有关。城池关津之作中第一篇关塞赋、铭《函谷关赋》《函谷关铭》，通过对比凸显函谷关与众不同，透视其对国与国之间交往、国内治安均至关重要。

（2）将以前散点、单篇创作的题材系列化。如汉代宫观苑囿之作，李尤之前枚皋、东方朔有《平乐馆赋》（惜亡佚，李尤于二者具体继承创新了什么，不能得知），班固有《辟雍诗》《明堂诗》，刘歆、王褒有《甘泉宫颂》，桓谭有《集灵宫赋》，枚乘有《梁王菟园赋》。李尤在此基础上将其系统化，将宫（永安宫）、观（平乐观、长乐观、东观、高安馆）、殿（德阳殿）、阙（阙）、台（云台）、城门（十二城门）、苑（上林苑）、辟雍、明堂、太学等均包含在内，并就同一对象赋、铭同时行文，极大

丰富了宫观题材表现的对象和方式，让不同文学表现方式、体裁形成互补照应之势。

（3）将前代系列化题材表现对象增新扩大。如建筑或其附属（堂、室、阶、灶）、武功（武库、钲、鼓、弩、铠、盾、弹、武功歌）、饮馔（盂、盌盏、豊侯图像、羹魁）、起居（匵匣、卧床）、竞技（壶筹）、文具（经梷）、服用（错佩刀、驳具错剑、麈尾）、占卜（蓍）均有扩大，括号中为新增扩大者。扩大表现对象，一方面是文学自身表现范围扩大的需求；另一方面，时代发展，物质文明进步，新兴事物进入文学视域。以麈尾为例，《升庵集》卷六十七："晋以后士大夫尚清谈，喜宴佚，始作麈尾。"余嘉锡认为："汉、魏以前，不闻有麈尾，固当起于魏、晋谈玄之士。"① 沈从文认为："魏晋南北朝时期，'麈尾''麈尾扇''羽扇'及'比翼扇'相继出现。"② 顾筠认为："虽然汉代没有明确的文献记载可以表明成型的麈尾已经出现，但是汉代出土的墓葬图像中已经存在类似的雏形，因此可以推断麈尾最初起源于汉代，到魏晋六朝时期才被大量使用，遂成为了清谈玄士人手必备的风流雅器。"③ 鉴于李尤《麈尾铭》，顾筠所说的"没有明确的文献记载"可得到修正。王勇、董志翘认为麈尾至迟起始于汉末，抑或战国，④ 所据材料为李尤《麈尾铭》及晋陆机《羽扇赋》"昔楚襄王会于章台之上，山西与河右诸侯在焉。大夫宋玉、唐勒侍，皆操白鹤之羽为扇，诸侯掩麈尾而笑"。陆机《羽扇赋》关于麈尾的记载是否属实有待考证，但李尤《麈尾铭》可确证麈尾汉代存在无疑。李尤之前应该就有拂尘存在。山东临沂银雀山 2 号墓为西汉早期墓，"年代上限为汉武帝元光元年（前 134），出土了木柄一件，一端刻有两道凹槽。此件出土时近处有马尾，推测可能系拂尘之类物品，

---

① 余嘉锡笺疏，周祖谟、余淑宜、周士琦整理《世说新语笺疏》，中华书局，2018，第529 页。
② 沈从文：《扇子史话》，《人民画报》1987 年第 8 期。
③ 顾筠：《〈世说新语〉中的"麈尾"考》，《大众文艺》2013 年第 3 期。
④ 王勇：《日本正仓院麈尾考》，《东南文化》1992 年第 8 期；董志翘：《〈中国古代服饰研究〉在名物训诂方面的价值——纪念沈从文先生百年诞辰》，《淮阴师范学院学报》2002年第 5 期。

长 40 厘米"①。见图 3。

图 3 银雀山 2 号墓出土拂尘木柄

唐阎立本《历代帝王图》中吴主孙权手持麈尾表风度，李尤《麈尾铭》在前，则孙权手持麈尾可信。暂且不论麈尾最早出现在战国还是汉代，但由《麈尾铭》"扬成德柄，言为训辞"可以肯定李尤时代麈尾除其日常实用功能（驱蝇、拂尘）外已与清谈结合，至于持麈尾是谈玄还是谈佛、道、儒，从现存铭文无法知晓。

二 思想主旨

李尤所生活的时代，儒家思想统治地位削弱，思想相对解放。李尤现存作品中，思想以儒家为主，杂道、法、墨、阴阳、名等家。各家思想杂糅融合，无法分开剖析，拟从肯定、否定、对立统一、抒情表意四个方面分条列出。

1. 肯定方面

（1）颂扬

颂扬先圣明哲，尤其是周代。李尤认为，各种物件及制度设立均与先圣相关，且汉承尧运，当师法古圣先贤。如："圣人垂象，玉兵已陈"（《武库铭》），"巍巍高安，明圣是修"（《高安馆铭》），"昔黄帝轩辕，仁智恭恕"（《几铭》②），"神农殖穀，以养蒸民"（《箕铭》），"奚氏本造，后裔饰雍"（《天軿车铭》），"昔在先圣，配天垂则""圣哲稽古，帝则是

---

① 吴九龙、毕宝启：《山东临沂西汉墓发现〈孙子兵法〉和〈孙膑兵法〉等竹简的简报》，《文物》1974 年第 3 期。
② 详见《几铭》校注〔1〕。

钦"(《漏刻铭》），"曰若炎唐，稽古作先"(《德阳殿赋》），"惟唐典之极崇"(《函谷关赋》）。概括称呼者有：圣人（哲）、明（先）圣。具体所指者有：轩辕黄帝、奚氏、炎唐（神农、尧）。对周代的继承和发扬，既有领地辖区继承："周氏旧区，皇汉寔循"(《东观铭》），"同氏旧居，惟汉袭因"(《云台铭》）；更有典制、礼乐、艺文等的继承："览三代而采宜，包郁郁之周文"(《东观赋》），"昔有周武，集会孟津。鱼入王舟，乃往克殷。大汉承绪，怀附遐邻"(《孟津铭》），"修周之理"(《太学铭》），"周公之美，骄吝为病"(《杯铭》），"周因殷礼，损益可知。汉因于周，犹若重规"(《钟簴铭》）。

颂扬汉王朝一统天下，各族来朝。李尤文中，汉大国一统，国力兴盛，整个王朝昂扬勃发，威服、德化四邻，四方来朝，为天下至尊。具体如下："披典籍以论功，盖罔及乎大汉"(《平乐观赋》），"骋武舒秘，以示幽荒。加荣普覆，然后来王"(《平乐馆铭》），"殊方重译，绝域造庭。四表交会，抱珍远并。杂沓归谊，集于春正"(《平乐观赋》），"是以乾坤所周，八极所要。夷戎蛮羌，儋耳哀牢。重译响应，抱珍来朝"(《辟雍赋》），"惟皇汉之休烈兮，包八极以据中""殊中外以隔别，翼巍巍之高崇。命尉臣以执钥，统群类之所从。严固守之猛厉，操戈钺而普聪。蕃镇造而惕息，侯伯过而震惶"(《函谷关赋》），"大汉承绪，怀附遐邻。邦事来济，各贡厥珍"(《孟津铭》）。国都亦是汉朝国威之体现："帝都通路，建国南乡"(《洛铭》），"皇上尊严，万姓载依。国都攸处，建设端闱"(《阙铭》）。

颂扬汉主昭明贤能，审任贤良。忠君颂主是李尤为臣之道，亦符合其"受诏作赋"的经历。文中多祖述汉王朝辉煌历史，颂扬汉王圣明能干。如："永平持纲，建初考练。暨我圣皇，濊协剖判"(《东观赋》），"卓矣煌煌，永元之隆。含弘该要，周建大中"(《辟雍赋》），"中兴再受，二祖同勋。永平承绪，钦明奉循"(《函谷关赋》），"广视远听，审任贤良。元首昭明，庶类是康"(《洛铭》），"显宗备礼，明虑弘深"(《上林苑铭》），"惟王所建"(《辟雍铭》）。在颂扬君主时，忽视、弱化人民大众的功劳，是中国古代多数知识分子的通病，李尤亦难例外。好在李尤亦有一定的民本思想，见后文"等级、民本"部分。

（2）效法

法天地（乾坤）。法天地，天人合一："丰业广德，以协天人"（《永安宫铭》），"布政之室，上圆下方。体则天地，在国正阳"《明堂铭》，"大汉体天，承以德阳"（《德阳殿铭》），"昔在先圣，配天垂则"（《漏刻铭》），"员盖象天，方舆则地"（《小车铭》），"方中圆外"（《辟雍铭》），"法易简于乾坤"（《函谷关赋》），"简易易从，与乾合符"（《函谷关铭》），"仰釐七曜，俯顺坤德"（《漏刻铭》）。天人感应，拟天、君命天授思想："天闵群黎，命我圣君"（《函谷关赋》），"皇穹垂象，以示帝王"（《德阳殿铭》），"悬象著明，序以崇熙"（《漏刻铭》）。符瑞谶纬："稽符皇乾，孔适河文"（《函谷关赋》），"黄函白神，赤符以信"（《孟津铭》），"玄龟赤字，汉符是立"（《洛铭》）。

法阴阳。"轮法阴阳"（《小车铭》），"五行接备，阴阳相乘"（《灶铭》），"员鞠方墙，做象阴阳。法月衝对，二六相当"（《鞠城铭》），"局为宪矩，棋法阴阳"（《围棋铭》），"阴阳不通，蠨蛛匿彩"（《夏门铭》）。

法自然。法自然施德行政："参日月以并昭兮，合厚德于四时"（《德阳殿赋》），"除去桎梏，狱讼勿考"（《中东门铭》），"顺阳布惠，贫乏是振"（《旄城门铭》）。法自然造作器物、建筑："搏噬爪牙，锋距之先。毒螫芒刺，矛矢以存"（《武库铭》），"施于明堂，以象八风"（《牖铭》），"顺节行化，各居其房"（《明堂铭》），"通风月数，分为五部"（《壶筹铭》）。

（3）崇尚

崇尚五德。有总说崇德，有分述崇尚仁义礼智信五德。要好德、崇德，顺天地，合四时："好德者宁"（《铠铭》），"崇德远奸"（《卧床铭》），"俯顺坤德"（《漏刻铭》），"合厚德于四时"（《德阳殿赋》）。崇德具体要振兴、建立、广施道德："抗德以遵"（《德阳殿赋》），"大汉承弊以建德"（《函谷关赋》），"神圣班德""加休庆德"（《辟雍赋》），"丰业广德"（《永安宫铭》）。德通过文表现："文以表德"（《文履铭》）。谦恭、虔诚为其具体内容："季末不虔，德衰于兹"（《漏刻铭》），"执成德柄"

（《麈尾铭》）。崇尚仁义："毅仁饮义"（《床几铭》），"追仁赴义"（《天軿车铭》），"道合仁义"（《书案铭》），"质以体仁"（《文履铭》），"有似仁人"（《铠铭》），"义合金声"（《宝剑铭》）。崇尚礼乐、艺文。礼包括礼典、皇家礼仪、乡射礼、投壶礼、服饰礼仪等，如："汉遵礼典"（《太学铭》），"显宗备礼"（《上林苑铭》），"家以师礼""宴乐嘉客，吹笙鼓簧"（《堂铭》），"乡射载礼"（《良弓铭》），"投壶筹礼"（《壶筹铭》），"修尔法服，正尔衣冠"（《镜铭》）。礼源于殷周："周因殷礼，损益可知。汉因于周，犹若重规"（《钟簴铭》）。礼须恭："惟礼是恭"（《天軿车铭》）。乐，"存雅却郑"（《琴铭》），也包容地方音乐。艺文："列侯弘雅，治掌艺文"（《东观铭》），"汉遵礼典，崇兴六艺"（《太学铭》），"包郁郁之周文"（《东观赋》），"枕典席文"（《床几铭》），"佩之有错，抑武扬文"（《错佩刀铭》）。崇尚贤良（智、哲、明）及贤才俊义："审任贤良"（《洛铭》），"夏进贤良"（《明堂铭》），"虚左致贤""贤知难求"《床几铭》），"施席接宾，士无愚贤"（《席铭》），"贤哲勉务"（《金羊灯铭》），"欲正是非，其唯贤明"（《权衡铭》），"食彼美珍，思此鹿鸣"（《盉盏铭》），"显逸才之捷武"（《平乐观赋》），"樽设在堂，以俟俊义"（《樽铭》）。贤才对富国至关重要，故需招纳、任用贤士，以礼相待。崇尚信，包括信义、忠信、守职敬业、敬慎自强："信义所同"（《小车铭》），"延忠信之纯一兮"（《辟雍赋》），"季末不虔，德衰于兹。挈壶失职，刺流在诗"（《漏刻铭》），"百僚于时，各命所主"（《平乐观赋》），"奉上蔽下，不失其常"（《屏风赋》），"君子敬慎，自强不忒"（《冠帻铭》）。

　　崇尚公平、正直。强调正："翰强体正"（《榲铭》），"慎斯得正"（《杯铭》），"正尔衣冠"（《镜铭》）。公平公正，是非分明："欲正是非"（《权衡铭》），"虽有正性""条畅和正"（《琴铭》）。条理、机制长期持久、公平公正，不可朝令夕改："建长立平""不以亲疏，不有阿私。端心平意，莫怨其非"（《鞠城铭》），"不櫱自平"（《井铭》）。不卑不亢，不忘本性，不媚富贵，不欺贫贱："方平处下，有不邪偏"（《博铭》），"立必端直，处必廉方"（《屏风赋》）。

崇尚纯正中和。中庸之道，过犹不及。崇尚纯和（壹）："蓄纯和之优渥兮"（《辟雍赋》），"协三灵之纯壹兮"（《德阳殿赋》）。崇尚中和、太和、和正（欢）："中和是思"（《笮铭》），"中和是遵"（《永安宫铭》），"五鼎大和"（《鼎铭》），"寝处和欢"（《卧床铭》），"条畅和正"（《琴铭》）。

崇尚谦恭处下。"卑以牧身"（《文履铭》），"方平处下"（《博铭》），"不争之美，亦以辨仪"（《良弓铭》）。

崇尚兼容并包。各国并存："邦事来济，各贡厥珍"（《孟津铭》），"万国喜而洞洽兮，何天衢以流通""会万国之玉帛，徕百蛮之贡琛"（《函谷关赋》），"万国肃清""四表交会，抱珍远并"（《平乐观赋》）。各种思想、文化共存："方曲既设，秘戏连叙""巴渝隈一"（《平乐观赋》），"崇兴六艺""襃建儒宫，广置异记"（《太学铭》），"进新习故""及年广学，无问不知"（《经桄铭》），"广视远听"（《洛铭》）。各种人才并存："士无愚贤"（《席铭》）。

崇尚协作。协同合作，其利无穷。天人协作："丰业广德，以协天人。"（《永安宫铭》）军中各部协作："同一俯仰，师齐言语。"（《钲铭》）各类武器协作："弧矢协并，八极同纪。"（《弧矢铭》）器物各部分协作："轮辖并合，出入周通。"（《天軿车铭》）

2. 否定方面

（1）秦

李尤推崇周，否定秦，同时对秦亦有批判性继承："扫秦之弊"（《太学铭》），"人因秦器，事有可施"（《钟簴铭》）。

（2）阿私、邪偏

李尤否定阿私、邪偏。如："不以亲疏，不有阿私"（《鞫城铭》），"方平处下，有不邪偏"（《博铭》）。

（3）穷冤

统治者悉心政事，百姓方可无冤屈。如："悉心听省，乃无穷冤。"（《阙铭》）

（4）奸、邪心、郑乐、浮侈

统治者当远离奸邪、崇德、雅，禁浮华奢侈。如："崇德远奸"（《卧床铭》），"盪涤邪心""存雅却郑，浮侈是禁"（《琴铭》）。

（5）醉乱迷逸、荒沉

迷逸荒沉导致误国亡身，当谨慎对待。如："豊侯荒缪，醉乱迷逸"（《豊侯铭》），"荒沉过差，可不慎与？"（《盂铭》）

（6）过误、过度、失职

行事需有度，过犹不及。如："笔之过误，愆尤不灭"（《笔铭》），"东野之败，督责过度"（《马箠铭》），"挈壶失职，刺流在诗"（《漏刻铭》）。

（7）骄吝（悖）、逸傲

骄吝易败，当以史为鉴。如："周公之美，骄吝为病"（《杯铭》），"晋灵骄悖"（《弹铭》），"鉴彼逸傲，念兹在兹"（《麈尾铭》）。

（8）专智恃力、忘战、极武、邪暴

大国、君子不崇尚武力，但亦当不忘军备。认为"专智恃力，君子不为"（《铠铭》），"忘战者危，极武者伤"（《弩铭》），"秉持操持，邪暴是防"（《戟铭》）。

3. 对立统一

（1）天地、乾坤

天地乾坤对立统一："员盖象天，方舆则地"（《小车铭》），"天险匪登，地险丘陵。帝王设险，乾坤是承"（《京师城铭》），"仰釐七曜，俯顺坤德"（《漏刻铭》），"法易简于乾坤"（《函谷关赋》），"是以乾坤所周，八极所要"（《辟雍赋》）。

（2）小大、长短、轻重、家国

"小之为杯，大之为閤"（《杯铭》），小大之辨。"羊羹不遍，驷马长驱"（《羹魁铭》），强调恩泽普施，成功须注重细节，有时细节决定成败。"须臾之忿，终日为殃。山陵之祸，起于豪芒"（《戟铭》），积微致著，应防患于未然，止祸于萌芽。"尺璧非宝，重此寸阴"（《漏刻铭》），"夫审轻重，莫若权衡"（《权衡铭》）。"国有都邑，家有匮匮"（《匮匮铭》），注重财物获取与存储，将匮匮与都邑相提并论，折射出李尤藏富于民，民富国方强的思想。

（3）内外、文质、名实

内外合一："金衣素裹，班白内充"（《七叹》），"内综朝贡，外俟遐荒"（《德阳殿铭》），"房闼内布，疏绮外陈"（《东观铭》），"外临僚侍，内达帝宫"（《正阳城门铭》），"内以存身，外不伤害"（《铠铭》），"殊中外以隔别"（《函谷关赋》），"方中圆外"（《辟雍铭》）。"文以表德，质以体仁"（《文履铭》），文质互为表里，体现仁德，文质兼备。相较于物质，强调精神追求："道可醉饱，何必清醇"（《床几铭》）。"盉蓥令名，甘旨是盛。埏埴之巧，甄陶所成"（《盉蓥铭》），"既凭其实，亦贵其名"（《灵寿杖铭》），名实并重。

（4）新旧、因革

新旧对言，强调在继承中革新损益。如言："旧庐怀本，新果畅春"（《永安宫铭》），"大汉承弊以建德，革厥旧而运修"（《函谷关赋》），"周因殷礼，损益可知。汉因于周，犹若重规。人因秦器，事有可施"（《钟簴铭》），"进新习故"（《经桡铭》），"周氏旧居，惟汉袭因""垂示亿载，俾率旧章"（《云台铭》），"元鼎革移，错之新安"（《函谷关铭》）。

（5）淡泊不争、名利

认识到"不争之美"（《良弓铭》），但不一味讲求淡泊名利，正当获取功名是鼓励的："开延学者，劝以爵位。"（《太学铭》）爵位是劝进之饵，学而优则仕。

（6）文教、武备

李尤倡导以德治理天下，亦强调军备，希望内修文德，夕治武备，文武并重。如："习禁武以讲捷，厌不羁之遐邻"（《平乐观赋》），"骋武舒秘，以示幽荒。加荣普覆，然后来王"（《平乐馆铭》），直言以武力慑服邻国。"春恤幼孤，夏进贤良。秋厉武人，冬谨关梁"（《明堂铭》），以为仿效四季职能分明，布政有序，施行恩德，重视军事。"五材并用，谁能去兵"（《宝剑铭》），强调兵之重要。"申严号令，誓伤师旅"（《钲铭》），要求从严治军。但军备不可过度，"佩之有错，抑武扬文"（《错佩刀铭》），崇文抑武，犹如佩刀金错刻镂，繁复美丽的背后是教化之用意。"克获虽屡，犹不可常。忘战者危，极武者伤"（《弩铭》），不可忘战，不可极度崇尚武力。

（7）等级、民本

一方面是等级明晰：汉与百蛮、万国之间等级森严，"惟皇汉之休烈兮，包八极以据中"（《函谷关赋》），"协三灵之纯壹兮，正阶衡以统理"（《德阳殿赋》）。另一方面则为民本思想："人修其行，而国其昌"（《云台铭》），人言行之修，与国之昌盛关系密切，注意到个体与国体间的统一，民于国至关重要。评价衡量国家昌盛与否，标准不仅是物质，更注意人的因素，精神、文化等修为。"神农殖穀，以养蒸民"（《箕铭》），强调民以食为天。

（8）繁简、崇礼节俭

以繁富、宏丽、坚重为美："万品鳞萃，充此林川"（《东观赋》），"惟夸阔之宏丽兮，羌莫盛于函谷。施雕奢以作好，建峻敞之坚重"（《函谷关赋》），"崇弘高丽，苞受万方"（《德阳殿铭》），"表树两观，双阙巍巍"（《阙铭》），"夏屋渠渠，高敞清凉"（《堂铭》），"鸿钟怒簨"（《钟簨铭》）。与之对应，则从简易，除苛去繁："法易简于乾坤"（《函谷关赋》），"简易易从"（《函谷关铭》）。太繁则须损："五鼎大和，滋味集具。虽快其口，损之为务。"（《鼎铭》）"直时所有，何必羊豚"（《席铭》），顺应自然节序，贵在心诚，推崇礼仪不在物质及外在形式。

（9）舍用、取与、损益

在取舍、多少上讲究有度。如言："舍则潜避，用则设张"（《屏风铭》），"舍彼西阻，东即高原"（《函谷关铭》），"多取不损，少汲不盈"（《井铭》），"虽快其口，损之为务"（《鼎铭》），"周因殷礼，损益可知"（《钟簨铭》）。

（10）上下、前后、先后

上下对言，先后有承。"上罗三关，下列九门"（《函谷关赋》），"离合上下"（《平乐观赋》），"上承重阁，下属周廊"（《东观赋》），"上圆下方"（《明堂铭》），"上下相安"（《榻铭》），"奉上蔽下"（《屏风铭》），"尊上答下"（《书案铭》）以上、下而论。"前望云台，后匝德阳"（《东观赋》），"前临都街，后据流川"（《七叹》），"前圣制弓，后世建弩"（《弩铭》），"瞻之在前，忽焉在后"（《经桄铭》），"揖叙先后"（《壶筹铭》），论及前后、先后关系。

（11）成败、存灭

"虽其捷习，亦有颠沛。井赢其瓶，罔不斯败"（《鞍铭》），成败转化，需防患于未然。存灭之辨："存雅却郑"（《琴铭》），"笔之过误，愆尤不灭"（《笔铭》），"肥骨消灭随尘去"（《九曲歌》），"身非金石，名俱灭焉"（《武功歌》）。

（12）雅俗

"存雅却郑"（《琴铭》），提倡存雅去俗，但《平乐观赋》所述百戏则为俗乐与市井生活：方曲秘戏、鱼龙曼延、侏儒巨人，戏谑为耦。

（13）体用

器物为体，教化为用的思想，在李尤器物铭部分体现得最明显。"琴之在音，荡涤邪心"（《琴铭》），音乐有移情移性作用。"夫无用心，博弈犹贤。方平处下，有不邪偏"（《博铭》），强调谦和处下，平正不偏。"尊上答下，道合仁义"（《书案铭》），在书案实际功用外赋予仁义。"笔之过误，愆尤不灭"（《笔铭》），赋予笔责任感、使命感，责成执笔者守正无误，出言恭谨。"瘳心起意，犹愈宴娱"（《读书枕铭》），览书胜于娱乐。"君子敬慎，自强不忒"（《冠帻铭》），男子及冠，当恪守礼仪，发奋图强。成人仪式礼，促成人担当其社会义务和职能。"允显明哲，卑以牧身"（《文履铭》），衣饰启发人生哲学，卑身处下，明哲仁德。"岂为丽好，将戒有身"（《错佩刀铭》），佩饰承载文教、德教、诫勉重任。"追仁赴义，惟礼是恭"（《天軿车铭》），车之用为追求仁义、礼恭。"锐轭之用，信义所同"（《小车铭》），锐轭循环往复，开合有度，由此可见信与义。"赏罚在心，中和是思"（《辔铭》），御马与执政有相通之处，应中和为本，掌控有度，宽严相济。"有似仁人，厥道广大。好德者宁，好战者危。专智恃力，君子不为"（《铠铭》），铠甲含安危之道，好德宁，好战危。"不争之美，亦以辨仪"（《良弓铭》），弓矢之作，实为礼仪，崇尚谦退不争。"岂徒振武，义合金声"（《宝剑铭》），振武、合义、扬德。"宝剑在躬，实为威仪"（《驳具错剑铭》），宝剑为显明身份，修身养仪而产生。

4. 抒情表意

感叹时光易逝、生命难久："年岁晚暮日已斜""肥骨消灭随尘去"（《九曲歌》）。思乡之情："念故丘之落瓜"（笔者辑佚）。

三　艺术特色

1. 全景式描写与细节特写相结合

《平乐观赋》中对建筑总体的概述及对建筑物各部分的细描，特别是后面对百戏细致入微的描摹，为读者展现了一个神奇的世界。《东观赋》对外部建筑到内部陈设，细致描述。《函谷关赋》"其南则有……于北则有……于西则有……"，按方位铺叙。案，疑"其南"前或后有"其东则有……"，阙。

2. 各种修辞手法运用

（1）用典

李尤作品典故来源广泛，运用灵活多变。以此可见李尤兼采众家之长。现分述如下。

源于《诗经》。"慕《小雅·斯干》叹咏之美"（《东观赋》）源于《诗经》卷十一《小雅·斯干》。"宴乐嘉客，吹笙鼓簧"（《堂铭》）源于《诗经》卷九《小雅·鹿鸣》。"万乘终济，造舟为梁"（《洛铭》）、"造舟为梁"(《辟雍赋》)源于《诗经》卷十六《大雅·大明》。"历东厓之敞座，庇蔽芾之甘棠"(《东观赋》)源于《诗经》卷一《召南·甘棠》，用召伯甘棠树下听政爱民典故，倡导以德牧民。

源于《论语》。"文质斌斌"(《文履铭》)源于《论语·雍也》"文质彬彬"。"存雅却郑，浮侈是禁"(《琴铭》)源于《论语·阳货》"恶郑声之乱雅乐"。"条畅和正，乐而不淫"(《琴铭》)源于《论语·为政》"乐而不淫，哀而不伤"。"进新习故，不舍于口"(《经杬铭》)源于《论语·为政》"温故而知新"。"口无择言，驷不及舌"(《笔铭》)直接引用《论语·颜渊》"驷不及舌"。"子在川上，逝者如斯"(《经杬铭》)直接引用《论语·子罕》，强调珍惜光阴，勤勉向学。

源于诸子散文。"瞻之在前，忽焉在后"(《经杬铭》)直接引用《列子·仲尼》文句。"西伯善养，二老来游"(《床几铭》)源于《孟子·离娄上》："西伯善养老者。""东野之败，督责过度"(《马箠铭》)用《庄子》外篇《达生第十九》东野稷御马之败典故，劝诫不可督责过度。

源于史传。"思我王度，如玉如金"(《漏刻铭》)化用《左传》卷四十五昭公十二年"思我王度，式如玉，式如金"。《弹铭》用《左传》卷二十一宣公二年中晋灵公骄悖亡国典故以戒令。"善击之妙，齐契更羸"(《宝剑铭》)用《战国策》卷十七更羸与魏王射飞鸟典故突出善击之妙。"五材并用，谁能去兵"(《宝剑铭》)典故涉及《左传》卷三十八襄公二十七年，强调兵之重要。"羊羹不遍，驷马长驱"(《羹魁铭》)用《史记》卷三十八《宋微子世家》华元因分羊羹不及遂招致覆亡之祸典故，强调成大事须注意小节。"龙渊耀奇，太阿飞名"(《宝剑铭》)，剑名源于《越绝书》。"嘉尹喜之望气，知真人之西游。爱物色以遮道，为著书而肯留""文驰齐而惧追，谲鸡鸣于狗偷。睢背魏而西逝，托衮衣以免搜"(《函谷关赋》)，"尹从李老，留作二篇。孟尝离秦，奔骛东征。夜造稽疑，谲以鸡鸣。范睢将入，自盛以囊"(《函谷关铭》)，运用《史记》卷七十五《孟尝君列传》、卷七十九《范睢蔡泽列传》、卷六十三《老子韩非列传》老子受关令尹喜之邀作《道德经》典故，突出函谷关位置重要及人文价值。"昔有周武，集会孟津。鱼入王舟，乃往克殷"

(《孟津铭》) 源于《尚书大传》卷三《周传》:"八百诸侯俱至孟津,白
鱼入舟。""唐命羲和,敬授人时。悬象著明,序以崇熙"(《漏刻铭》)
源于《尚书》卷一《尧典》:"乃命羲和,钦若昊天,历象日月星辰,敬
授人时。"叙述漏刻发明缘由、具体使用、历史变迁,倡导有序授时。
"洛出熊耳,东流会集。夏禹导疏,经于洛邑"(《洛铭》)源于《尚书》
卷三《禹贡》:"导洛自熊耳,东北会于涧、瀍。"突出洛的人文历史及
重要位置。"黄帝轩辕,恐事之有阙,作舆几之法"(《几铭》)源于
《皇(帝)王大纪》:"黄帝作舆几之箴,以警宴安。"祖述舆几制作历
史,上溯至黄帝轩辕。

源于《易经》。"经自中州,龙图所在"(《孟津铭》)源于《周易》卷
七《系辞上》:"河出图,洛出书,圣人则之。"交代孟津在历史关键节点
上的重要作用。

源于神话及符瑞。"安得壮士翻日车"(《九曲歌》)源于神话传说。
"黄函白神,赤符以信"(《孟津铭》)源于图谶。郭晓瑜有相关的
论述。①

(2)夸饰

"三都五州,贡篚万方"(《洛铭》),进贡国及财物多,体现大汉之
威。"道无隐而不显,书无阙而不陈"(《东观赋》),是夸饰,亦是汉代文
化自信之体现。"崇台嶒峻,上拟苍云"(《云台铭》),极夸云台之高。
"上似蓬莱,吐气委蛇。芳烟布写,化冲紫微"(《薰炉铭》),动态描摹,
绘出芳烟缭绕之状,赋予薰炉生命,动感十足。同时,味觉、视觉双重描
绘,即有写实的成分,又在烟雾飘渺中凸显浪漫、灵动。"陆断犀兕,水
截鲲鲸"(《宝剑铭》),夸饰宝剑功用。

(3)起兴、类比、对比

以平常物、小物喻大教化。"洋洋河水,赴宗于海"(《孟津铭》),
河水奔赴海洋,以海为宗,起兴为各族遐邻以汉为宗,归附贡献。"清
流四匝,荡涤浊秽"(《辟雍铭》),以水自然冲洗功能,类比为德教去浊

---

① 郭晓瑜:《论李尤赋铭的继承与创新》,西北师范大学硕士学位论文,2016。

秽。"鞠政由然，况乎执机"（《鞠城铭》），由鞠政比执机。"执宪若斯，何有邪倾"《井铭》，由井类比执宪，需平正无私，无邪倾。"翰强体正，虽重不移。上下相安，高而不危"（《楹铭》），由楹尚正，处高不危，类比为人处事要担当承重，处正负重。"贤哲勉务，惟日不足"（《金羊灯铭》），贤哲勤勉，珍惜光阴，夜以继日。金羊灯作为延续光明之承载者，赋予其贤哲属性，让物更富文化品质内涵。"夫审轻重，莫若权衡。欲正是非，其唯贤明"（《权衡铭》），由权衡审轻重，类比引申贤明正是非。"多取不损，少汲不盈"（《井铭》）为对比的使用。

（4）互文

"诘非司邪"（《函谷关赋》），盘问处理非法邪恶人和事。"安审惧慎，终无不可"（《舟楫铭》），无论安全还是危险均需周密、谨慎。"春恤幼孤，夏进贤良。秋厉武人，冬谨关梁"（《明堂铭》），其中春夏、秋冬为互文。"文以表德，质以体仁"（《文履铭》），文饰、材质均包涵、彰显仁义道德。

（5）对仗

李尤赋及铭文中很多文句对仗，七言、六言、四言、三言均有对仗。鉴于过多，兹不赘述。

3. 句式整散结合，韵律多变

四六言间用，如《平乐观赋》。铭文内容四言整齐句式具多。《函谷关赋》《德阳殿赋》《辟雍赋》有部分骚体句式。用韵方面，《明堂铭》《平乐馆铭》《德阳殿铭》《堂铭》《镜铭》《戟铭》全文用韵；《孟津铭》《洛铭》《高安馆铭》中间换韵。

4. 重模拟因袭

李尤作品，在题材因袭、主旨立意上模拟化、模式化倾向明显。如十二城门铭基本按照门名→第几门→干支位置及重要性→月→相应节序节仪物候变化→对应执政方略模式进行写作。器物铭，大致按追述历史→

用处→所承载的教化意味模式书写。其中器物用料倍受重视，包括生长环境，此特点为汉代赋作共有，如写音乐的作品，模拟汉赋描写音乐的套路，按照形制→制作→产地→乐音→乐效步骤写作，对其制作材料生长环境一定是用大量文字铺叙与描摹。其他咏物赋对原材料生长环境的描述亦是重要一环，其环境共性为孤危、凄清、高洁。

四 文学史地位

第一，李尤在中国文学史上有承前启后的作用。李尤为东汉写作铭文最多的作家，共有"百二十铭"，现存 102 篇（含笔者辑佚 11 篇），是研究汉代铭文及汉代文学不可忽视的部分。

第二，李尤作品题材及创作方式影响后代。李尤所开创的题材，后人多有同名或同类作品，但同一人像李尤这样大范围、多题材创作赋、铭者未见。李尤影响了后来很多朝代平凡作者和大家，如蔡邕①、陆龟蒙②、皮日休③、李白④、司马光⑤、纪昀⑥等。

（1）李尤曾书写过的题材被进一步扩大及系统化，致直接以系统冠名，如：宋薛季宣《器物十四铭》，明王廷相《室中杂物铭》。

（2）李尤赋、铭同作的写作方式，被后人发展至赋、铭、箴、赞、诗、歌等体裁共同创作，真正做到了无物不可创作的地步，如晋傅玄⑦，

---

① 蔡邕：《东鼎铭》《中鼎铭》《西鼎铭》《黄钺铭》《鼎铭》《酒樽铭》《警枕铭》《盘铭》《铜籥铭》。
② 陆龟蒙：《两观铭》《卜肆铭》《陋巷铭》《马当山铭》《书铭》。
③ 皮日休：《汴河铭》《蓝田关铭》《隋鼎铭》。
④ 李白：《化城寺大钟铭》《天门山铭》《溧阳濑水贞义女碑铭》。
⑤ 司马光：《剑铭》《盘水铭》《四言铭》《铭铁界方铭》。
⑥ 纪昀：《御赐浮筠砚铭》《升恒砚铭》《卷阿砚铭》《蕭蕭砚铭》《洛书砚铭》《泮池砚铭》《圭砚铭》《笔铭》《墨铭》《笔斗铭》《笔床铭》《墨床铭》《水滴铭》《笔船铭》《界尺铭》等
⑦ 傅玄：《印铭》《剑铭》《栋铭》《笔铭》《镜铭》《杖铭》《澡盘铭》《灯铭》《龟滴铭》《席铭》《被铭》《衣铭》《裳铭》《冠铭》《履铭》《玄龙铭》《灵蛇铭》。其相关赋作有《笔赋》《砚赋》《琵琶赋》《筝赋》《桃赋》《李赋》《玄枣赋》《石榴赋》《菁赋》《琴赋》《弹棋赋》。

宋王十朋①、黄庭坚②、王令③、薛季宣④，元胡助⑤，明何景明⑥、张时彻⑦、王袆⑧、顾璘⑨、李濂⑩、王廷相⑪、吕坤⑫，清蔡衍鎤⑬。上述作者在继承李尤题材系列基础上，结合自身时代特点，新增题材如下：栋、

---

① 王十朋：《止庵铭》《甕庵铭》《会趣堂灯铭》《止堂情话室铭》《书几铭》《厨铭》《书铭》《笔铭》《墨铭》《纸铭》《砚铭》《砚匣铭》《笔池铭》《简板铭》《粘柜铭》《界方铭》《界笔铭》《诗简铭》《书简铭》《镜铭》《灯铭》《香炉铭》《印斗铭》《扇铭》《肩舆铭》《菖蒲盂铭》。

② 黄庭坚：《砚铭》三首、《席端四铭》《几铭》《鉴铭》《盘铭》《楹铭》《杖咯》《带铭》《履铭》《觞豆铭》《户铭》《牖铭》《剑铭》《弓铭》《矛铭》。

③ 王令：《冠铭》《衣铭》《履铭》《杖铭》《门铭》。

④ 薛季宣器物十四铭：《书几铭》《书籣铭》《研铭》《墨铭》《笔铭》《枕铭》《衾铭》《床铭》《帐铭》《屏铭》《门铭》《冠铭》《剑铭》《食器铭》。

⑤ 胡助与李尤作品题材较为接近的赋铭：《西岘山赋》《秀野园赋》《围棋赋》《太一舟砚铭》《笔铭》。

⑥ 何景明杂器铭：《灯铭》《几铭》《槭铭》《镜铭》《刀铭》《砚铭》《笔铭》《枕铭》《壶铭》《瓶铭》。

⑦ 张时彻：《书匮铭》二首、《纸铭》、《墨铭》二首、《笔铭》、《砚铭》三首、《印色池铭》二首、《界尺铭》三首、《鉴铭》二首、《杖铭》、《席铭》、《床铭》、《帐铭》、《镇书尺铭》二首、《水注铭》二首、《剑铭》、《刀铭》、《天平铭》三首、《砺石铭》二首、《香炉铭》、《盥器铭》、《冠铭》、《履铭》、《杖铭》、《牖铭》、《户铭》、《几铭》、《灯铭》。

⑧ 王袆器物铭：《冠铭》《佩铭》《履铭》《枕铭》《席铭》《衾铭》《帐铭》《笥铭》《槭铭》《鼎铭》《镜铭》《栉铭》《尺铭》《印铭》《瓠铭》《琴铭》《匮铭》《榻铭》《屏铭》《剑铭》。

⑨ 顾璘：《笔铭》《砚铭》《墨铭》《纸铭》《冠铭》《服铭》《带铭》《履铭》《舟铭》《车铭》《床铭》《席铭》《几铭》《镜铭》《栉铭》《剑铭》《篚铭》。

⑩ 李濂铭五十五首：《几铭》、《床铭》、《帐铭》、《衾铭》、《枕铭》、《籣铭》、《屏铭》、《槭铭》、《镜铭》二首、《栉铭》、《颒盆铭》、《席铭》、《簟铭》、《汤婆铭》、《卮铭》、《觞铭》、《茶盂铭》、《唾盂铭》、《帘铭》、《香炉铭》、《帚铭》、《扇铭》、《响竹铭》、《奕铭》、《剑铭》、《刀铭》、《药厨铭》、《药臼铭》、《画匣铭》、《杖铭》、《如意铭》、《书案铭》、《壶漏铭》、《印色函铭》二首、《砚铭》六首、《雪霁草堂铭》、《五美堂铭》《百甓斋铭》、《座左铭》、《座右铭》、《车左铭》、《车右铭》、《井铭》、《厩铭》、《冠铭》、《带铭》、《衣铭》、《履铭》。《书室诸物箴》十二首，包括《笔箴》《墨箴》《纸箴》《砚箴》《檠箴》《镇纸箴》《丹函箴》《书几箴》《书灯箴》《书架箴》《琴箴》《印章箴》。

⑪ 王廷相室中杂物铭：《屏铭》《枕铭》《席铭》《釜铭》《砚铭》《鉴铭》《栉铭》《琴铭》《剑铭》《墨铭》《瓶铭》《瓠铭》。

⑫ 吕坤与李尤作品题材较为接近的箴、铭：《墨箴》《砚池箴》《文房三友铭》《镜铭》《图书匣铭》《界尺铭》《木器铭》《几席铭》《座褥铭》《药刀铭》。

⑬ 蔡衍鎤《书室诸物箴》十二首所描述对象：笔、墨、砚、纸、檠、镇纸、丹函、书几、书灯、书架、琴、印章。

厩、龟滴、水注、书、纸、砚匣、笔池、简板、粘板、界方、界笔、诗筒、书筒、印斗、书匮、印色池、界尺、镇书尺、砺石、镇纸、丹函、书架、书箧、图书匣、尺、画匣、被、衣、裳、带、衾、帐、服、佩、榹、栉、簾、簟、座褥、笥、箧、玄龙、灵蛇、琵琶、筝、响竹、桃、玄枣、石榴、扇、如意、汤婆、厨、觞豆、釜、瓶、觚、卮、壶、瓶、頮盆、帚、矛等。

第三，李尤赋、铭承载政治教化和修身自警传统亦为后代作者所传承。当然，此不应归功于李尤一人，这是中国文学文以载道一贯的做法。

第四，李尤思想呈儒、道、名、法、阴阳等家合流趋势，对汉末及魏晋玄学有先驱作用。

附录一　李尤其人其文之评价资料汇编

一　古代

1. 汉贾逵"荐尤有相如、杨雄之风"。见《后汉书》卷八十上《文苑引传上·李尤传》等。《华阳国志》卷十作"荐尤有相如、杨雄之才"。

2. 挚虞《文章流别传》："李尤为铭，自山河都邑至于刀笔符契，无不有铭。而文多秽病，殊费讨论矣。润色，亦可采录。"具体考证见李尤散佚作品辑证。

3. 《文心雕龙》卷三《铭箴》："李尤积篇，义俭辞碎。蓍龟神物而居博奕之中。衡斛嘉量，而在臼杵之末。曾名品之未暇，何事理之能闲哉！"

4. 《文心雕龙》卷十《才略》，《文通》卷二十五《才略》："李尤赋铭，志慕鸿裁而才力沉膇，垂翼不飞。"

5. 《文选》卷六十、《六臣注文选》卷六十任昉《齐竟陵文宣王行状》注，《玉海》卷六十艺文："《李尤集》序曰：'尤好为铭赞，门阶户席，莫不有述。'"

6. 梁刘孝威《谢敕赉画屏风启》："冯商莫能赋，李尤谁敢铭？"

7. 《北堂书钞》卷五十六设官部八："《益部耆旧传》云：'李尤，字伯仁，为议郎，安帝寝疾，使尤祠陵庙，肃慎斋洁，辞祝俱美，上疾乃瘳。'"

8. 《纬略》卷四："李尤《床铭》：'体之所安，寝处之欢。夕则敬慎，崇德远奸。'吁，尤之旨深矣。"

9. 《说略》卷二十四《谐志》："问：孟坚之有旨也，应璩之有势也，马融、曹摅、王粲、刘恢、蔡洪、梁宣之有赋也，李尤之有铭也，高品哉！"

10. 《汉魏六朝百三名家集》卷一百一十八卷《李兰台集》李伯仁集题辞："《后汉书·文苑》二十人，李伯仁与其选，亦兰台文章之杰也。《传》云：'著诗、赋、铭、诔、颂、《七叹》、哀典二十八篇。今诔、颂、哀典俱不见，《七叹》无传，惟有《七欵》，岂叹字之讹邪？其文寂寥，非枚叔比也。诗有《九曲歌》，间属阙文。赋五首，微质雅，拟之《上林》《长杨》，则泰山丘垤也。当时荐者称其文有相如、扬雄风，何哉？铭八十余，多体要之作，及所匠意，于子云《百官箴》得其深矣。挚仲洽讥以秽病，屈诸王莽鼎铭之下，抑文家以少言为贵，而多者难于见工也。'"

11. 明廖道南撰《楚纪》（明嘉靖二十五年何城李桂刻本）卷二十四昭文外纪后篇《瑞应河清赋》，清陈元龙辑《历代赋汇》卷五十三祯祥《瑞应河清赋》："乃若李尤夸炎绪以作铭。"

12. 清凌廷堪撰《校礼堂文集》（清嘉庆十八年刻本）卷二十《汉顺帝论》："（顺帝）惟时在廷，师师济济。（中略）经术则马融、张衡，文章则李尤、王逸。"

13. 清吴寿昌《虚白斋存稿》（清乾隆五十五年刻本）卷七直卢续集《皇上肇建辟雍释奠讲学礼成恭纪》："臣备员词馆，奉职书帷，惭作赋于李尤，慕授书于班固。"

14. 清林联桂《见星庐赋话》："古赋之体有三……一曰骚赋体，夫子删《诗》，楚独无《风》。后数百年，屈子乃作《离骚》。骚者，诗之变，赋之祖也。后人尊之曰经，而效其体者，又未尝不以为赋。更有不名赋而体相合者。说详许氏《外录》。司马迁曰：'离骚者，离忧也。'后之仿其体者，岂徒《拟骚》《反骚》而已哉！在汉则有贾谊之《旱云赋》，黄香之《九宫赋》，司马相如之《长门赋》，王延寿之《鲁灵光殿赋》，李尤之《函谷关赋》。"

15. 清刘逢禄撰《刘礼部集》（清道光十年思误斋刻本）卷九《八代文苑叙录》："箴铭之体，皆出三代。箴诵于官，其制未改。铭题于器，迁转多方。刘彦和云：'观器必也。'正名审用，贵乎令德。九能之士，作器能铭。扬雄、李尤，稍存古制。"

16. 清钱泰吉撰《甘泉乡人稿》（清同治十一年刻光绪十一年增修本）

卷二十四可读斋诗下《武进汤雨生将军殉难金陵其族子果卿明府奉遗诗征
和余从兄子监生继文与将军同时殉难甚惨故叠韵及之冀附将军以传焉》：
"《汉记》传忠义，铭词待李尤。"

17.《希古堂集》甲集卷一《东汉风俗论》上："崔琦献《白鹄》之
赋，李尤上《济阴》之书，此文士之知励气节者也。"

18. 姚华《论文后编》目录上："上哀下曰诔，始鲁庄公；下哀上曰
哀策，始汉李尤。"[①]

二　现当代

1. 胡朴安《读汉文记》："伯仁诸赋，虽未可上拟长卿、子云，然义
俭而不纤，气平而不靡，尚存西京矩矱。贾逵所以称之者，亦以此耶？诸
赋而外，铭特称多，八十余首，可以谓富。意匠所及，时有弘润之作。惟
多则不能尽美，亦势使然。"[②]

2. 泽田总清："（李尤赋）究竟不及相如、杨雄。贾逵的话，实在是
溢美。铭有八十五首，其中不少劲简的，小致尚可掬。……他从山河都
邑，直到刀笔笮契都作有铭，虽没有非常可以称赏的，但也稀罕。总之，
他在当时不在第二流作家之下。"[③]

3. 傅正义："李尤确有司马相如、扬雄之风，本赋（《函谷关赋》）歌
功颂德的思想倾向，体物叙事的表现手法，铺张扬厉、繁富夸饰的语言风
格，都近似'扬马'，只是体制更短小，语言更清丽，结构更严整拘谨，
辞气也不如'扬马'博大雄浑。……东观是宫中藏书、修史之所；辟雍是
天子飨饮之处；平乐观是朝廷宴乐聚会的地方；德阳殿是天子于正旦、节

---

① 案：哀策当不始于李尤。《汉书》卷五《景帝纪》："（中元）二年春二月，令诸侯王薨、
　　列侯初封及之国，大鸿胪奏谥、诔、策。"应劭曰："皇帝延诸侯王，宾王诸侯，皆属大
　　鸿胪。故其薨，奏其行迹，赐与谥及哀策诔文也。"故此时应该已经有哀策文存在，且由
　　大鸿胪奏上。

② 胡朴安：《读汉文记》，《朴学斋丛刊》，民国十二年安吴胡氏铅印本。转引自孙福轩、韩
　　泉欣编辑校点《历代赋论汇编》下，人民文学出版社，2016，第933页。

③ 〔日〕泽田总清：《中国韵文史》，王鹤仪编译，第133、134页。

气朝会百僚的宫殿。以上四赋，皆宫殿赋，内容上皆描写宫、观建筑，歌颂皇恩，美化汉廷，皆歌功颂德，润色鸿业之辞，体制皆短小，艺术也平庸。李尤铭文辞兼褒赞，体贵弘润，语言简炼整齐，有如格言警句，有警示规戒之意，但显得有些说教，也无多大文学价值。"①

4. 章沧授："《函谷关赋》是汉代仅有的，也是最早的一篇描写雄关险塞的赋作，它将函谷关险要的雄姿和丰厚的文化第一次展现在世人面前，文字虽有缺佚，却不失为一篇成功之作。"②

5. 李美新："在张衡之前的李尤，在其《平乐观赋》里，对角抵戏已经有了比较细致的刻画。李尤写作《平乐观赋》早张衡《二京赋》十几年。可见李赋创作在前，张赋叙写在后。李尤之功不可没。"③

6. 余凤："汉代的宫室铭作家首推李尤。"④

7. 陈君："和帝时期的李尤是从兰台到东观的过渡人物。……李尤的文学成就与之前的兰台文人是无法媲美的。"⑤

8. 梁复明、费振刚："崔骃、崔瑗父子的颂、箴，李尤的'关铭'、'门铭'、蔡邕的颂、铭等，皆为颂赞铭箴各体的上乘之作，彰显了汉代颂赞铭箴各体创作的成熟与繁荣。"⑥

9. 高英："正是因为他（李尤）的不厌其烦、敢于创新，铭文创作到了东汉后期，忽然兴旺起来；也才有蔡邕、苏轼，甚至纪昀的无所不铭。从这一点上说他真可以算得是'铭文'的一大功臣！"⑦

10. 胡大雷："李尤《笔铭》从性能上讲清楚了'言'、'笔'之别，'言'为口出，传播得快，'笔'为书写，流传得久。"⑧

11. 辛小飞："李尤《九曲歌》：'年岁晚暮时已斜，安得壮士翻日车'

① 傅正义：《巴蜀秦汉散文史稿（下）》，《渝州大学学报（哲学社会科学版）》1997年第3期。
② 章沧授：《自古天险函谷关——读李尤〈函谷关赋〉》，《古典文学知识》1998年第5期。
③ 李美新：《〈中国辞赋研究〉和〈全汉赋评注〉评析》，《洛阳大学学报》2004年第9期。
④ 余凤：《汉代"铭"体文学研究》，中南民族大学硕士学位论文，2008。
⑤ 陈君：《论汉代兰台文人及其文学活动》，《文学遗产》2008年第4期。
⑥ 梁复明、费振刚：《论汉代颂赞铭箴与汉赋的同体异用》，《学术论坛》2008年第7期。
⑦ 高英：《汉代铭文研究》，南京师范大学硕士学位论文，2011。
⑧ 胡大雷：《"言笔之辨"刍议》，《文学遗产》2013年第2期。

想象奇特，表达的仍是对于时光流逝的无奈。"①

12. 王彦龙："李尤是东汉中期现存作品最多的蜀地作家。"②

13. 昝风华："至两汉时期，器物制造业兴盛发达，为日用器物所作的铭文大量涌现，如冯衍、崔骃、李尤等人都写下了多则此类铭文，其中李尤所作尤多。"③

---

① 辛小飞：《初论汉代诗歌的忧生之叹》，《广西师范学院学报（哲学社会科学版）》2014 年第 5 期。
② 王彦龙：《李尤研究及〈李尤集〉校注》，西北大学硕士学位论文，2015。
③ 昝风华：《风俗文化视域下的先秦两汉文学》，中国社会科学出版社，2015，第 38 页。

附录二 《古鼎铭》校注

　　王命尸臣[1]，官此枸邑[2]。赐尔鸾旗[3]，黼黻[4]琱戈[5]。尸臣拜手稽首曰[6]："敢对扬天子[7]，丕显[8]休命[9]。"

[校注]

　　[1] 尸臣：主事之臣。

　　[2] "枸"，《艺文类聚》卷七十三杂器物部，《汉魏六朝百三名家集》卷十五汉李尤集，《佩文韵府》卷九十四之二作"拘"；《太平御览》卷三百五十一兵部八十二、卷七百五十六器物部，《说文解字义证》卷四十九作"拘"；《山堂考索》前集卷四十六礼器门作"枸"；明王世贞撰《弇州四部稿》（明万历刻本）卷一百七十说部作"狗"；《六艺之一录》卷三作"枸"。案，《汉书》卷二十八上《地理志上》："枸邑，属右扶风。"《说文·句部》："拘，止也。""拘"当是与"枸"形近而讹。《说文·木部》："枸，木也。可为酱。""枸"与"枸"形近而讹。"拘""枸"与"枸"形近而讹。

　　[3] "鸾旗"，本作"旗鸾"，据《事类赋》卷十六服用部，清凌曙撰《春秋公羊礼疏》（清嘉庆二十四年蜚云阁刻本）卷二改。晋陈寿撰《三国志》卷十三《钟繇传》注，《太平御览》卷三百五十一兵部八十二作"鸾旂"；《艺文类聚》卷七十三杂器物部，《九家集注杜诗》卷二十近体诗《秦州杂诗·观兵》注，《汉魏六朝百三名家集》卷十五汉李尤集，《渊鉴类函》卷三百八十三器物部二，《佩文韵府》卷九十四之二作"和鸾"。案，与下句"琱戈"相对，作"鸾旗"为上。"旗"同"旂"。鸾旗：天子仪仗之旗帜，上饰鸾鸟羽毛。《汉书》卷六十四下《严朱吾丘主父徐严终王贾传·贾捐之传》："鸾旗在前，属车在后。"颜师古注："鸾旗，编以羽毛，列系橦旁，载于车上，大驾出，则陈于道而先行。"

〔4〕"黼"，《太平御览》卷三百五十一兵部八十二脱。黼黻：绘绣花纹之礼服。《左传》卷五桓公二年："火龙黼黻，昭其文也。"

〔5〕"琱"，《庾子山集注》卷十六《周谯国公夫人步陆孤氏墓志铭》注，《九家集注杜诗》卷二十近体诗《秦州杂诗·观兵》注作"彫"。案，《说文·玉部》："琱，治玉也。一曰：石似玉。""琱"又通作"彫"。《孟子》卷二《梁惠王下》："使玉人雕琢之。"《后汉》卷二十七《宣张二王杜郭吴承郑赵·杜林传》："斫雕为朴。"《说文·彡部》："彫，琢文也。"故二者均可。琱戈：刻镂之戈，亦为戈之美称。"赐尔鸾旗，黼黻琱戈"，《事类备要》续集卷六家世门作"尸，主事之臣。赐臣新蔽琱代"。案，"尸，主事之臣"当是释文窜入。"赐臣"为"赐尔鸾旗"脱文致讹。"新蔽"当作"黼黻"。"代"当作"戈"。

〔6〕"稽首"，《艺文类聚》卷七十三杂器物部，《汉魏六朝百三名家集》卷十五汉李尤集脱。稽首：一种俯首至地之最敬礼。《尚书》卷三《舜典》："禹拜稽首，让于稷契暨皋陶。"

〔7〕"天子"，《太平寰宇记》卷三十一关西道七作"景命。"案，景命，大命，上天授予帝王之位的伟大使命。《诗经》卷十七《大雅·既醉》："君子万年，景命有仆。"《左传》卷十六僖公二十八年："重耳敢再拜稽首，奉扬天子之丕显休命。"然"对扬天子"更为常见，屡见于金文。凡臣受君赐时多用之，兼有答谢、颂扬之意。《尚书》卷十《说命下》："敢对扬天子之休命。"孔传："对，答也。答受美命而称扬之。"《诗经》卷十八《大雅·江汉》："虎拜稽首，对扬王休，作召公考，天子万寿。"朱熹集传："言穆公既受赐，遂答称天子之美命，作康公之庙器，而勒策王命之辞以考其成，且祝天子以万寿也。"

〔8〕丕显：明显。丕，本为语词，后人承用为大的意思。《尚书》卷十九《君牙》："丕显哉！文王谟；丕承哉！武王烈。"

〔9〕休命：美好命令，多指天子或神明旨意。

参考文献

一　古籍

（秦）吕不韦撰，汉高诱注《吕氏春秋》，四部丛刊景明刊本。

（汉）司马迁撰《史记》，中华书局，1959。

（汉）班固撰《汉书》，中华书局，1962。

（汉）班固撰《白虎通德论》，四部丛刊景元大德覆宋监本。

（汉）许慎撰《说文解字》，清文渊阁四库全书本。

（汉）佚名撰《三辅黄图》，四部丛刊三编景元本。

（东汉）荀悦、（东晋）袁宏撰，张烈点校《两汉纪》，中华书局，2017。

（南朝）范晔撰《后汉书》，中华书局，1965。

（晋）郭璞撰《尔雅》，四部丛刊景宋本。

（晋）常璩撰《华阳国志》，四部丛刊景明钞本。

（南北朝）任昉撰《述异记》，明汉魏丛书本。

（南北朝）刘勰撰《文心雕龙》，四部丛刊景明嘉靖刊本。

（南北朝）郦道元撰《水经注》，清武英殿聚珍版丛书本。

（隋）杜公瞻撰《编珠》，清康熙三十七年刻本。

（唐）虞世南撰《北堂书钞》，清文渊阁四库全书本。

（唐）欧阳询撰，汪绍楹校《艺文类聚》，上海古籍出版社，2016。

（南北朝）萧统编，唐李善注《文选》，上海古籍出版社，1986。

（南北朝）萧统编，唐李善等注《六臣注文选》，四部丛刊景宋本。

（唐）徐坚撰《初学记》，中华书局，2016。

（唐）杜甫撰《杜诗镜铨》，清乾隆五十七年阳湖九柏山房刻本。

（唐）白居易撰《白氏六帖事类集》，民国景宋本。

（宋）李昉撰《太平御览》，四部丛刊三编景宋本。

（宋）苏易简撰《文房四谱》，清十万卷楼丛书本。

（宋）释赞宁撰《笋谱》，宋百川学海本。

（宋）吴淑撰《事类赋》，宋绍兴十六年刻本。

（宋）乐史撰《太平寰宇记》，清文渊阁四库全书补配古逸丛书景宋本。

（宋）陈彭年修《重修玉篇》，清文渊阁四库全书本。

（宋）王钦若撰《册府元龟》，明刻初印本。

（唐）杜甫撰，宋王洙注《分门集注杜工部诗》，四部丛刊景宋刊本。

（宋）朱长文撰《墨池编》，清文渊阁四库全书本。

（宋）任广撰《书叙指南》，清文渊阁四库全书本。

（宋）高承撰《事物纪原》，明弘治十八年魏氏仁实堂重刻正统本。

（宋）吴棫撰《韵补》，宋刻本。

（宋）郑樵撰《通志》，清文渊阁四库全书本。

（唐）杜甫撰，宋郭知达注《九家集注杜诗》，清文渊阁四库全书本。

（宋）佚名撰《锦绣万花谷》，清文渊阁四库全书本。

（宋）罗沁撰《路史》，清文渊阁四库全书本。

（宋）朱熹撰《通鉴纲目》，清文渊阁四库全书本。

（宋）杨简撰《慈湖诗传》，清文渊阁四库全书本。

（唐）杜甫撰，（宋）蔡梦弼笺《杜工部草堂诗笺》，古逸丛书覆宋麻沙本。

（宋）章樵注《古文苑》，四部丛刊景宋本。

（宋）高似孙撰《纬略》，清守山阁丛书本。

（宋）高似孙撰《砚笺》，清楝亭藏书十二种本。

（宋）祝穆撰《事文类聚》，清文渊阁四库全书本。

（宋）王应麟撰《玉海》，清文渊阁四库全书本。

（唐）杜甫撰，（宋）黄鹤注《补注杜诗》，清文渊阁四库全书本。

（宋）谢维新编《事类备要》，清文渊阁四库全书本。

（元）佚名撰《元河南志》，清光绪藕香零拾本。

（明）吴讷辑《文章辨体》，明天顺刻本。

（明）李贤撰《明一统志》，清文渊阁四库全书本。

（明）郑若庸辑《类隽》，明万历六年汪珙刻本。

（明）陈耀文撰《天中记》，清文渊阁四库全书本。

（明）郎瑛撰《七修类稿》，明刻本。

（明）冯惟讷撰《古诗纪》，清文渊阁四库全书本。

（唐）刘知幾撰，（明）王惟俭撰《史通训故》，明万历刻本。

（明）蒋一葵撰《尧山堂外纪》，明刻本。

（明）凌迪知撰《万姓统谱》，清文渊阁四库全书本。

（明）胡应麟撰《少室山房笔丛》，明万历刻本。

（明）梅鼎祚编《东汉文纪》，清文渊阁四库全书本。

（明）梅鼎祚编《西晋文纪》，清文渊阁四库全书本。

（明）陈第撰《毛诗古音考》，清文渊阁四库全书本。

（唐）骆宾王撰，明颜文选注《骆丞集》，清文渊阁四库全书本。

（明）胡绍曾撰《诗经胡传》，明崇祯胡氏春煦堂刻本。

（南北朝）郦道元撰，明朱谋㙔注《水经注笺》，明万历四十三年李长庚刻本。

（明）朱荃宰撰《文通》，明天启刻本。

（明）董斯张撰《广博物志》，清文渊阁四库全书本。

（明）顾起元撰《说略》，清文渊阁四库全书本。

（明）张溥编《汉魏六朝百三名家集》，清文渊阁四库全书本。

（明）彭大翼撰《山堂肆考》，清文渊阁四库全书本。

（明）曹学佺撰《蜀中广记》，清文渊阁四库全书本。

（明）张自烈撰《正字通》，清康熙二十四年清畏堂刻本。

（明）郭元鸿辑《壶史》，明抄本。

（明）焦周撰《焦氏说楛》，明万历刻本。

（清）沈自南撰《艺林汇考》，清文渊阁四库全书本。

（南北朝）徐陵辑，清吴兆宜注《玉台新咏笺注》，清乾隆三十九年刻本。

（清）陈祚明评选《采菽堂古诗选》，清刻本。

（唐）李商隐撰，清徐炯笺注《李义山文集笺注》，清文渊阁四库全书本。

（清）顾炎武撰《历代帝王宅京记》，清文渊阁四库全书本。

（清）顾炎武撰《音学五书》，清文渊阁四库全书本。

（清）陈维崧撰《陈检讨四六》，清文渊阁四库全书本。

（清）陆葇评选《历朝赋格》，清康熙间刻本。

（清）汪灏等编《广群芳谱》，清康熙刻本。

（清）张英撰《渊鉴类函》，清文渊阁四库全书本。

（南北朝）庾信撰，清倪璠注《庾子山集注》，清文渊阁四库全书本。

（清）汪霦撰《佩文斋咏物诗选》，清文渊阁四库全书本。

（清）朱彝尊撰《经义考》，清文渊阁四库全书本。

（清）张玉书撰《佩文韵府》，清文渊阁四库全书本。

（清）陈廷敬撰《御选唐诗》，清文渊阁四库全书本。

（清）宫梦仁编《读书纪数略》，清文渊阁四库全书本。

（清）毛奇龄撰《古今通韵》，清文渊阁四库全书本。

（唐）杜甫撰，清仇兆鳌注《杜诗详注》，清文渊阁四库全书本。

（清）汪师韩撰《文选理学权舆》，清读书斋丛书本。

（清）官修《韵府拾遗》，清文渊阁四库全书本。

（南北朝）郦道元撰，清沈炳巽注《水经注集释订讹》，清文渊阁四库全书本。

（清）吴士玉撰《骈字类编》，清文渊阁四库全书本。

（清）陈元龙辑《历代赋汇》，清文渊阁四库全书本。

（清）沈维材撰《樗庄诗文稿》，清乾隆十四年刻本。

（清）徐文靖撰《管城硕记》，清文渊阁四库全书本。

（清）徐文靖撰《禹贡会笺》，清文渊阁四库全书本。

（清）王士俊修雍正《河南通志》，清文渊阁四库全书本。

（清）倪涛撰《六艺之一录》，清文渊阁四库全书本。

（南北朝）刘勰撰，清黄叔琳辑注《文心雕龙辑注》，清文渊阁四库全书本。

（清）黄廷桂撰雍正《四川通志》，清文渊阁四库全书本。

（清）王太岳撰《四库全书考证》，清武英殿版丛书本。

（清）孙梅辑《四六丛话》，清嘉庆三年吴兴旧言堂刻本。

（清）周广业撰《过夏杂录》，清种松书塾抄本。

（唐）李商隐撰，清冯浩撰《樊南文集详注》，清乾隆德聚堂刻本。

（清）汪照撰《大戴礼记注补》，清嘉庆九年金元钰等刻本。

（唐）刘知幾撰，清纪昀撰《史通削繁》，清道光刻本。

（清）桂馥撰《说文解字义证》，清同治刻本。

（清）桂馥撰《札朴》，清嘉庆十八年李宏信小李山房刻本。

（清）王昶辑《湖海文传》，清道光十七年经训堂刻本。

（清）凌廷堪撰《校礼堂文集》，清嘉庆十八年刻本。

（清）段玉裁撰《说文解字注》，清嘉庆二十年经韵楼刻本。

（清）孙星衍撰《孙渊如先生全集》，四部丛刊景清嘉庆兰陵孙氏本。

（清）孙星衍辑《续古文苑》，清嘉庆刻本。

（清）吴卓信撰《汉书地理志补注》，清道光刻本。

（清）刘逢禄撰《刘礼部集》，清道光十年思误斋刻本。

（清）沈钦韩撰《汉书疏证》，清光绪二十六年浙江官书局刻本。

（清）许鸿磐撰《方舆考证》，清济宁潘氏华鉴阁本。

（清）李贻德撰《春秋左氏传贾服注辑述》，清同治五年朱兰刻本。

（清）王念孙撰《广雅疏证》，清嘉庆元年刻本。

（清）胡承珙撰《毛诗后笺》，清道光刻本。

（清）侯康撰《补后汉书艺文志》，清光绪十七年广雅书局刻本。

（明）朱谋㙔撰，清魏茂林训纂《骈雅训纂》，清道光有不为斋刻本。

（清）严可均辑《全上古三代秦汉三国六朝文》，中华书局，2009。

（清）张澍撰《蜀典》，清道光武威张氏安怀堂刻本。

（清）阮元撰《经籍籑诂》，清嘉庆阮氏琅嬛仙馆刻本。

（清）梁章钜撰《文选旁证》，清道光刻本。

（唐）骆宾王撰，清陈熙晋笺《笺注骆临海集》，清咸丰刻本。

（清）江有诰撰《音学十书》，清嘉庆道光间江氏刻本。

（清）姚莹撰《康𬨎纪行》，清同治刻本。

（清）王筠撰《说文解字句读》，清刻本。

（清）穆彰阿撰嘉庆《大清一统志》，四部丛刊续编景旧钞本。

（清）朱骏声撰《说文通训定声》，清道光二十八年刻本。

（南北朝）萧统编，清胡绍煐笺注《文选笺证》，清光绪聚轩丛书本第五集本。

（清）莫友芝撰《郘亭遗文》，清末刻本。

（清）罗惇衍撰《集义轩咏史诗钞》，清光绪元年刻本。

（清）李佐贤撰《石泉书屋类稿》，清同治十年刻本。

（清）谭宗浚撰《希古堂集》，清光绪刻本。

（清）陆心源撰《吴兴金石记》，清光绪刻潜园总集本。

（清）平步青撰《霞外捃屑》，民国六年刻香雪崦丛书本。

（清）黄以周撰《礼书通故》，清光绪十九年刻黄氏试馆本。

（清）文廷式撰《纯常子枝语》，民国三十二年刻本。

（清）姚振宗撰《后汉艺文志》，民国适园丛书本。

（清）姚振宗撰《隋书经籍志考证》，民国石山房丛书本。

（汉）刘熙撰，清王先谦证补《释名疏证补》，清光绪二十二年刊本。

（清）王先谦撰《汉书补注》，清光绪刻本。

（清）王先谦撰《后汉书集解》，民国王氏虚受堂刻本。

（清）王先谦撰《续汉志集解》，民国虚受堂刻本。

（清）佚名《汉书疏证》，清抄本。

（清）宋长白撰《柳亭诗话》，清康熙天茁园刻本。

（清）吴昌宗撰《四书经注集证》，清嘉庆三年刻本。

（清）佚名撰《唐书艺文志注》，清藕香簃抄本。

（唐）卢仝撰，清孙之騄注《玉川子诗集注》，清刻晴川八识本。

（唐）李贺撰，清王琦汇解《李长吉歌诗汇解》，清乾隆宝笏楼刻本。

（清）蒋超伯撰《南漘楛语》，清同治十年两𪊓山房刻本。

（清）官修《清通志》，清文渊阁四库全书本。

二 现当代著作

〔日〕泽田总清著《中国韵文史》，王鹤仪编译，上海书店影印出版，1984。

陆侃如：《中古文学系年》，人民文学出版社，1985。

周天游：《八家后汉书辑注》，上海古籍出版社，1986。

清汪文台辑、周天游校《七家后汉书》，河北人民出版社，1987。

刘斯翰：《汉赋——唯美文学之潮》，广州文化出版社，1989。

康金声：《汉赋纵横》，山西人民出版社，1992。

中国社会科学院主办，谭其骧主编《中国历史地图集》第二册，中国地图出版社，1996。

程章灿：《魏晋南北朝赋史》，江苏古籍出版社，2001。

龚克昌：《全汉赋评注》，花山文艺出版社，2003。

万光治：《汉赋通论》，中国社会科学出版社，2004。

费振刚、仇仲谦、刘南平：《全汉赋校注》，广东教育出版社，2005。

刘跃进：《秦汉文学编年史》，商务印书馆，2006。

刘跃进：《秦汉文学地理与文人分布》，中国社会科学出版社，2012。

马积高：《历代辞赋总汇·先秦汉魏晋南北朝卷》，湖南文艺出版社，2014。

三 论文

(一) 硕士论文

张甲子：《汉代铭文研究》，东北师范大学硕士学位论文，2010。

高英：《汉代铭文研究》，南京师范大学硕士学位论文，2011。

赵娜：《汉代文人器物铭文研究》，陕西师范大学硕士学位论文，2014。

许玲：《李尤赋铭与东汉建筑制度》，东北师范大学硕士学位论文，2014。

王彦龙：《李尤研究及〈李尤集〉校注》，西北大学硕士学位论文，2015。

侯妍：《汉代箴铭文研究》，鲁东大学硕士学位论文，2015。

郭晓瑜：《论李尤赋铭的继承与创新》，西北师范大学硕士学位论文，2016。

（二）期刊论文

曾庸：《汉代的金马书刀》，《考古》1959 年第 7 期。

王勇：《角笔及角笔文献》，《杭州大学学报》1988 年第 2 期。

廖名春：《宋玉散体赋韵读时代考》，《古汉语研究》1993 年第 2 期。

伏俊琏：《敦煌唐写本〈西京赋〉残卷校诂》，《敦煌学辑刊》1993 年第 2 期。

郝志伦：《两汉蜀郡辞赋韵文中鼻音韵尾问题初探——兼论汉语鼻音韵尾的演变》，《川东学刊（社会科学版）》1995 年第 1 期。

庾光蓉：《李尤事迹考证》，《四川师范大学学报（社会科学版）》1997 年第 3 期。

章沧授：《自古天险函谷关——读李尤〈函谷关赋〉》，《古典文学知识》1998 年第 5 期。

力之：《〈全汉赋〉小补》，《黄冈师范学院学报》1999 年第 10 期。

吴广平：《〈全汉赋〉辑校中存在的一些问题》，《中国韵文学刊》2004 年第 2 期。

彭金祥：《两汉西蜀方言的韵部音值》，《西华大学学报（哲学社会科学版）》2005 年第 5 期。

罗国威、罗琴：《两汉巴蜀文学系年要录（下）》，《西华大学学报（哲学社会科学版）》2011 年第 4 期。

吴从祥：《论谶纬对汉代七言诗发展的影响》，《贵州大学学报》2011 年第 4 期。

李芸华：《崔骃年谱简编》，《职大学报》2014 年第 4 期。

许玲：《从李尤城门铭论东汉洛阳城门布局思想》，《洛阳理工学院学报（社会科学版）》2014 年第 5 期。

杨许波：《论汉赋叠字运用的承与变》，《现代语文（学术综合版）》

2014 年第 11 期。

　　陈伦敦:《〈历代辞赋总汇〉收唐前巴蜀辞赋补遗与辨正》,《辽东学院学报 (社会科学版)》2016 年第 3 期。

　　穆飒:《〈鞠城铭〉中的体育精神研究》,《语文建设》2016 年第 6 期。

　　尉侯凯:《〈华阳国志〉订误二则》,《中华文史论丛》2017 年第 2 期。

　　王群栗:《汉代作家李尤初探》,豆丁网,http://www.docin.com/p-890315564.html。

后 记

　　因为研究汉赋，想对汉代所有赋作者进行全面了解，在写李尤部分时，搜集相关材料，发现其专门研究有待加强和深入，于是想对其所有作品进行校注，这样查起来方便。作品校注做好后，想到欲知其文须识其人，于是将李尤生平资料搜来细看，发现原本不多的记载中分歧不少，于是想把分歧弄明白，这样方便自己立论，于是开始摸索着在各种分歧中还原李尤本来面貌及其生活时代的原貌。

　　因此前较少做作品校注，写作中多有不懂之处，于是四方求援。多次通过电话、微信或当面向贵州师范大学文学院王福元同志、王洽垒同志、唐定坤同志、禹明莲同志、吴伟军同志及马克思主义学院高晓波同志，山东师范大学魏代富同志，陕西理工大学历史文化与旅游学院丁俊丽同志，西南交通大学人文学院陈伦敦同志，浙江大学城市学院孙福轩同志，中国国家图书馆南江涛同志等求教。为查证李尤传世文献版本，申请中国国家图书馆善本复印，国图工作人员耐心细致快捷地办理相关手续。贵州师范大学图书馆亦全力协助，贵州师范大学文学院冯加峰同志多次协助办理相关手续。贵州师范大学图书馆史光辉馆长、李珂老师、朱俊锋老师在基本古籍库使用过程中提供了有力的技术支持。在版本寻找过程中，承蒙武汉大学图书馆、台湾大学图书馆、兰州大学出版社、澳门中央图书馆工作人员通过邮件、电话不厌其烦告知版本情况。东京大学东洋文化研究所藏本版本信息由湖南大学岳麓书院周海峰同志查找提供。本书得到贵州师范大学文学院中国语言文学一级学科建设经费资助。书稿出版承蒙社会科学文献出版社支持与帮助，编辑胡百涛先生为本书出版付出了辛勤劳动。学术研究是坐冷板凳的工作，你们的帮助，让我倍感温暖。有你们一路扶持，我才能在学术路上蹒跚前行。在此，致以最诚挚的谢意！

　　恩师赵逵夫先生多次指教，唯有勤勉于学，方不负先生厚望。书中李尤集版本源流图由小女吴彭设计绘制，电子绘制处理由外子吴学庆完成。小书一本全家上阵。书稿写作中因病住院，顿悟：能坐在书桌前写稿、修稿，哪怕有时极端抓狂，也是最踏实的幸福。初稿刚好于农历大年三十完成，抬眼窗外，烟花渐盛。祈望戊戌之年学有长进。望四之年，学术上未能不惑。欲无惑，须努力！

　　才疏学浅，错讹之处，祈望方家教正。

林城贵阳·贵州师范大学·吟峰苑

2018 年 2 月 15 日（丁酉岁末）

图书在版编目（CIP）数据

李尤研究 / 彭春艳著. -- 北京：社会科学文献出
版社，2019.11
ISBN 978 - 7 - 5201 - 5530 - 4

Ⅰ.①李…　Ⅱ.①彭…　Ⅲ.①李尤 - 人物研究　Ⅳ.
①K825.6

中国版本图书馆 CIP 数据核字（2019）第 198543 号

李尤研究

著　　者 / 彭春艳

出 版 人 / 谢寿光
组稿编辑 / 胡百涛
责任编辑 / 胡百涛

出　　版 / 社会科学文献出版社·人文分社（010）59367215
　　　　　　地址：北京市北三环中路甲 29 号院华龙大厦　邮编：100029
　　　　　　网址：www. ssap. com. cn
发　　行 / 市场营销中心（010）59367081　59367083
印　　装 / 三河市龙林印务有限公司

规　　格 / 开　本：787mm × 1092mm　1/16
　　　　　　印　张：18.75　字　数：321 千字
版　　次 / 2019 年 11 月第 1 版　2019 年 11 月第 1 次印刷
书　　号 / ISBN 978 - 7 - 5201 - 5530 - 4
定　　价 / 148.00 元